农村社区建设
亲历记

NONGCUNSHEQUJIANSHE
QINLIJI

蔡建武 著

中国社会出版社
国家一级出版社·全国百佳图书出版单位

前　言

农村社区建设是从江西省开始探索，然后走向全国的。社会主义新农村建设与江西省开展的农村村落社区建设也有渊源关系。在农村开展志愿者活动也是江西省在开展村落社区建设中为探索动员农民参与新机制而首开先河，经中央肯定，再由中组部、中宣部、民政部等13个部门联合下发了《关于在农村基层广泛开展志愿服务活动的意见》后在全国展开的。城乡社区对接互动，组织动员政府、企业和社会力量支援农村社会发展以及民政部门在农村社区建设过程中主动与专家学者和大学社会学系相联系，用理论指导实践，用实践丰富和发展理论，也是江西省在全国率先开展的。

2002年年底至2008年7月，我在江西省民政厅担任基层政权和社区建设处处长期间，亲历了上述工作的进程。2014年3月16日，民政部基层政权和社区建设司的郝海波处长给我打电话，要求我写回忆录，将这段历程记录下来，作为历史资料留存。

我欣然接受了这个任务，因为这些工作成绩是在省委、省政府和民政厅领导的高度重视下，全省各级党委政府、民政部门的共同努力和广大农民群众的积极参与下取得的，也倾注了我大量的心血。

为了在全省乃至全国推广农村社区建设，工作期间我先后编辑出版了《农村社区建设——江西省农村村落社区建设历程》《江西省村落社区建设实事实录100例》《江西省农村村落社区建设发展报告》三本文集，收集了大量相关的资料。退休后我仍关注着这项工作，写了不少有关农村社区建设的文稿，并数十次在全国各地给民政干部讲授如何开展农村社区建设的课程，把自己对农村社区建设的一些认识和工作想法介绍出来，供在职的同志参考。

我对农村社区建设具有特别深厚的感情，希望能为我国农村社区建设健康发展做些力所能及的事情，所以我把自己所亲历的江西省开展农村社区建设的历程和农村社区建设如何从江西省走向全国，以及自己对这项工作的所思所想写出来。特别是2015年5月中共中央办公厅、国务院办公厅印发《关于深入推进农村社区建设试点工作的指导意见》后，我认真进行了学习，并根据自己的认识和理解，对指导意见进行了解读，就如何贯彻落实指导意见谈了自己的想法，目的就是想为从事这项实际工作和理论研究的同志们了解农村社区建设的历史、现状，找到深入推进农村社区建设的发展方向提供些工作思路，使农村社区建设能为我国的经济体制改革、政治体制改革、社会管理体制改革、文化体制改革、环境保护体制改革发挥更好的基础性作用。

目录
CONTENTS

第一章　受领任务

2002年11月中旬，我任江西省民间组织管理局局长，正在上海参加一个民间组织的国际研讨会。那天，我刚在会上发完言，就接到厅人事处马林印同志打来的电话，说厅党组研究决定，我的工作变动到基层政权和社区建设处任处长，要我尽快赶回厅里，刘生梁副厅长要找我谈话。听到这个消息我心里很不痛快，立即将我工作变动的消息向也在上海参加会议的民政部民间组织管理局李本公局长作了汇报。李局长一听感到很吃惊，说：你不是说你的工作不会变动了吗？怎么又变动了。李局长这样问我，是因为这之前，杨运勇副厅长曾两次找我谈话，第一次说罗筱玉厅长有意让我担任厅办公室主任，第二次是罗厅长想让我担任厅人事处处长，两次都被我婉拒了。我表示希望继续留在民间组织管理局搞业务工作。这些情况我都向李局长汇报过，希望他能在需要时帮我向厅长说说话，让我继续留在民间组织管理局工作。由于我的婉拒，厅领导再没有找我谈工作变动的事，我就告诉李局长我的工作不会变动了，请他不要和厅领导打电话帮我说话，所以他才有这个疑问。对这次突然变动工作，当时我也不明就里，无法向他解释。

回到厅里后，由于对基层政权和社区建设处的工作任务不清楚，以为只是每3年抓一次村（居）委会的换届选举工作，平时没有多少事干，认为这是让我去当个闲职处长，因此对厅党组的这个决定心中比较窝火。到刘生梁副厅长办公室，一落座我就发起了牢骚。刘副厅长就对我说，老蔡你想不通我很理解，因为当时开党组会时，人事处黄明霞处长提出要将你调到政权处工作，我们很多副厅长都表示不理解，大家都认为你在社团处工作很有成绩，在全国都有一定影响，为什么要变动你的工作？这时罗厅长出来说话了，她讲你的工作变动是她提出来的。原因就是“省委孟建柱书记对我们提出的‘农村社区建设’课题很关注，多次询问情况。我感到这两年我们厅在这方面做了不少工作，进行了有益的探索并取得了一定的成效，但离孟书记的要求还有差距。因此，我希望在现有处长里找到一个能尽快打开工作局面的同志到政权处工作。扒拉来扒拉去，我认为让蔡建武处长去比较合适”。介绍完这个情况后，刘生梁副厅长说：“所以你不要发牢骚，从罗厅长这段话中，说明罗厅长是非常看好你的，不是让你去干闲职，而是寄希望于你去打开工作局面的。”听刘副厅长这么一说，我心中的牢骚消除了，因为我是一个要强的人，喜欢挑战有困难的工作。为此我当即就向刘生梁副厅长表示：“听你这么一说，我不再发牢骚，还要感谢罗厅长对我高看一眼。既然罗厅长这么看重我，我一定不能辜负罗厅长的期望，会尽力把农村社区建设这项工作做好，争取做出成绩来，一定不能让人家说她看人看走了眼。”

就这样我愉快地接受了这次工作变动。

第二章　农村社区建设与村民自治的关系

上任不久，我就面临了这个问题，而且是在一种特殊情况下遇到的。

2002 年 12 月中旬，我到民政部基层政权和社区建设司报到，和司里的领导及各处室的同志相互认识一下，以便将来工作方便。我先后拜见了张明亮司长、分管城市处的戚锦芳副司长、分管农村处的詹成付副司长和各处室的同志们。

与张司长和戚副司长见面都是说了一些客套话，但是到了詹副司长那儿，他一见面就连珠炮似的问了我四个问题，让我猝不及防。他说："老蔡，你来政权处当处长了，我问你，你们江西搞农村社区建设是什么意思？我们民政部门在农村主要是抓村民自治工作，你们江西现在搞农村社区建设是要否定村民自治还是要完善村民自治？是一股道上跑的车，还是两股道上跑的车？是一张皮还是两张皮？"

我听后脑子有点发蒙，一是我刚到这个处情况还不清楚，不知道怎么回答是好；二是感到孟书记提出的农村社区建设课题，民政部的业务部门是不认可的，而厅长把我调到政权处工作的主要任务就是要打开农村社区建设工作局面，使农村社区建设成为推动江西发展的有效途径。在上下认识不统一的情况下，将来我的工作难度肯定不小。于是我马上回答说："詹司长，你提的这几个问题很尖锐，我到这个处工作还不到半个月，由于接任我担任民间组织管理局局长的是厅监察室主任，监察室主任是双重领导，他的工作变动还要等省纪委同意后才能过来，因此我虽然任命为政权处处长，但目前仍兼任着民间组织管理局局长职务，所以还无法全身心投入政权处的工作中。但我回去后会立即将您的意见向厅领导汇报，并及时下去调研，三个月后，我一定回答您提出的这几个问题！"

后来，我在熟悉政权处业务工作后，对詹成付副司长为什么会提出的这几个问题有了深切的体会。

我认为根本问题出在体制上。民政部基层政权和社区建设司当时下设三个处，一是城市工作处，主要任务是抓城市社区建设；二是农村工作处，主要任务是抓村民自治；三是婚姻登记管理处（综合处），主要任务是抓婚姻登记管理工作，兼顾司办公室的事务。

这种分工是把农村与城市工作分割开来考量的，没有从这两项工作内在相同的要素去认知。其实，不管城市抓社区建设还是农村抓村民自治，其共同点都是要让城乡居民成为城乡基层社会管理和建设的主体力量，通过民主选举、民主决策、民主管理、民主监督，实现城乡居民的自我管理、自我教育、自我服务，发展基层民主，最大限度地调动城乡居民的积极性、主动性和参与性，促进我国社会管理体制改革和政治体制改革，让人民群众在党的领导下依法行使当家做主的权利。

民政部基层政权和社区建设司的这种处室分工设计，必然导致城市处与农村处分别把城市和农村当成自己的领地，城市处就是在城市抓社区建设，农村处就是在农村抓村民自治，泾渭分明，相互不能过界。之所以詹成付副司长提出这几个问题，是因为基于民政部门在农村主要任务就是抓村民自治，江西省却要在农村抓社区建设，这明显是井水犯了河水，而且有否定村民自治的嫌疑。

不知我这种分析是否反映了实际，仅供参考。

第三章　调查研究，确定思路

从北京回来，我立即向罗筱玉厅长和杨运勇副厅长作了汇报，并谈了我的看法。我认为：农村社区建设是省委孟建柱书记下达的任务，我们必须认真抓好落实。而民政部是业务领导，他们有疑问，我们也必须认真对待。关键点在农村社区建设与村民自治能否找到结合点，只要找到结合点，就能消除民政部对农村社区建设的疑问。

因此，我提出带人下到厅里抓的农村社区建设试点县调研，在调研的基础上，寻找新的工作思路。厅领导同意了我的意见，于是我就带人先后到了吉安市的永丰县、赣州市的宁都县、九江市的都昌县等农村社区建设试点县调研。

第一节　农村社区建设的提出和试点情况

调研前，我查阅了江西省开展农村社区建设的相关资料。从中我获知：2001 年 5 月，钟建华厅长在向省委孟建柱书记汇报江西省贯彻执行《中办国办转发〈民政部关于在全国推进城市社区建设的意见〉的通知》（中办发〔2000〕23 号）的实施意见后，孟书记根据江西省是个农业大省，农村人口占总人口 80% 的情况，提出在抓好城市社区建设的同时，更要注意抓好农村社区建设，指出“农村发展了，整个江西才有跨越式发展的可能”。

根据孟建柱书记的指示，省民政厅在 2001 年 5 月下旬组织人员到九江、景德镇、赣州、萍乡等市的农村进行农村社区建设工作调研。6 月，确定在宁都县进行农村社区建设工作试点。7 月，向省委孟书记提交了关于江西省农村社区建设基本思路的报告，报告中明确了农村社区建设的指导思想、工作目标、主要任务、基本原则、方法步骤等内容。8月，省民政厅成立农村社区建设领导小组，由钟建华厅长任组长，杨运勇副厅长任常务副组长。8月12日，省委、省政府下发了《关于加强城市社区建设的通知》。8月13日，省委孟建柱书记对大力推进城乡社区建设作出重要批示："社区建设很重要。大力推进城市和农村社区建设，对于促进全省经济和社会协调发展，提高人民的生活水平和质量，维护全省改革、发展和稳定的大局，巩固党的执政基础，都具有十分重要的意义。各级党委、政府的领导同志，要高度重视和关心社区建设，摆上议事日程，认真部署社区建设工作，帮助解决社区建设中的困难和问题。各有关部门和单位要密切协作，各司其职、各负其责，共同推进社区建设。各级民政部门要认真履行职能，主动当好党委、政府的参谋和助手，发挥组织、指导、协调等方面的作用，为推进我省社区建设作出积极的贡献。"8月25日，在赣州市召开了全省社区建设工作座谈会，在部署全省开展城市社区建设的同时，正式下发了《关于农村社区建设的试点方案》，在宁都县试点的基础上，增加永丰、婺源、上高、分宜、崇仁5个县为第一批农村社区建设试点县。民政部基层政权和社区建设司张明亮司长出席会议并讲话。张司长讲话侧重在如何贯彻执行中办发〔2002〕23号文件精神，认真抓好城市社区建设方面，没有就江西提出的"农村社区建设"发表意见。9月，确定高安、樟树两市为第二批农村社区建设试点县（市）。9月20—30日，省民政厅组织三个工作组分别到宁都、永丰、樟树、分宜、上高、婺源、广丰、崇仁进行农村社区建设的调研和指导工作。10月，省民政厅成立农村社区建设办公室，每月刊发一期《农村社区建设研究通讯》，总结各地试点经验、交流试点工作情况，指导各地开展农村社区试点工作；10月27日，全省社区建设工作会议暨社区建设学习观摩培训班在南昌市召开，民政部多吉才让部长和省委书记孟建柱出席会议并作了重要讲话；同日，《中国社会报》头版报道了《江西加大农村社区建设试点工作》。11月下旬，省民政厅会同赣州市民政局、宁都县政府和县民政局组成联合工作组对宁都县的农村社区建设试点工作情况进行了专题调研，形成了《宁都县农村社区建设调查报告》，肯定了宁都县在推进农村社区建设试点中搭建的"一级政府、两级管理、三个层次"的农村社区建设管理机制。11月

28日和12月15日，《中国社会报》的头版分上下篇分别报道了由记者刘辉、许娓采写的以《红土地上的探索》为题的宁都县农村社区建设调查。2002年1月，确定都昌、广丰两县为第三批农村社区建设试点县。至此，全省共确定了10个农村社区建设试点县（市）。2002年3月6日，新华每日电讯用半版的篇幅报道了《江西农村社区建设在探索中前进》，文章刊发时正值全国“两会”期间，反响很大。

我用心阅读了省民政厅、赣州市民政局、宁都县政府和县民政局联合调研组的《宁都县农村社区建设调研报告》。从中我了解到，宁都县农村人口占全县人口的84.72%，是典型的农业大县，2000年全县农民人均纯收入1332元，属全国重点扶持的贫困县。

当时，宁都县有11个乡镇在扶贫帮困的基础上开展了农村社区建设。联合调研组对其中的会同、田头两个乡（镇）的农村社区建设进行了专题调研，重点调查了会同乡南田村、陂头村和田头镇璜坊村、璜山村，收集统计了840户村民家庭情况和283份村情民意问卷（无记名）调查表。

调查报告介绍了宁都县开展农村社区建设试点工作的主要做法如下。

一、农村社区建设试点的基本内容与做法

农村社区建设总体思想是以便民、助民、利民为出发点，以亲民、安民、富民为服务理念，依照总体规划、分步实施、稳步推进的原则，搭建一级政府、两级管理、三个层次的农村社区建设框架，健全农村社区组织，拓展农村社区服务。

一级政府：乡镇人民政府。农村社区建设在乡镇党委的领导和政府的指导下开展工作。在乡镇一级成立“农村社区建设指导委员会”，由乡镇长兼任主任，由一名副书记或分管民政的领导担任副主任；以民政所、财政所、组织、宣传、团委、妇联、农业等部门的负责人为成员。其职责是制定乡镇社区建设的总体方案，指导农村社区工作，协调社区建设中的有关问题。

两级管理：农村社区建设的管理主要有乡、村两级。乡镇政府一级主要依托“农村社区建设指导委员会”实施管理；村委会一级设立“农村社

区建设协调小组”，在党支部的领导下，指导、协调和管理本社区内的农村社区建设工作。

三个层次：

乡镇一级：构筑集镇式社区网络，成立三个中心、一个分会。

农村社区事务受理中心。由乡镇分管民政领导兼任主任。负责对全乡镇信访接待、婚姻登记、司法服务、救济补助的申报发放、社会保障、劳务输出、残疾人办证、计划生育、建房手续、工商、税务登记、生产技术服务等方面的统一受理，方便群众，增加公务透明度。受理中心实行集中办公，统一上班时间，明确职责范围，规定工作纪律和行为规范。

农村社区社会福利服务中心。由民政所长兼任主任，负责组织和实施社区的社会福利工作。①依托敬老院开展社会收养、寄养等方面的服务，保障社区老人有所养，有所托。②组织并形成社区社会福利服务网络，通过各类志愿者服务队伍，开展多种形式的服务，建立完善的服务制度。③对志愿者队伍登记造册，制作服务网络图；对服务对象进行调查，制作分布图，登记造册。服务中心通过联络员征询服务对象的要求，开具服务派遣通知单，填写服务情况登记表。服务中心实行设施服务与专业队伍服务相结合，无偿服务与低偿服务相结合。

民间组织管理中心。由乡镇分管民政的领导兼任主任。其职责：①负责对本辖区各种民间组织的登记备案、审核、申报；②对各民间组织给予政策、法律指导，依法规范管理；③积极培育发展服务性的民间组织及各种行业协会。

慈善分会。慈善分会会长由乡镇领导担任，民政所为职能部门。其职责是：广开渠道，募集资金，宣传策划，接受捐赠，为社区特困家庭群众提供财物援助。

村委会一级：设社区建设协调小组。为有效实现资源共享，发挥村委会的职能作用，协调小组组长由村主任或一名村委会委员担任，其职责：协调自然村落社区间的工作，组织跨社区间的服务活动，承担与乡镇社区组织工作衔接和活动组合，组织服务队伍解决自然村落社区不能解决和难以解决的问题，提高社区的组织整合功能。

自然村一级：建立村落社区。这是农村社区最基础的组织，也是三级网络中最实在、最重要的层次。它应在村党支部、村委会的领导、指导、协调下组织社区居民开展活动。自然村落社区的界定大致有两种模式：一是以大的自然村为社区单元；二是以中心自然村为主，带动周边小村的辐射式社区。具体运作内容：自然村设立“志愿者活动中心”，由自然村村干部，或德高望重的“五老”人员，或热心公益事业的能人担任中心主任，社区内部各组织的负责人为成员。协调各志愿者开展社区活动，沟通和调整各组织之间的关系，整合利用本社区资源。在设置上，本着从实际出发，因地制宜，社区能办、可能办的先办。

目前，初步形成了两种模式：一种模式是田头镇璜坊村璜溪社区，设立了“三堂四站”，即道德法律讲堂、民事调解堂、公益议事堂和社区扶贫帮困求助站、社区文体活动站、社区活动监督站、社区安全保障站。

三堂：①道德法律讲堂。以社区退休教师、老干部和先进妇女、优秀青年党团员为骨干。其职责：一是宣传党和国家的政策法规，弘扬社会主义道德；二是普及法律知识；三是提倡新事新办，反对铺张浪费，反对买卖和包办婚姻；四是开展禁赌活动，树立文明风尚；五是宣传党的计划生育政策、法律，控制人口增长，提高人口素质，促进人口和经济协调发展。②民事调解堂。由社区德高望重的老党员、老村干部或具有一定法律知识且为人诚恳、公道、豁达明朗、明辨是非的贤人牵头。其职责：加强法律知识的宣传教育，提倡社会主义文明新风，督促乡亲邻里和睦相处，调解社区各类民事纠纷，化解社区群众的矛盾，消除社区治安隐患。③公益议事堂。以开明贤达、大公无私的社区“五老”或乐善好施、善谋能断的社区能人为主要力量。其职责：制定社区公益事业规划，谋划社区内群众迫切需要办理的公共事务，组织公益事业的实施，向群众宣传“社区是我家，建设靠大家”的思想。

四站：①社区扶贫帮困救助站。由“五老”牵头，职责是：详细掌握本社区特困户和受灾户的名单，通过慈善活动筹措款物，把上级下拨和自筹款物按照“个人申请，民主评议，登记造册，张榜公布，公开发放”的原则发放到救助对象手中；定时、定人、定点为五保户、优抚对象、残疾人家庭等服务，保障困难群体的基本生活。②社区文体活动站。以本村“五老”和有文化、体育特长的青年为骨干。其职责：一是以喜闻乐见的形式宣传党的方针政策；二是组织社区的文体活动，丰富社区群众的精神生活；三是开展社区的文化普及和扫盲活动。③社区环境监督站。以全村

"五老"、文化较高、有医疗卫生知识的人员为骨干。其职责：一是建立社区环境卫生制度；二是组织社区力量营造优美卫生的环境；三是宣传卫生知识；四是协助卫生防疫部门做好疫情调查、监测和预防。④社区安全保障站。由本社区有文化、懂法律和德高望重的人员组成。其职责：一是宣传法律知识，化解社区矛盾；二是协助公安部门做好刑满释放、解除劳教人员的帮教工作；三是组织青年民兵治安联防队，参与社会治安综合治理，预防犯罪，消除治安隐患。

另一种模式是会同乡南田社区，组织社会能人、社会贤达、农村"五老"和各种专业技术人员，建立了社区生产、公共安全、公共卫生、公共教育、公共事务、公共文化6个方面的服务组织。

社区生产：①农副产品销售组。内联生产、外联市场，顺畅流通渠道，组织好农副产品销售并为农户提供市场信息，指导农业生产。②生产技术服务组。一是在农业部门的指导下搞好本社区农资销售，方便农户生产；二是设立技术咨询窗口或上门为农户提供生产技术指导；三是配合政府部门阻止假冒伪劣农药、化肥和种子坑农害农，发现问题及时制止并报告职能部门对其进行处理。③生产互助服务组。组织社区富余劳力，以无偿方式对孤寡老人等困难家庭进行帮助，以有偿或低偿方式为缺劳力的家庭提供生产帮助。④果茶协会。在社区果农间互帮互助，共同发展。

公共安全：①安全小区建设组。一是组织青年民兵治安联防队参与社会治安综合治理，预防犯罪，消除治安隐患；二是协助治安部门做好刑满释放、解除劳教人员的帮教工作，确保社区的安全稳定。②民事调解委员会。组织社区"五老"充分发挥其情况熟、威望高和说话灵的优势，及时调解民事纠纷，化解邻里矛盾。

公共卫生：社区医疗卫生站。一是协助卫生防疫部门做好疫情调查、监测和预防；二是以有偿、低偿或无偿等方式为重点优抚对象、贫困户、残疾人和孤寡老人提供上门送医送药、健康检查等医疗服务，落实卫生部门优惠政策；三是指导、组织社区力量搞好环境卫生整治，造林绿化，为社区营造优美环境。

公共教育：①村完小。依照国家教育部门的有关规定，实现对本村学龄儿童的义务教育。②社区幼儿园。由热心幼儿教育事业的青年教师担任，按现代教育规程，搞好农村学龄前幼儿教育。③成人教育站。依托农村完小，开办农民夜校，积极开展识字扫盲和实用技术培训。

公共事务：①社会福利工作组。及时准确掌握重点优抚对象、贫特困户、残疾人和孤寡老人的生活、生产状况，协助乡政府和村委会做好拥军优属和困难户救济工作。结对帮扶困难群众，密切配合政府“321”扶贫工作（即每个县级干部一年扶助 3 户贫困户，乡科级干部扶助 2 户贫困户，一般干部扶助 1 户贫困户），保障困难群众基本生活。②社会事务代理站。主要由村委会干部组成，制定《要事帮办制度》，是各社区事务管理中心在村一级的延伸，上联政府各部门，下联农户，帮助群众解决办事难问题。③计划生育协会。团结和依靠广大育龄群众和社会各方力量，协助乡村两级落实好计划生育政策。代表并维护育龄群众的切身利益，积极参与民主管理、民主监督，控制人口数量，提高人口素质，促进人口、社会和经济协调发展。④移风易俗委员会。一是宣传党和国家政策法规、弘扬科学、反对宗教迷信，同反动邪教作斗争；二是提倡新事新办，反对铺张浪费，反对买卖、包办婚姻；三是向人们宣传殡葬改革政策，倡导文明新风。

公共文化：①老年人活动中心。以固定的场所和设施为社区老人提供一个娱乐休闲、思想交流的活动中心，提高老年人精神生活质量。②社区文化长廊。利用书、画、报纸、图片多种形式宣传党和国家的方针政策、法律法规、时事，公开政务，提供技术、市场信息。③社区采茶剧团。演出优秀传统剧目和自编小剧，宣传党和国家政策，丰富居民文化生活，抨击社会不正风气，营造健康向上的社区生活氛围。

二、农村社区建设试点需要把握的几个原则

（一）既要有明确的发展目标，又要因地制宜，量力而行

农村社区建设是在没有模式可套用，没有经验可借鉴的情况下探索前进的。在起步阶段，不能搞形式，也不能搞“一刀切”。如田头镇条件较充分，搞了社区服务“一条街”，但不是每个乡镇都去搞“一条街”，要结合自身的条件来开展工作。会同乡社区福利服务中心是依托敬老院而办起的，建有住房楼和厨房各一栋达 1000 余平方米，新增床位 30 个，收养老人 40 人。现正在兴建围墙 200 米，改造公路 170 米，年内将把中心园林

化，新建宾馆式高档住房楼一栋，加增床位50个，作为有偿服务的老人公寓。条件不成熟的乡镇，则不能要求福利服务中心也做老年公寓，搞大而全，做力所不能及的事。各地应因地制宜，因需制宜，开创有农村自身特色的社区建设工作。

（二）既要尊重农村历史渊源和价值取向，又要适合新形势下农村工作的要求

如田头镇璜坊村社区，主要为温姓居民。村内原有一温姓大祠堂，常年紧闭，阴森神秘，为温姓宗族年节烧香祭祖之用。社区居民将其粉刷改造整理一新，祠堂内设立社区文体活动中心、社区阅览室等，变成了宽敞明亮的娱乐、聚会场所，古老的宗族祠堂成为继承优良传统文化，教育村民的阵地，赋予了新时代文明健康的色彩。璜坊村民是温姓一个家族，内部团结，对外则凶悍。1996 年曾有外地流氓 5 人结伴到村中寻衅闹事，遭到村里群众围攻、殴打，声言要打死他们。此事惊动乡政府和派出所，后经乡村干部及公安民警保护，才将 5 名闹事者押出村外。针对当地实际，璜坊社区开设“道德讲堂”，有针对性地向社区群众灌输法律知识，破除宗族等旧的传统观念，因势利导，由村中懂法律、明事理的氏族长老现身说法。通过“道德讲堂”的宣传教育，社区群众更为遵纪守法，依法自治。

（三）既要适合农民群众的心理、精神需求，又要创造条件，尽可能满足这种需求

农村改革尤其是联产承包责任制以后，农民由过去的集体人变成了个体人，单一的家庭生产模式，信息相对封闭。除了国家有限的扶贫开发投入外，各级政府和有关部门与农民的直接联系就是收钱、收粮。对农村的一些困难和问题少有人管，也很难管好。尽管农村部分能人富了，但大部分的群众却感觉没了依托。农村社区建设的开展，积极地为农村群众生产和生活提供服务，无疑会给农民的物质和精神生活创造条件。不图形式，不摆花架子，实实在在地开展社区建设，为农村群众谋取利益，使群众感觉到党和政府依然没忘记他们，显得尤为必要和迫切。

（四）既要提倡社区自治，充分发挥群众的作用，又要注意加强党的领导，保障农村社区健康发展

实现农村社区自治，是农村社区建设的核心。通过民主选举、民主决策、民主管理和民主监督，实现村民自我教育、自我服务。因此，在社区建设中要坚持依法自治，做到社区的管理人员，由本社区的群众选举；社区的大事，由本社区的群众决定；社区的规约，由本社区群众议定。农村党支部是党在农村的基层组织，是党在农村团结群众的桥梁和纽带，是带领农村群众前进的战斗堡垒。农村社区建设应坚持在党支部的领导和村委会的指导帮助协调下进行。条件成熟的地方，应在村落社区建立党的小组。特别是要注重发挥党员在社区建设中的模范带头作用，使之成为社区建设的带头人和社区服务组织的骨干力量，以保证社区建设的正确方向。

（五）既要发挥志愿者的积极性，又要注意动员群众广泛参与

农村社区建设应有一批志愿者做骨干，但不能仅成为少数人活动的舞台。要发动农村群众广泛参与，这是农村社区建设的生命力所在。农村社区建设的主体是广大农民，没有广大农村群众的广泛参与，社区建设就是一句空话。有的试点社区，架子搭起来了，办公场所有了，规章制度、服务措施贴了满墙，忙来忙去的就那么几个人，群众的参与度太低。因此群众不知道社区是什么，社区建设是怎么回事。这样的社区建设，只是一种摆设，群众没有兴趣。因此，必须加强宣传力度，唤醒群众社区意识，增强群众的认同感、归宿感，使广大群众认识社区，明确社区建设的目的、意义、要求和方法。同时，强化农村团队精神和集体观念，增强社区群众中的凝聚力、向心力，这都是开展社区建设的前提。社区建设要从农村群众最迫切需要解决的生活困难入手，从他们最盼望解决的生产技术问题着眼，提供实实在在的服务，用共同利益的红线将群众与社区建设紧密联系在一起，使群众眼见为实，切身感受到社区建设在他们生产、生活中的重要位置。

（六）既要努力拓展社区服务项目，又要防止增加群众负担

宁都农村社区建设初步建起了社区事务服务体系、社区保障体系和生

产服务体系，但仍然处在初始阶段。尤其是社区服务项目，要向深度和广度拓展，要不断壮大志愿者队伍，向长远和规范的方向过渡。但是，开展任何服务活动都不能增加群众的负担。我们提倡办公益事业，但不能动辄集资，随意摊派。社区建设是为大众服务的，如果群众把社区建设视作负担，那就失去了其根本意义。

省民政厅按照这个调研报告所总结的农村社区建设的思路、运作模式、基本原则，2002 年 9 月上旬在都昌县召开了全省农村社区建设工作会议，部署在全省开展农村社区建设的试点推广工作。会议还邀请了有关专家学者讲授社区建设理论知识。

第二节 调研和分析

了解到上述情况后，我带着寻找农村社区建设和村民自治两项工作的结合点这样一个目的，先后到了永丰、宁都、都昌、上高等试点县进行调研。其中重点到了调研报告所去过的宁都县，按照联合调研组调查路线进行了调研。内容一是了解各地按现行模式进行农村社区建设的实际运作情况和效果；二是了解各地村民自治工作的运作模式和工作现状。调研回来后我一边梳理调研情况，一边认真学习有关村民自治的法规文件和相关资料，然后分析比较，寻找农村社区建设与村民自治的结合点。

通过梳理调研情况和对照村民自治工作的法规和政策规定，经分析比较，我形成了以下几点认识：

第一，村民自治和农村社区建设的本质要求是一致的，都是要“发挥农民群众在农村基层社会建设和管理中的主体作用”。所以，两者是一股道上跑的车，是一张皮而不是两张皮。

第二，如何使农村社区建设为完善和发展村民自治服务？

既然“发挥农民群众在农村基层社会建设和管理中的主体作用”是村民自治和农村社区建设的交会点，那么，农村社区建设只要抓住如何动员组织村民积极参与农村社区建设，就与村民自治工作实现了并轨和重叠。但如果两者仅仅是并轨和重叠，而没有任何区别，那么开展农村社区建设就没有实质意义，只不过换个名称，将“村民自治”改称为“农村社区建设”。这样做，在一定意义上讲那就是否定村民自治。

因此，我认真地分析了村民自治的现状和江西省农村社区建设的模式，从中寻找出路。

通过调研，我感到村民委员会行政化色彩过浓，以及在协助乡镇政府向农民“要钱（收取各项提留和税费）、要粮（征购粮食和农产）、要命（计划生育）”的工作中的粗暴作风，已经使村民委员会“变异”，导致广大农民群众将其看成是“二政府”或“政府的‘腿’”，而不是代表农民利益为农民服务的群众自治组织，从而参与村民自治的积极性和主动性不断降低。加上以丘陵山区为主的江西省，农民居住分散形成了很多自然村，据统计，一个村民委员会管辖着 10 多个自然村，而村委会干部平均不到 4 人，党和国家的很多涉农政策法规很难传达贯彻到自然村的村民中，形成了工作的断层。

因此，我的结论是：如果“农村社区建设”能够解决好这两个问题，就能完善和发展村民自治，绝不会否定“村民自治”。

在调研的基础上，我也认真地分析了江西省现行的农村社区模式。我个人认为这种“一级政府、两级管理、三个层次”模式，实际上是参照城市社区建设的“两级政府、三级管理、四个层次”模式来的。但在乡镇一级构筑集镇式社区网络，成立三个中心、一个分会，本质上是政府部门改变工作作风，将政府的为民服务工作下沉到基层，提供“便民服务”。这些做法与调动农民群众积极参与村民自治和解决工作“断层”问题不搭界。而乡镇和村民委员会“两级管理”，也解决不了上述两个问题。

而且三个层次中的“社区”概念是不同的，在第一层次是把“社区”定位在全乡镇范围；在第二层次则是把“社区”定位在整个村民委员会范围；在第三层次才将“社区”定位于大的自然村或以中心自然村为主，带动周边小村范围。

在调研中，我在乡镇和村民委员会这两个层次基本看不到农民群众的参与，而在一些自然村却看到了让我眼前一亮的情况。那就是在一些自然村中，在“五老”志愿者的积极参与下，有的成立了“民间纠纷调解组”，有的成立了“文化体育活动站”，有的成立了“困难群众帮扶组”以及“环境卫生管理站”等组织，在不同自然村中都发挥了很好的作用，深受农民群众欢迎。

为什么会有这样的好效果？这引起了我的关注。回到南昌后，我如饥似渴地寻找有关社区建设方面的书籍和文章，认真阅读和思考。

通过学习，我了解到“社区”是社会学的一个基本概念。最先将“社区”一词用于社会研究的是德国社会学者滕尼斯，他认为社区是由同质人口组成的关系密切、守望相助、疾病相抚、富有人情味的社会团体。人们加入这个团体不是有目的的选择结果，而是生于斯、长于斯，是自然形成的。这样的团体逐渐向由异质人口组成的由分工和契约联系起来的、缺乏感情和关系疏远的社会过渡，是历史发展的必然。

这使我认识到滕尼斯所说的“社区是由同质人口组成的关系密切、守望相助、疾病相抚、富有人情味的社会团体”，其实就是指的农村的自然村庄，由于“人们加入这个团体不是有目的的选择结果，而是生于斯、长于斯，是自然形成的”，所以自然村这种社区靠的是血缘、亲缘和共同的生产生活资源、共同的文化来维系的。它和“由异质人口组成的由分工和契约联系起来的、缺乏感情和关系疏远的”城市社区是有很大区别的。

而我们现行的“一级政府、两级管理、三个层次”的农村社区建设的模式，没有像城市社区建设中明确城区居民委员会所辖范围为“城市社区”那样明确农村社区的范围，导致工作重点不明确，很多试点乡镇把很大的精力放在抓“构筑集镇式社区网络，成立三个中心、一个分会”和自然村的各类活动中心上，村委会这一层级则很少有具体的活动。而自然村的各种活动也没有系统性，各自为政。在这些自然村中虽然设立了“志愿者活动中心”，也有志愿者，但忙来忙去的就那么几个人，群众的参与度太低，仅靠志愿者个人的威望和积极性来组织活动，难以持久。

因此，我认为：

首先，要把“农村社区”定位在“自然村”。定位的依据是必须有利于调动农民群众参与的积极性和主动性。也就是要以“利益”为杠杆来考量。经过分析比较，当前三个层次中，我认为只有“自然村”才是农民生产生活的利益共同体，而且把“农村社区”定位于“自然村”既有理论依据，又有实践依据。

确定以自然村落为单位开展农村社区建设，是由农村村落的自然属性决定的。“自然村落”，正是德国社会学者滕尼斯所定义的社区：“是由同质人口组成的关系密切、守望相助、疾病相抚、富有人情味的社会团体。

人们加入这个团体不是有目的的选择结果，而是生于斯、长于斯，是自然形成的。”这种传统社区具有两个基本功能：一是社区居民守望相助、情感交流的功能；二是熟人社会的社会控制功能。自然村落是农民聚居的一个基本单元，居住在同一自然村的村民关系非常密切，有的是以血缘为纽带连接在一起，有的则是世代相衍相依在一起，大家对这个社区有认同感、有责任感，也有依赖性。大家所处的环境，所依靠的资源，生活习惯和利益需求都比较一致。更重要的是每个村民世世代代生活在这里，多年的生活经历告诉他们，大家要相安无事的共处，就要搞好与其他村民的关系，尤其不能做犯众怒的事，否则一家人在村里就难以生存，甚至受人欺负。因此，只要大多数人或村里有威望的人说的事，即使心中不情愿，也不会公开反对，而是“从众”心理。所以在自然村开展社区活动容易组织，容易形成合力，容易见成效。

后来随着我对人民公社体制和村民自治制度的发展历史的进一步了解和研究，认识到江西省把农村社区定位在自然村，符合中国国情，经过实践证明是正确的选择。

当年人民公社开始搞“一大二公”，以公社为结算单位，结果行不通，又改为以大队为结算单位，还是行不通，经过不断探索，最后确定“以生产队”为基本结算单位，才使人民公社这种政社合一的社会管理和社会生产体制得到巩固和发展。而生产队基本上就是现在的村民小组（自然村）。村民自治则是在人民公社体制解体后出现的一种新的社会管理体制，其本意是让广大农民依托村民委员会这个群众自治组织，通过民主选举、民主决策、民主管理、民主监督，对农村基层社会进行自我管理、自我教育、自我服务。但由于县乡党委政府的“强势指导”（干预），作为农民群众的自治组织的村民委员会已经成为乡镇政府的“腿”，实际上成了基层政权组织的重要组成部分，不再是群众自治组织了。而江西省在开展农村社区建设中，经过探索，最后决定把农村社区定位在自然村，通过“志愿者协会”来抓“村落社区”建设，实际上是让“村民自治制度”得到了重生。

也正是这个定位，使得农村社区建设的主题变成了如何完善和发展“村民自治”，着力点放在了抓基层民主政治建设和农村基层社会管理、社会服务上，成为构建农村社会和谐、促进社会稳定的重要途径，与城市社区建设殊途同归。

其次，要把志愿者组织起来，成立志愿者协会。试点乡镇在自然村设立“志愿者服务中心”带有明显的行政色彩，大多“志愿者”都是村民委员会指定或要求下出来承担一些责任和工作的，这很不利于动员和组织村民群众参与到农村社区建设中来。因此，成立志愿者协会，一定要让全村的村民投票民主选举产生协会的会长、副会长和各个工作站的站长，并动员村民积极当志愿者参与自然村的公共事务和公益事业的管理，使志愿者具有更好的群众基础，能依托志愿者协会这个平台更好地发挥作用。

再次，要从农民最需要解决的问题和最关心的事情，以及不需要很大投入的工作入手，如村庄的环境卫生整治、困难群众的帮扶、民间纠纷的调解、文化体育活动的开展和村庄道路硬化、排水设施改造、改水改厕、沼气利用等与农民切身利益相关联的事情入手，把农村社区建设开展起来，逐步培养农民群众的集体意识、民主意识，让农民在看到成效的基础上不断提高参与的积极性、主动性和自觉性。

最后，要利用农村现有的资源，建立农村社区建设的活动场所，如充分利用宗族祠堂、原生产队的仓库、空置的原村小学的校舍或民房，使农村社区活动有阵地，便于凝聚人气和开展活动。

第三节　统一思想，确定方案

由于前一年开展农村社区建设的试点工作，总结推广了“一级政府、两级管理、三个层次”的模式，特别是这个模式还在“新华每日电讯”中刊载了。现在要在我任处长后作改变，我有两点顾虑：一是分管厅长和前任处长会有什么想法？二是各地市的科长们会有什么想法？如果得不到他们的认可，我的上述想法就很难去实行。

为此，2003 年 3 月，我报分管厅长同意后召开了我任基层政权和社区建设处处长后的第一次全省基层政权和社区建设工作会议，把全省 11 个地市科长找到南昌，共同研究 2003 年的工作，重点是农村社区建设工作。

在会上，我向科长们汇报了厅领导把我调任基层政权和社区建设处处长的目的和要求，以及民政部基层政权和社区建设司詹成付副司长与我谈话的内容和我在调研基础上形成的农村社区建设的想法及两点顾虑。

通过讨论，各地市科长们基本认同了我调研后形成的四点结论，但也提出了一些问题，其中主要有：志愿者协会要不要进行社团登记？村党组织和村民委员会与志愿者协会之间是什么关系？志愿者要不要给予报酬？志愿者协会组织村民开展活动，活动经费如何解决？

对于上述问题，我在会上一一作了解答。

村落社区志愿者协会的定性问题：村落社区志愿者协会，是村落内的村民自愿组织的为村落内全体村民进行公益服务的组织，它所开展的活动是在村落内部，参加活动的人员也是村落内的村民。因此，根据《社团登记管理条例》第三条第三款的规定，村落社区志愿者协会属内部社团，不是社会团体，经村委会批准即可成立，不需到民政部门登记。

村党组织和村民委员会与志愿者协会之间的关系问题：村落社区志愿者协会在村党组织的领导和村委会指导下开展工作，它是一个村落内部公益服务性组织，不能对外直接参与或从事社会和经济活动，但可以通过举办科技培训、收集市场信息等方式，为村落内的村民生产和经营提供技术和信息服务。为了保证村党组织的领导和村委会的指导，对有 3 个以上党员的志愿者协会应当成立党小组，并由村党支部书记或村委会主任担任协会的顾问，参加志愿者协会活动的研究和决策。

村落社区志愿者协会成员能不能拿固定报酬的问题：村落社区志愿者协会成员和其他志愿者由于是自愿为群众服务的，无论是从志愿者的性质来讲，还是从不增加农民负担的要求来看，均不能拿固定的报酬。但可以通过表彰优秀的村落社区组织和社区志愿者的方式进行激励，还可以探索通过建立“道德银行”或制定相关政策，使社区志愿者今后在遇到生产生活困难时优先得到扶助。

对我提出的志愿者不给报酬的意见，有的科长当即表示，不给报酬，谁愿意干？我回答说，可能有些人因为没有报酬不愿意干，但我相信还是会有不少热爱家乡，愿意为家乡的发展做些事情的人，不给钱也会干。我们要相信这一点！以后的事实证明我的这个判断是对的。都昌县汪墩乡古岭村委会的黄家坂村志愿者协会会长、老党员黄志坚，退休前是县国税局副局长，退休后回村居住多年，他说原来就想为村里做些事情，但没有身份不好讲话，现在有了志愿者协会，才使我能够依靠这个平台为家乡人民做些事情。

农村社区建设的活动经费问题：实践证明，开展农村社区建设，除开展环境卫生、调解民间纠纷可以不需资金投入外，开展文体活动，扶贫济困、兴办公益事业等都不可避免地需要一定的资金投入，特别是办理修桥铺路、“三清三改”等公益事业投入更大。虽然各地可以通过村民和本村在外工作人员自愿捐一点等办法筹集部分资金，但这种方式筹集的资金毕竟有限，而且集资捐款的次数也不宜过多，数目也不可能很大。因此，要广拓资金筹措渠道，保证农村社区建设正常运转的必要经费。一是根据温家宝总理在全国农村税费改革试点工作会议上关于“各级财政支出要向农村倾斜，财政收入新增部分要增加对农村支出的比重。要增加农村基础设施建设和社会事业的财政投入，向农村提供更多的公共产品和服务”的讲话精神，争取将国家用于农村基础设施建设和社会事业的财政投入部分用于村落社区建设；二是争取各挂钩帮扶单位和有关部门在资金上给予对口帮扶和支持；三是争取各涉农部门相关资金向村落社区建设倾斜，将各项涉农经费捆绑使用，在不改变资金性质的前提下，支持村落社区建设。

同时，我指出，我们下一步的任务是将“江西省农村社区建设的重点转到村落社区建设上来”。这样提，就是要告诉大家，“村落社区建设”的提法，是在前一年多的试点工作经验中得出的思路，不是否定而是在原有工作基础上的进一步完善和发展。

事实也是如此，我们是针对民政部基层政权和社区建设司詹成付副司长的质疑，从寻找农村社区建设与村民自治的共同点出发，才寻找到“发挥农民群众在农村基层社会建设和管理中的主体作用”是村民自治和农村社区建设的交会点，才进而寻找如何才能“发挥农民群众在农村基层社会建设和管理中的主体作用”，才找到“共同利益需求”是调动农民参与积极性和主动性的杠杆，才最后确定把农村社区定位在自然村这个农村社会的最基本的生产生活利益共同体的。如果没有前两年的农村社区建设实践，确定在三个层次开展农村社区建设，并且在自然村这个层次工作取得了一定成效，给予了我启示，恐怕我们一下子还难以找到方向。另外，发挥志愿者的作用，特别是农村“五老”的作用，也是前面同志的工作成果，我因为刚从民间组织管理局局长位置到政权处工作，对民间组织如何发挥作用有些经验，感到原先做法中志愿者主要是依赖个体的威望在起作用，因此提出志愿者要组织起来，建立志愿者协会，以协会为平台来组织动员农民群众参与农村社区建设，其成员主体是“五老”，这样有利于调动每个志愿意者的积极性，也有利于集思广益化解分歧达成共识，从而把个体志愿者的作用形成合力转变成集体的力量。并对志愿者协会的性质定位在村民委员会内部社会团体，解决了村落社区志愿者协会要不要到民政部门登记的问题。还有，村落社区建设如何开展活动，坚持哪些基本原则、从哪些方面入手开展活动，也是沿袭了前面工作的做法，只是把原先零散在不同自然村的做法归纳成“五个工作站”，形成“一会五站”的工作体系，后来发展成“六个工作站”，使村落社区建设的工作目标更明确。

由于我坚持做到了不否定前一年多开展农村社区建设工作的成效，加上村落社区建设的思路也是在原有工作基础上（自然村是三个层次中之一）提炼出来的，提法上也是将“2003 年农村社区建设的工作重点转到村落社区建设上来”，并做到及时向罗筱玉厅长和分管的杨运勇副厅长（他自 2001 年开始就主抓农村社区建设并倾注了大量的心血）汇报，得到了他们的认同和支持。所以，在开展“村落社区”建设的过程中，厅领导、前任处长江建中（时任厅办公室主任）和各地市、试点县的同志们的理解和支持，是农村村落社区建设能顺利进行和推展的一个非常重要的原因。尤其是杨运勇副厅长，他自始至终都给予了我们很大的支持和帮助，并全程参与了这项工作，进行具体工作指导和方案设计。

在统一思想的基础上，我们研究确定了试点方案。

方案明确了农村村落社区建设的指导思想、农村村落社区建设的主要目标、农村村落社区建设要坚持的基本原则、农村村落社区建设的工作模式。

农村村落社区建设的指导思想：以邓小平理论和“三个代表”重要思想为指导，以《中华人民共和国村民委员会组织法》为依据，以全面建设小康社会为目标，按照统筹城乡经济社会发展的要求，在县、乡党委政府和村级组织领导下，以志愿者协会为依托，坚持村民自治、人人参与、以人为本、服务村民的原则，开展农村村落社区建设活动，努力改善农村环境，繁荣农村文化，维护农村治安，救助困难群体，提高农民素质，树立农村新风，促进农村经济发展、社会稳定和社会各项事业的全面进步。

农村村落社区建设的主要目标：以便民、助民、利民、安民、富民为出发点，建立党委政府领导，民政部门指导，村级组织牵头，志愿者协会主办，社会力量支持，群众广泛参与的村落社区建设的运行机制，培育农村村落社区组织，拓展农村村落社区服务领域，发展农村村落社区卫生，繁荣农村村落社区文化；美化农村村落社区环境，维护农村村落社区治安，促进农村经济社会协调发展，实现村民自我管理、自我教育、自我服务、自我监督。

农村村落社区建设要坚持以下基本原则：

自愿参与原则。村民加入和退出农村村落社区志愿者协会必须由其自愿；开展村落社区建设各项活动，包括兴办公益事业，需要村民参加和捐款出力的，都应广泛征求村民意见，尊重大多数村民的意愿，绝不允许采取强迫命令和强制手段。

量力而行原则。在村落社区建设中，要着力抓好社会互助救济、公益事业服务、卫生环境监督、民间纠纷调解、群众文化活动等不花钱或少花钱，又容易见成效的工作。

服务村民原则。要以人为本，坚持以不断满足村落社区居民的合理需求，提高村民素质和生活质量为宗旨，积极为广大村民群众，尤其是农村困难群众的生产、生活服务。

互帮互助原则。充分发扬中华民族互帮互助、乐于奉献的传统美德，互帮互助，重塑农村新风。

形成合力原则。充分利用村落社区资源，发动各方力量，积极参与村落社区建设，努力形成村落社区建设的合力。

公道正派原则。社区志愿者协会成员办事要公道正派，清正廉洁，不以权谋私，不搞宗族派性。

农村村落社区建设的工作模式：在村落社区中成立以老党员、老干部、老农民、老教师、老复员军人为主体，热心村落社区建设的志愿者参加的农村村落社区志愿者协会。志愿者协会下设村落社区社会互助救助站、卫生环境监督站、民间纠纷调解站、文体活动联络站和公益事业服务站。

村落社区社会互助救助站。面向自然村孤寡老人、残疾人、贫困人员开展以扶贫帮困、互助互济和生活扶助为主要内容的服务活动，动员社会各界捐款捐物，有条件的地方可成立慈善救济基金，用于帮助困难群体，广泛形成互助互济的良好风气。

村落社区环境卫生监督站。大力抓好村落社区卫生，开展健康教育，教育村民树立卫生环境意识，培养讲卫生的良好习惯；协助建立农村合作医疗站，加强疾病预防、医疗、保健、康复、健康教育和计划生育技术服务等，不断改善农村的医疗卫生条件；采取力所能及的措施，开展“除四害”和爱国卫生工作，改善村落居住环境，动员村民建设自来水站、改建厕所，逐步消灭农村脏、乱、差，净化、绿化、美化村庄。

村落社区民间纠纷调解站。引导村民尊老爱幼、邻里和睦、互谦互让、互帮互助；制止打架斗殴、非法宗教、偷窃等不良行为和违法行为；调解民间纠纷，化解群众矛盾，消除治安隐患，做到小事不出村落；积极协助村级组织做好治安联防，组织开展经常性、群众性的法制教育，加强对刑满释放、解除劳教和违法人员的帮教工作和流动人口的管理，打击各种犯罪活动，减少刑事案件，维护农村稳定。

村落社区文体活动联络站。通过开办图书室、文体活动室、学习园地等形式，认真贯彻落实《公民道德建设实施纲要》，广泛宣传“爱国守法、明礼诚信、团结友善、勤俭自强、敬业奉献”的公民基本道德规范，使之家喻户晓、深入人心；修订完善村规民约，发挥道德评议会、红白理事会、禁赌协会等群众自治组织的作用，提倡移风易俗，反对封建迷信、赌博活动，倡导科学、文明、健康的生活方式，形成健康向上、文明和谐的社区文化氛围；进行健康有益、丰富多彩的文化体育活动，丰富村民的业余生活，提高村民素质，增强村民体质，陶冶村民情操，努力推动农村精神文明建设。

村落社区公益事业服务站。积极开展村落公益事业服务，动员群众建设和维护村落内道路、桥梁、水利，帮助村民建设沼气池，维护村落集体所有的公共财产。

会议确定了瑞金、宁都、永丰、都昌、浮梁等 10 个县（市）为试点县，各设区市除此之外，要根据各地的实际确定本设区市的试点县全面开展农村村落社区建设的试点工作。

第四章　开展试点，总结经验

第一节　按照方案开展试点

会议之后，各设区市民政局都召开会议进行了部署并确定了本设区市的试点县（市、区），试点县（市、区）的民政局也向县（市、区）委、政府作了专门汇报。在党委政府的支持下，各试点县（市、区）都积极开展了农村村落社区建设的试点工作。

首先，各试点县（市、区）都成立了以党委或政府分管领导为组长，各有关部门成员为组员的“农村社区建设工作协调小组”，召开了相关会议进行动员部署；根据经济、社会发展和山区、平原、水边等地缘特点确定不同类型的试点自然村庄。

为了做好试点工作，各试点县（市、区）还给每个试点村安排了 2000 元启动经费。

组织了以民政局牵头的工作组下到试点村进行指导帮助。工作组到试点村后，从动员村民参与，民主选举志愿者协会的成员开始，到指导志愿者协会利用“五站”，从村民最需要解决的问题和花钱少的事情入手，组织开展活动，用看得见的变化来吸引村民的关注，不断调动村民参与的积极性和主动性。

经过 5 个月左右的时间，村落社区建设的成效就开始显现出来。如九江市的都昌县，2003 年 4 月在省、市确定为农村村落社区建设试点县后，认为开展农村村落社区建设是省、市民政部门布置的一项工作，对为什么要开展农村村落社区建设认识不清晰，故只确定了在汪墩、大树等 5 个乡镇的5个自然村进行试点。到8月份，由于周边的自然村庄看到了5个试点村庄的明显变化，都纷纷到县民政局要求将自己所在的自然村确定为农村村落社区建设的试点村，试点村一下子就发展到20个，这说明开展农村村落社区建设农民群众拥护、支持，符合广大农民群众的意愿和利益。

这个现象引起了县委、县政府领导和省市民政部门的高度重视和关注。为此，省、市、县三级民政部门组成联合调研组到都昌县调研。在都昌县的汪墩乡古岭村委会的黄家坂村，在志愿者协会会长、老党员黄志坚的带头捐款影响下，全村捐款6万多元，义务投工1200多个，清理村环境卫生，搬走了8座“垃圾山”，兴建了垃圾窖，整修了下水道，改建了厕所，实现村道全部硬化并与县道连接；还将村里两个水塘用石料砌起周边分为生活和生产用水塘，建成了村中心花园和休闲广场，将祠堂加以整理，用布帘将祖宗牌位遮盖，利用祠堂空间建成图书室、棋牌室、乒乓球室、会议室，平时供村民活动，清明、冬至用于祭祖；村里还成立了腰鼓队、秧歌队，早晚开展活动。通过这些活动不仅改变了村容村貌，使村庄焕然一新，而且改变了村民的精神面貌，人际关系更加融洽，文化生活更加丰富充实。都昌县芗溪乡马垅村王新潮夫妇先后去世，留下一个瞎眼老娘和三个孤儿，最大7岁，最小不到1岁，在村志愿者协会的组织下，村民纷纷捐款捐粮，并成立了以青年志愿者王小萍为首的帮扶小组，承担起了老人和三个孤儿的日常生活照料，使这个贫困无助的家庭感受到了村落社区这个大家庭的温暖。都昌县狮山乡的老屋村是一个偏僻的只有23户人家的贫困村落，村里有个叫曹兰的女孩考上了大学，由于交不起学费准备放弃上大学外出去打工，村志愿者协会知道这个消息后，在70多岁的老会长曹俊铎的带动下，村民们几元、几十元的捐款，不到3天全村就凑够了曹兰的学费，帮她圆了上大学的梦。

通过调研，我们发现该县凡开展了农村村落社区建设的自然村都有明显的变化，主要表现在四个方面：

一是在社会互助救助方面，开展农村村落社区建设活动以来，通过志愿者协会的救助站，动员社会和村民捐款出力，社会互助互救，帮助不少特困户解决了生活困难和因病所急需的资金，使多名特困生圆了上学梦，为一些孤老病残家庭提供了生产、生活照料和帮扶服务，让这些困难家庭有了依靠和保障，在村民中初步形成了“一家有难，大家帮助”的好风气。

二是在治理生活环境方面，全县村落社区通过自愿集资，义务投工，修路、修排水沟、清理垃圾、整治水塘、水井，使农村长期存在的“脏乱差”问题得到了有效整治，公益事业也不断发展。

三是在社区文化生活方面，改变了农村基本没有什么文化活动，打牌赌博、封建迷信盛行的落后现象，通过创办村落文化活动中心、农民夜校、组建农民剧团、民乐队、腰鼓队、秧歌队、龙灯队、舞狮队，开展一些体育比赛，尤其是在一些村落针对“婆媳关系紧张”而开展的评选“好媳妇”活动，经过村民无记名投票在全村所有媳妇中选出3—5名“好媳妇”，并给被评上的“好媳妇”每人发两块“好媳妇”牌匾，其中一块由志愿者协会组织“腰鼓队”“秧歌队”，敲锣打鼓地送到“好媳妇”的娘家，这些丰富健康的文化生活营造了积极向上的文明新风，潜移默化地改变着农村社会生活中的一些落后文化习俗。

四是在社会纠纷调解方面，通过志愿者协会的民间纠纷调解站这个平台，组织法制宣传和纠纷调解，使农村中常见的争水源、争地皮、争山林、邻里纠纷、家庭矛盾得到了有效化解，制止了打架斗殴、促进了农村基层社会稳定。

这些看得见、摸得着的好处，让农民群众感受到农村村落社区建设是党和政府真心实意在为农民做好事，办实事，解难事，所以深得农民群众的拥护。

黄家坂村原来是九江市委组织部的帮扶点，几年来九江市委组织部投入了大量人力、物力，但由于村民没有真正动起来，效果不明显。时任九江市委组织部长的尧希平实地考察了黄家坂村的农村村落社区建设情况后，感受到民政部门开展的“农村村落社区建设”是在党委、政府的指导下，依靠农民自身力量改变农村落后面貌的好途径，立即通知全市各县（市、区）委组织部长到都昌县黄家坂村开现场会，要求全市各级组织部门要大力支持民政部门在农村开展的农村村落社区建设，做到民政部门的农村村落社区建设开展到哪里，组织部门的工作就要跟进到哪里。并提出要积极号召农村的无职党员参加村落社区志愿者协会，以志愿者的身份积极参加农村村落社区建设。

在都昌县调研的基础上，省民政厅在2003年8月组织11个设区市的民政局分管局长和科长，以及开展农村村落社区建设活动较好的20个县

（市、区）民政局长到都昌、浮梁两县召开了“全省农村村落社区建设流动观摩暨研讨会”，实地参观了两个县的农村社区建设，对如何继续抓紧抓好农村村落社区建设的试点工作进行了新的动员和部署，并要求各设区市组织力量对本地开展农村村落社区建设的情况进行调研，尽快将前段试点工作情况汇总报告省民政厅。

根据各地的情况报告，省民政厅形成了“江西农村 100 个村落社区建设试点报告”，分别报送给了省委、省政府和民政部。

江西农村 100 个村落社区建设试点报告

江西省民政厅

一、总体反映

2003 年 8 月，江西省民政厅组织 20 个县（市）的民政局长到都昌、浮梁召开“全省农村村落社区建设流动观摩暨研讨会”，实地参观农村村落社区建设。在参观中，许多老百姓高兴地跟与会代表说：“搞村落社区建设，这真是人民政府为我们农民办了一件大好事，我们欢迎，我们高兴!”都昌县有一位 82 岁的老人当场拉起二胡，自编自演“共产党好，‘三个代表好’”的地方歌曲。此情此景，实在感人。新华社记者李平、李美娟说“很少见到这样的村落，群众情绪这么好，风气这么好。如果中国农村多一些这样的村落社区，农村的整体水平就上去了!”新华社记者李平还说，这次来实地看了村落社区，他确实大开眼界了。

二、村落社区的组织结构、指导思想和目标原则

组织结构简单，就是“一会五站”，即在自然村落成立一个社区志愿者协会（有章程），以老党员、老干部、老复退军人、老教师、老农民为主体，吸收一些热心村落社区建设的志愿者参加，有党员的一般都成立了党小组。志愿者协会下设 5 个站，即村落社区社会互助救助站，村落社区卫生环境监督站，村落社区民间纠纷调解站，村落社区文体活动联络站，村落社区公益事业服务站。

村落社区建设的指导思想就是学习“三个代表”，实践“三个代表”，为群众诚心诚意办实事，尽心竭力解难事，坚持不懈做好事。

村落社区建设的目标，用社区志愿者的话来说，就是“不给村民增负担，不给村民添麻烦，只为村民排解几分忧愁，只为村民带来几分欢乐，只为农村基层增加几分稳定”。

办事原则，志愿者协会也订了一个“12 个字”的规矩：自愿、量力、服务、互助、合力、公道。

三、农村村落社区建设的主要成效

（一）有效地推进了农村社会的稳定

通过开展村落社区建设活动，充分发挥志愿者协会中民间纠纷调解站的作用，及时、有效地调解了常见的如争水源、争地皮、争山林、邻里纠纷、婚姻纠葛等民间纠纷，缓和了矛盾，维护了农村社会最基层的稳定。今夏久旱无雨，永丰县佐龙乡南塘村落社区 100 多亩二晚缺水待插，部分村民认为南塘人多势众，预备夜间突击抢水。志愿者协会发现苗头后，逐个做思想工作，并加派人员和抽水机日夜轮班抽水，既缓解了旱情，又避免了一场宗族械斗的发生。都昌县阳峰乡南坂村有一对结婚多年的夫妻，生有一男一女。丈夫在外打工期间受到不良影响，不顾妻儿，在外寻欢作乐，甚至提出要与妻子离婚。村志愿者协会占昌支、占民福两位会员了解情况后，主动上前调解，他们又是写信又是电话，耐心劝说男方改正错误，并自己掏钱坐车到男方打工工地，做耐心的说服工作，终于感化了男方，使一宗已闹到法庭的离婚案以撤诉告终。浮梁县曹家坦村落社区两妯娌闹家庭纠纷，打得不可开交，社区民间纠纷调解站得知后，立即上门调解处理，先自己掏钱让伤者去治疗，然后对当事人进行严肃批评教育，经过耐心细致的教育调解，妯娌间消除了误解，和好如初。

（二）培养了农民良好的社会公德，建立了和谐互助的人际关系

在农村出现一部分农民先富裕起来的同时，也出现了少部分的贫困群体，他们急切盼望得到扶助。过去由于无人组织开展救助活动，一些困难群众无法得到有效救助。村落社区建设开展后，普遍开展了互助互济活动，邻里互帮互爱，村民互助，使一户户特困户有了保障。都昌县狮山乡老屋村学生曹兰考上了江西医学院，由于家境贫寒，交不起学费，打算放弃读大学的机会。村落社区志愿者协会知道后，在全村发起捐款，村民积极响应，在短短 3 天内，共有 621 户群众捐款 7000 元，使曹兰圆了大学梦。张通茂是都昌县阳峰乡南坂村的特困户，今年 5 月他的 11 岁孩子突发败血症，病情十分危急，也是村落社区志愿者协会发动村民捐款，不到一

天时间共捐款9000多元，使小孩及时得到救治。张通茂激动地说："是村落社区建设救了我儿子的命。"

（三）推动了农村公益事业的发展

实行生产责任制后，农村经济有了很大的发展，农民生活也有了明显提高，但村落公益事业难以组织，造成路难行、污水流，卫生环境脏、乱、差。开展村落社区建设，增强了村民的社区意识和参与意识。据对20个试点村落社区调查，村民社区建设参与率已达90%以上，他们中有的自愿当上村卫生环境监督员，有的当上村落治安调解员，还有的成为村落社区文化爱好者，等等。社区志愿者协会顺应村情民意，办了许多力所能及而又有益村民的公益事业。据不完全统计，都昌县20个试点村落社区群众共捐款89万元，义务投劳6200个，兴办公益事业累计达86件。其中汪墩乡古岭黄家坂村落，原来是个"垃圾村"，在志愿者协会会长、老党员黄志坚带头捐款带动下，全村共捐款6万多元，义务投工1200多个，搬走了8座"垃圾山"，整修了下水道，改建了厕所，兴建了垃圾窖，不仅实现了村道全部硬化，还建起了村落中心花园，村落环境大为改观，村民精神面貌焕然一新。大树乡瓦塘坂村落有一条长740米的路面，过去，下雨泥泞路滑，天晴灰尘扑面，"行路难"的问题一直困扰村民。村落社区志愿者协会成立后，召开村民大会征求建路意见，得到村民一致拥护。永丰县洪渡村落社区组织群众义务投工投劳，新修了4条水泥巷道，新建了一幢130平方米的活动中心大楼；动员村民拆除旧柴火间、猪牛栏，统一规划新建了两排猪牛栏，先后建了30座沼气池；发动村民装运石块近百方，将进村锅底形道路垫平，彻底改变了"大水一来，出路即断"的历史，深受群众欢迎。

（四）营造了健康向上的文明新风

"白天面朝黄土背朝天，夜间守着电视消磨时间"，这是对农民生活的一种简单写照。农民群众生活单调，信息闭塞，已成为农村赌博、封建迷信等不良倾向滋生蔓延的"温床"。开展农村村落社区建设后，通过创办娱乐活动中心、阅览室、老年人活动室、文化宣传长廊、农民剧团、农民乐团、休闲山庄等文体活动载体，农闲时节，既可为村民丰富文化生活，陶冶情操，又有益于形成新的健康向上的社会风气。永丰县南塘村落社区将宗族祠堂改建成文体娱乐场所，建起了文体娱乐室和图书室，配置了扑克、象棋等娱乐设施及多种报纸杂志，免费对村民开放；每季度放映一场电影，并主动与县文化广播电视局联系，安装好了有线电视，扩大了村民的视野，增加了村民的信息量。如今，赌博的不见了，封建迷信活动绝迹了，学科技、跑运输的多起来了。都昌县芗溪乡马垄村开展村落社区建设后，今年取消了传统的半年节、祖婆节，各家各户把取消过节省下来的10万多元钱捐出来新建了一幢村小学教学大楼，使全村适龄儿童入学率达到100%，7岁以下儿童都进入了幼儿班。浮梁县瑶里村落社区，有一陈姓青年好逸恶劳、不赡养母亲，在"五老"的教育下，小陈与母亲签订了赡养协议，并且逐渐改掉了好逸恶劳的不良习气。

（五）保障了困难群众的基本生活

村落社区是一个共同的居住体，谁家有难都在村民的眼皮底下，志愿者协会把困难群众列为关爱对象。都昌县阳峰乡南坂村办起了村敬老院，让一些原来吃五保的孤寡老人有所依，有所养，有所乐；对一些困难的优抚对象和残疾人，则组织社区志愿者，开展定人结对帮扶活动，村医疗站除了每半年免费给困难村民检查一次身体外，对行动不便的开展上门就诊，送医送药；对碰到天灾人祸的特困户，协会便组织村民救助，确保困难户基本生活无后顾之忧。都昌县芗溪乡马垅村王新潮夫妇不幸因病去世，留下一个瞎眼老娘和3个孤儿，最大的7岁，最小不到1岁，在村落社区志愿者协会的组织下，村民们捐粮捐款，嘘寒问暖，并成立了以年轻姑娘王小萍为首的社区志愿者帮扶小组，主动承担了老人和3个孤儿的日常生活照料，使社区特困户感受到了大家庭的温暖。试点运作3个月来，为他们生产、生活作了妥善安排。

（六）促进了基层组织和乡村干部转变作风，密切了党群干群关系

随着群众参与村落社区建设积极性的日益高涨，乡村基层干部纷纷走进村落，加入村落社区志愿者队伍，有的志愿担任社区农民夜校教员，有的当上了社区文化辅导员，还有的成了宣传农村政策的宣讲员。乡村基层组织在推进村落社区建设中，自觉转变工作作风，实行农村工作重心下沉，积极为村落社区建设出主意、想办法，真心实意地为村落社区群众办好事、办实事。干部转变作风，使村民深受教育。浮梁县渭水村落社区村民张正华多年拖欠农业税和滞纳金，并经常在人大会期间到北京上访。在村落社区建设中，他被村组干部为民办实事的精神所感动，主动补交了农业税和滞纳金，同时在村落户代表会上检讨自己的错误，并积极报名要求参加志愿者协会，为村民服务。

第二节　抓住时机，全省推广

江西省委、省政府的有关领导，看了试点报告后，分别作了重要批示。

省委书记孟建柱：很好，望继续加强领导，积极探索出农村社区管理的新路子来。

省委副书记彭宏松：村落社区作用不小，在试点完善的基础上逐步推广。

省政府副省长危朝安：这是一个很好的农村工作载体，也是推进全面建设小康社会的一个重要途径。有利于化消极因素为积极因素，有利于变被动为主动，也有利于活跃农村发展和祥和的气氛，还有利于加强社会层面的控制和管理。在全面推进和完善这项工作中，建议应坚持的原则是：自愿、为民、互补（与基层党组织和政权组织）。建议农工部、农业厅等部门要积极参与其中，加强其健康发展。

省政府副省长孙刚：省民政厅这项工作抓得很好，效果很明显。

省政府副秘书长肖四如：阅后感到这是完善村民自治、加强新时期农村精神文明建设的一个很好的办法，很有典型意义和重要的提倡、推广价值。

在得到省委、省政府有关领导对农村村落社区建设工作的充分肯定后，我们抓住时机，继续在全省各地的试点县（市、区）进行调研和征求基层同志的意见，进一步完善村落社区建设的做法和要求，并在这个基础上，2004 年 4 月 10 日，我们起草了《省民政厅关于切实做好全省农村村落社区建设工作的通知》，报送厅领导，建议以民政厅名义报送省委、省政府，争取以省委办公厅和省政府办公厅的名义转发，要求全省全面开展农村村落社区建设。厅领导同意了我们的意见。2004 年 4 月 28 日，省委办公厅、省政府办公厅转发了《省民政厅关于切实做好全省农村村落社区建设工作的通知》。

自此，农村村落社区建设工作在全省全面推开。省民政厅从 2004 年起就将村落社区建设列入全省民政工作目标管理，每年组织考评，并在全省开展了“星级村落社区”创建活动。为了拓宽干部群众的视野，不仅总结推广了吉安市委、市政府和都昌县委、县政府将涉农资金捆绑起来，在不改变项目和资金使用性质的情况下，优先扶持已开展村落社区建设的村庄的经验，还向全省介绍了韩国政府20世纪70年代开展“新村建设”的做法。村落社区建设被列入了全省城乡社区建设“十一五”规划和省委、省政府的2006年1号文件《关于加快江西省社会主义新农村建设的若干意见》及《江西省社会主义新农村建设规划》。

至2008年7月我退休时，全省16802个村委会所辖的18万多个自然村，已有31545个自然村开展了村落社区建设，“村落社区建设”已成为江西这个农业大省统筹城乡发展、建设新农村的一个有效载体。

附：

江西省委办公厅、省人民政府办公厅关于转发《省民政厅关于切实做好全省农村村落社区建设工作的意见》的通知

（赣办发〔2004〕2号）

各市、县（市、区）党委和人民政府，省委各部门，省直各单位，各人民团体：

经省委、省政府领导同意，现将《省民政厅关于切实做好全省农村村落社区建设工作的意见》转发给你们，请结合实际，认真贯彻执行。

中共江西省委办公厅

江西省人民政府办公厅

2004年4月28日

省民政厅关于切实做好全省农村村落社区建设工作的意见

（2004年4月10日）

为了贯彻落实“三个代表”重要思想和党的十六大、十六届三中全会精神，深化农村村民自治，加快统筹城乡经济社会协调发展，促进农村经济发展和社会各项事业的全面进步，维护农村稳定，根据《中华人民共和

国村民委员会组织法》（以下简称“《村民委员会组织法》”）的要求，结合我省的实际情况，现就切实做好全省农村村落社区建设工作提出以下意见。

一、充分认识推进农村村落社区建设的重大意义

农村村落社区是指聚居在以自然村或中心自然村带分散小村落范围内的人们所组成的社会生活共同体。农村村落社区建设是指在村党组织和村委会的领导下，组织和依靠村落社区力量，整合村落社区资源，强化村落社区功能，解决村落社区问题，深化村民自治，维护农村稳定，促进村落社区各项事业的协调、健康发展。大力推进农村村落社区建设，对于实现全面建设小康社会的总目标，具有重大的现实意义和深远的历史意义。

（一）推进农村村落社区建设，是贯彻落实“三个代表”重要思想的生动体现。胡锦涛总书记在“七一”讲话中指出，我们学习贯彻“三个代表”重要思想，就是要为人民群众诚心诚意办实事，尽心竭力解难事，坚持不懈做好事。广泛开展农村村落社区建设，就是组织和依靠村民自己的力量，开展互助救济、扶贫济困，帮助农村困难群体排忧解难；整治村容村貌，绿化美化村庄，搞好环境卫生，改善村民的居住环境；普及科普知识，开展文体活动，丰富村民业余生活，改变陋习，提高生活质量；协助开展社会治安综合治理，调解邻里纠纷，维护社会治安；改水改厕、修桥铺路，发展公益事业，不断满足村民群众日益增长的物质文化生活需要。因此，推进农村村落社区建设，是贯彻落实“三个代表”重要思想的具体体现，得到了农民群众的热烈欢迎、广泛认可和踊跃参与。

（二）推进农村村落社区建设，是完善村民自治和健全村民自治机制的有效途径。党和政府对农村基层的管理，是依据村民委员会组织法，依靠农村基层群众自治组织——村民委员会，通过民主选举、民主决策、民主管理、民主监督的途径来进行的。实践证明，村民委员会在协助政府管理农村、建设农村中发挥了重要作用。但是，也要清醒地看到，目前村民自治作用还没有得到充分体现，其主要原因就是村民自治的各项工作一般只停留在村民委员会，难以下沉到村民小组和自然村，导致农民群众难以自觉地、有效地参与。推进农村村落社区建设，动员广大村民参与村民自治的各项事务，实行村民群众的自我管理、自我教育、自我服务、自我监督，则是对村民自治工作的补充和深化，有利于实现党的十六大提出的完善村民自治，健全村党组织领导的充满活力的村民自治机制的要求。

（三）推进农村村落社区建设，是加快统筹城乡经济社会协调发展、全面建设小康社会的重要举措。统筹城乡发展，改变目前我国城乡二元结构体制，促进经济和社会的持续快速协调发展，实现全面建设小康社会的宏伟目标，是党的十六届三中全会提出的一项战略性任务。我省农业人口比重高，没有农村的进步和发展，就没有全省的全面小康。推进农村村落社区建设，有利于促进农村社会稳定，推动农村公益事业的发展，建立和谐互助的人际关系，营造健康向上的村风民风，保障农村困难群众的基本生活，促进农村的经济发展和各项事业的全面进步。

（四）推进农村村落社区建设，是保障农民群众安居乐业的必然要求。农村经济体制改革带来了农村经济的快速发展，但由于农村精神文明建设的相对滞后，农村一些旧思想、旧习惯、旧风俗仍在一定程度上存在，封建迷信、赌博斗殴、邻里纠纷等时有发生，影响着农村社会的稳定。开展农村村落社区建设，可以充分发挥志愿者协会中各工作站的作用，宣传党的路线、方针、政策和国家的法律法规，加强思想道德文化建设，引导村民树立尊老爱幼、邻里和睦、互谦互让、互帮互助的农村新风；可以调解民间纠纷，化解群众矛盾，消除治安隐患，做到小事不出村落；可以积极协助村级组织做好治安联防，组织开展经常性、群众性的法制教育，打击各类犯罪活动，维护农村稳定，为村民群众营造一个安居乐业的良好社会环境。

二、明确农村村落社区建设的指导思想、主要目标和基本原则

农村村落社区建设的指导思想是：以邓小平理论和“三个代表”重要思想为指导，以村民委员会组织法为依据，以全面建设小康社会为目标，按照统筹城乡经济社会发展的要求，在县、乡党委政府和村级组织领导下，以志愿者协会为依托，坚持村民自治、人人参与、以人为本、服务村民的原则，开展农村村落社区建设活动，努力改善农村环境，繁荣农村文化，维护农村治安，救助困难群体，提高农民素质，树立农村新风，促进农村经济发展、社会稳定和社会各项事业的全面进步。

农村村落社区建设的主要目标是：以便民、助民、利民、安民、富民为出发点，建立党委政府领导，民政部门指导，村级组织牵头，志愿者协会主办，社会力量支持，群众广泛参与的村落社区建设的运行机制，培育农村村落社区组织，拓展农村村落社区服务领域，发展农村村落社区卫生，繁荣农村村落社区文化，美化农村村落社区环境，维护农村村落社区治安，促进农村经济社会协调发展，实现村民自我管理、自我教育、自我服务、自我监督。2004 年，先行试点的瑞金市和宁都、永丰、都昌、浮梁县的每个村都要开展 1—2 个农村村落社区建设的试点；2003 年 8 月参加全省农村村落社区建设流动观摩暨研讨会的 20 个县（市）的每个乡镇开展 1—2 个农村村落社区建设的试点；除此之外的县（区），选择 1—2 个村落开展农村村落社区建设的试点。在完善试点的基础上，逐年扩大规模，力争在 3—5 年内全省全面推广，促进全省农村村落社区建设上规模、上水平。

农村村落社区建设坚持以下基本原则：1. 自愿参与。村民加入和退出农村村落社区志愿者协会必须由其自愿；开展村落社区建设各项活动，包括兴办公益事业，需要村民积极参加和捐款出力的，都应广泛征求村民意见，尊重大多数村民的意愿，绝对不允许采取强迫命令和强制手段。2. 量力而行。在村落社区建设中，要着力抓好社会互助救济、公益事业服务、卫生环境监督、民间纠纷调解、群众文化活动等不花钱或少花钱，又容易见成效的工作。3. 服务村民。要以人为本，坚持以不断满足村落社区居民的合理需求，提高村民素质和生活质量为宗旨，积极为广大村民群众，尤其是农村困难群众的生产、生活服务。4. 互帮互助。充分发扬中华民族互帮互助、乐于奉献的传统美德，互帮互助，重塑农村新风。5. 形成合力。充分利用村落社区资源，发动各方力量积极参与村落社区建设，努力形成村落社区建设的合力。6. 公道正派。社区志愿者协会和“五站”成员办事要公道正派，清正廉洁，不以权谋私，不搞宗族派性。

三、建立农村村落社区建设的工作模式

农村村落社区建设的工作模式：在村落社区中成立以老党员、老干部、老农民、老教师、老复员军人和无职党员为主体，热心村落社区建设的志愿者参加的农村村落社区志愿者协会。志愿者协会下设村落社区社会互助救助站、村落社区卫生环境监督站、村落社区民间纠纷调解站、村落社区文体活动联络站、村落社区公益事业服务站等。

（一）村落社区社会互助救助站。面向自然村孤寡老人、残疾人、贫困人员开展以扶贫帮困、互助互济和生活扶助为主要内容的服务活动，动员社会各界捐款捐物，有条件的地方成立慈善救济基金，用于帮助困难的群众，在群众中形成大范围的互助风气。

（二）村落社区环境卫生监督站。大力抓好村落社区卫生，开展健康教育，教育村民树立卫生环境意识，培养讲卫生的良好习惯；协助建立农村合作医疗站，加强疾病预防、医疗、保健、康复、健康教育和计划生育技术服务等，不断改善农村的医疗卫生条件；采取力所能及的措施，开展除“四害”和爱国卫生工作，改善村落居住环境，动员村民建设自来水站、改建厕所，逐步消灭农村脏、乱、差，净化、绿化、美化村庄。

（三）村落社区民间纠纷调解站。引导村民尊老爱幼、邻里和睦、互谦互让、互帮互助；制止打架斗殴、非法宗教、偷窃等不良行为和违法行为；调解民间纠纷，化解群众矛盾，消除治安隐患，做到小事不出村落；积极协助村级组织做好治安联防，组织开展经常性、群众性的法制教育，加强对刑满释放、解除劳教和违法人员的帮教工作和流动人口的管理，打击各种犯罪活动，减少刑事案件，维护农村稳定。

（四）村落社区文体活动联络站。通过开办图书室、文体活动室、学习园地等形式，认真贯彻落实《公民道德建设实施纲要》，广泛宣传“爱国守法、明礼诚信、团结友善、勤俭自强、敬业奉献”的公民基本道德规范，使之家喻户晓、深入人心；修订完善村规民约，发挥道德评议会、红白理事会、禁赌协会等群众自治组织的作用，提倡移风易俗，反对封建迷信、赌博活动，倡导科学、文明、健康的生活方式，形成健康向上、文明和谐的社区文化氛围；进行健康有益、丰富多彩的文化体育活动，丰富村民的业余生活，提高村民素质，增强村民体质，陶冶村民情操，努力推动农村精神文明建设。

（五）村落社区公益事业服务站。积极开展村落公益事业服务，动员群众建设和维护村落内道路、桥梁、水利；帮助村民建设沼气池，维护村落集体所有的公共财产。

各地推进农村村落社区建设，要与开展“无职党员设岗定责”活动结合起来，根据本地经济和社会发展的水平，结合现有工作基础，确定工作内容。条件成熟和工作基础好的地方，可以进一步拓展工作项目，不断丰富村落社区建设的内容。

四、广泛开展农村村落社区星级评定活动

为了表彰先进，树立典型，推动农村村落社区建设上水平，结合我省农村广泛开展的创建“文明小城镇”“文明小康示范村”活动，民政部门将认真组织开展文明村落社区星级评定活动。村落社区星级评定按照不同的标准分一星级、二星级、三星级三个级别，三星级为最高级别。已开展了村落社区建设的村落社区，对照规定的标准，经过自查认为合格的可以申请星级评定。县（市、区）社区建设工作领导小组对有50%以上的村落社区达到星级村落社区标准的村委会，可授予该村委会为“全县（市、区）农村村落社区建设示范村委会”荣誉称号。对有50%以上村委会被县（市、区）授予“全县农村村落社区建设示范村委会”的乡镇，可授予“全县（市、区）农村村落社区建设示范乡镇”荣誉称号。

五、切实加强对农村村落社区建设工作的领导

各级党委和政府要高度重视村落社区建设工作，切实加强领导。要广泛向农民群众宣传农村村落社区建设的目的、意义、宗旨和目标，提高农民群众对村落社区建设的认识，激发他们参与村落社区建设的热情；要组织有关人员赴农村调查研究，了解农村基层情况，根据实际制定实施方案；要按照“城乡互动”的要求，采取城乡对口帮扶的办法，由有关部门和单位抽调骨干力量，进行业务培训分派到村落指导，并给予相应的资金和物质扶助。村级党组织和村民委员会要充分发挥领导和牵头作用，支持和保证农村村落社区建设工作的顺利开展。各地对村落社区建设工作中好的经验和做法要认真总结，及时交流；对反映出的新情况、新问题，要及时向上级党委和政府汇报，妥善加以处理。

第五章 全省农村社区建设理论研讨会暨现场经验交流会

第一节 会议概况

2004年10月26日，江西省民政厅在九江市都昌县召开了“全省农村社区建设理论研讨会暨现场经验交流会”。这次会议对江西省所开展的农村社区建设具有重要的历史意义。不仅是对近两年来江西开展的农村村落社区建设所取得的经验进行总结，更重要的是由于与会的全国许多著名专家学者对江西所开展的农村村落社区建设工作进行的理论和实践相结合点评，使我们能站在理论的高度认识农村村落社区建设，让我们实现了从原先单纯地为完成省委书记所交代的任务和应对民政部政权司领导的质疑去抓这项工作，到站在中国经济与社会发展的改革全局高度深刻认识农村社区建设的重要性、必要性，更加自觉地在理论指导下去抓农村村落社区建设的华丽转身。

对这次会议，省委书记孟建柱特别重视，专门发来贺电表示祝贺。孟建柱书记在贺电中说：“加强农村社区建设，是认真贯彻‘三个代表’重要思想，全面落实科学发展观，统筹城乡发展的重要举措。近些年来，我省在调查研究的基础上，确立了将农村社区建设的重点放在村落社区建设上的工作思路，并进行了一些有益的探索。实践证明，加强农村村落社区建设，对于动员社区各方面力量开展公益性、社会性、群众性的活动，尤其是依靠农民自身力量，改善农村环境，繁荣农村基层文化，维护农村社会治安，救助农村困难群体，提高农民素质，树立农村新风等方面发挥了很好的作用，得到了广大农民群众的认可和参与，是深化农村村民自治、促进农村三个文明协调发展的有效途径。”

在这次会议上，都昌县委、县政府以“积极探索，勇于实践，大力推进农村村落社区建设”为题，永丰县民政局以“统一认识上下联动稳步推进农村村落社区建设”为题，上高县委、县政府以“明确目标，精心组织，大力推进农村村社区建设”为题，九江市庐山区委、区政府以“加强村落社区建设是提高党在农村执政能力的有效途径”为题，湖口县流泗镇党委书记张翼以“农村村落社区建设之我见”为题进行了经验介绍。

与会的专家学者在上述单位和个人经验介绍之后进行了点评发言。这些专家学者是：中农办王石奇局长（书面发言）、民政部政策研究中心朱勇副主任、上海市政治文明建设委员会办公室施凯常务副主任、中国社会新闻出版总社米有录总编辑、中国社会科学院党国英教授、上海市社会科学院徐中振研究员、江西省社会科学院王明美教授、中国人民大学郭星华教授、上海华东理工大学曹锦清教授（《黄河边的中国》作者）、中欧村务管理项目办欧方主任马卫廉先生。

会上，罗筱玉厅长作了工作报告，在报告中她特别强调了民政部门在农村社区建设工作中的角色定位问题。为什么她要着重强调这个问题呢？这是因为农村村落社区建设工作取得一定成效，并得到省委、省政府肯定，省委办公厅、省政府办公厅转发了《省民政厅关于切实做好全省农村村落社区建设工作的意见》后，党委政府的很多部门都积极利用农村村落社区这个平台开展自己的工作，因此出现了不少村落社区成为这些部门的先进典型，受到表彰。对于这种现象，民政部门的一些同志，包括一些领导同志也都有看法，认为民政部门辛辛苦苦栽树，别的部门却来摘果子。有的同志甚至提出要告诉下面，不能允许别的部门利用村落社区这个平台。对这个问题，省民政厅也有争议，我力主不能这样处理问题，因为我们开展农村社区建设的目的是为了帮助农村尽快改变落后面貌，推动农村加速发展。如果由于各个部门的加入，使农村改变落后状态的工作加速，我们应当欢迎，这样就会出现不仅民政部门在帮助农民，而是所有的部门都在关心帮助农民，这是好事。我们民政部门的同志必须站在全局的高度来看待这种现象。大家接受了我的意见。为了统一大家的认识，罗厅长在会上才特别强调了这个问题。她说：村落社区建设是民政部门的一项新的工作职能，民政部门的同志要找准自己的角色定位。首先，民政部门的同志自身要有一个好的精神状态，提高认识，认真履行工作职责，把农村村落社区建设作为重点工作来抓，争取党委政府的重视和支持，充分发挥综合协调和监督检查的职能作用，积极做好党委政府的参谋助手。其次，民政部门的同志也要充分认识到农村村落社区建设是一项复杂的系统工程，涉及政治、经济、文化及村民群众日常生活的方方面面，在认真指导各地成立村落社区组织，搭建好村落社区建设的平台后，必须协调各有关部门在社区建设中发挥作用。因此，民政部门的同志不要把村落社区当作自己的私有财产，要欢迎其他部门进村落社区，协调配合有关部门进社区的工作，真正形成“党委政府领导、民政部门指导、村级组织牵头、志愿者协会主办、社会力量支持、群众广泛参与”的工作机制，保证村落社区建设健康有序持续快速发展。

会议开了一天，晚上省民政厅和九江市民政局、都昌县委县政府联合召开茶话会，继续听取专家学者们的意见和建议。

专家学者们的这两次发言，既对江西省开展的农村社区建设的做法进行了充分肯定，并从理论高度进行概括和梳理，也对发展中的不足和可能出现的问题提出了自己的看法和建议，对江西省进一步深入推进农村村落社区建设起到了指明方向的作用，意义非常重大。

第二节　专家学者的点评

中央农村工作领导小组办公室王石奇局长的书面发言要点：

我认真学习了有关江西农村村落社区建设的材料，觉得很开眼界，很受启发，感到江西所做的事情确是属于开拓创新，很了不起，应当给予充分肯定。

为什么说农村村落社区建设很有意义，值得肯定？我想，是否可以这样看：

一、实现农村社会的和谐稳定，需要村落社区建设。社会和谐问题，现在越来越为人们所重视。党的十六届四中全会把构建社会主义和谐社会摆在重要位置，作为巩固党执政的社会基础，实现党执政的历史任务的必然要求。这就是说，不断提高构建和谐社会的能力，是加强党的执政能力建设的重要方面。中国 13 多亿人口，9 亿在农村，构建和谐社会，首先要在农村解决这个问题，构建起农村和谐社会，没有这个基础，就谈不上整个社会的和谐。现在农村社会的状况怎么样？总的看，是基本和谐、基本稳定的，前两年农村开展“三个代表”重要思想学教活动成效很大，这两年农村税费改革，中央实行了一系列助农扶农政策，干群关系有了改善。但是，在一些地方，在有的方面，还存在着不尽如人意的情况。比如，不少农村里人际关系比较紧张，邻里之间经常发生大大小小的纠纷，而且得不到及时的调处化解。有的村，干部党员的作用发挥不好，干部和村民、党员和群众的关系不融洽，等等。久而久之，老百姓心里当然会产生不满，一旦与政策不落实、干部作风粗暴恶劣、严重非法乱纪、农民利益受到严重侵犯等农村热点问题交织到一起，处理不好，矛盾就会激化，就会引发上访告状，形成群体性事件，有的甚至酿成严重事端。在这样的地方，群众的情绪必定低落，群众的积极性难以调动，农村改革必然难以深入，农村经济难以发展，脱贫致富就不可能迈开大步。从江西试点地区的实践来看，农村村落社区建设开展以来，志愿者协会等民间组织及时有效地调解了村组邻里发生的纠纷，缓和了矛盾，促进了人际关系的改善，维护了农村社会最基本的稳定。基层党员干部改变形象、转变作风，进组入户，成为村落社区建设志愿者队伍的一员，做了许多好事，办了许多实事，干群关系密切了，党和群众的心贴在一起了。这就是在最基层构建农村和谐社会的最具体最细微真实的有效实践。农村和谐稳定的新变化、新气象，令人欣喜，令人鼓舞，村落社区建设功不可没。

二、推进基层民主，落实村民自治，需要村落社区建设。扩大农村基层民主，经历了十几年的努力，总体上讲，现在村民自治已经上了路。不过，也要承认发展并不平衡。不平衡表现在多方面。有少数地方不当作一回事，有的地方走了过场，相当多的地方属于落实还不够到位。比方，在行政村这个层面上，一些事情还有头绪，“四个民主”还能够体现，但是到自然村，到了居民小组的层次上，就没有什么自治活动、具体形式和内容了。村民自治没有在居民组扎根，是一个不足、遗憾，是一个普遍存在的问题。从江西试点地区的实践来看，农村村落社区建设开展以来，这个问题开始得到解决。村民自治的工作不再是只停留在村民委员会，能够下沉到了自然村、居民小组，在更大的范围内，使更多的农民参与了“四个民主”，享有了自己的民主权利，这是对农村的政治文明建设作出的一份有益贡献。

三、提高农村精神文明道德水平，需要村落社区建设。现在农村各方面的情况都在发生着变化，农村精神文明建设也遇到新情况，有文化的人大多数都外出了，农民教育开展的难度大了，就连逢年过节闹红火的文艺骨干也不如前些年那么好召集组织了，在许多地方，妇女、老年人和儿童成为村中实际常住人口的主体，所谓的三八、九九、六一部队，视野所及，麻将桌尽收眼底。不少地方反映，近几年，封建迷信有所抬头，陈规陋习有所蔓延，农村的精神文明建设遇到了挑战，不少地方扭转起来难度很大。从江西试点地区的实践来看，农村村落社区建设开展以来，农村的风气得到改变，群众的文明道德水平有了提高。在这些地方，群众的文化生活丰富了，赌博的市场和吸引力越来越小，封建迷信销声匿迹，敬老爱幼，邻里互助，社会公德，蔚然成风，村落社区建设的成效十分显著。

四、推动农村公益事业，需要村落社区建设。前些年农民负担重的问题很突出，普遍存在着超过农民承受能力兴办集体公益事业的情况，对此群众苦不堪言，意见很大。税费改革中，规定3年内取消农民义务工、积累工，兴办村里的公益事业一事一议，上限不超过15元。这项政策实行以后，农民负担确实大幅度降低了，不过各地又陆续反映，农村公益事业没办法搞了，一事一议理论讲挺不错，实际上很难行得通，七嘴八舌，议不到一起，两工取消了，钱又收不起来，农村公益事业的进度缓慢了。据我们到各地调查，群众和基层干部对此是有意见的，今后村里或居民组里，修条路，架个水管，浇地修条渠，这样的与村民相关的事情怎么搞，希望有个说法，拿出个办法。比方说，中央出台了一件三补的政策，像江西这样的粮食主产区农民种粮的积极性高了，他们需要改善农田水利建设条件，但涉及修渠、整地又不是一家一户能解决的。过去的办法就是用两工，或出钱。现在，农民不出工了，也不能强行以资代劳了，怎么办，能够依靠公共财政吗？据水利部统计，每年田间水利建设用工40亿个，一个工15元，总共要600亿元，光靠国家投资显然不成。但是如果不发动群众搞农田水利建设，用不了几年，现有的设施就失修报废，损失无法弥补。有关方面为解决此难题颇费心思，考虑过在居民小组的范围内是不是可以灵活一些？这个政策定起来如何把握好分寸，的确非常难。从江西试点地区的实践来看，农村村落社区建设开展以来，推动了农村公益事业的发展。村民参与社区建设的积极性很高，90% 以上的农民加入志愿者行列，志愿者协会顺应社情民意，发动群众，民主协商，民主管理，办成了不少力所能及而又有益村民的公益事业，修村组路，建排污沟，整治卫生环境，真正做到了农村经济和社会的全面发展。

江西的农村村落社区建设已经铺开了一定的试点面，如何巩固已经取得的成果，完善经验，发现不足，进一步把试点工作做得更好，也是大家要研究的一件事。

在以上几点看法之外，我还想特别强调两个感触很深的认识。第一，江西省能够创新农村村落社区建设，把这个新事物搞得很好很实在，是与省委省政府的认识水平高、重视程度强、支持力度大密不可分的，客观地说，在省的层次上，需要关注要研究的大事情太多了。可能有的地方的领导会把农村村落建设看成是琐碎不起眼细小的事。其实并非那样。农村村落建设意义很大，内涵很丰富，效果很明显，抓对了，抓准了。第二，江西农村村落社区建设经验的取得，是农民群众和基层干部实践的结果，他们的创造精神是最宝贵的。农村的改革，包括社会管理方面的改革，都要坚持尊重农民、尊重基层的首创精神，这是一条基本原则。江西的同志讲，社区建设今后的前途是好的，还会有新的发展，我相信这个判断。总之，我觉得，对江西省的创造，意义不能低估；对江西省的经验，贡献不能低估。我期待着农村村落社区建设在江西全省扎扎实实推开，硕果累累。

民政部政策研究中心朱勇副主任：

一、谈一谈对村落社区建设的认识问题。江西的村落社区建设是在江西这片土地上成长起来的新生事物，它适应了江西农村的实际情况，具有很强大的生命力。老百姓有很简单、很纯朴的四句话："修了路，解了难，顺了心，乐了人。"对村落社区建设工作的效果作了很形象的概括。如果说我们用群众拥护不拥护、群众高兴不高兴、群众满意不满意作为衡量村落社区建设的最高标准的话，那么我认为这项工作基本上达到了群众满意、群众高兴、群众拥护，所以这是非常好的一个事情。从社区建设的角度来看，江西的村落社区建设实践，它丰富了中国社区建设的理论、理念和思路。可以说，在推进中国农村社区建设的这项工作上，开辟了一条新的道路，提供了新的思路，作出了新的实践和探索。我相信，村落社区建设对江西必将会成为今后推动农村发展，解决“三农”问题的一个强大的动力。在推动社区建设，特别是农村社区建设方面所形成的一些理念、思路、工作措施，也将对中国的农村社区建设作出十分重要的贡献，所以意义是非常重大。

二、江西的村落社区建设是对村民自治的创新和发展。第一，它提高了村民的参与度。村民自治的主体是村民，没有村民的参与就没有村民自治。参与有两个指标，一个是广度，看有多少村民参与了；第二，就是参与的质量。从村委会的民主选举看，村民的参与程度还是比较高的，特别是在经济比较发达的地区。在经济比较贫困的地区，没有人愿意当村干部，当村委会主任。在经济发达地区，许多人希望当村干部，争着当，搞竞选啊，然后政府的发动，群众的参与程度比较高。但是参与的质量如何，也是值得研究和商榷的。在选举中宗族的力量操纵、贿选问题也是比较普遍。从我了解的情况看，在经济发达的地区，一张选票值几千元甚至上万元钱，所以说村民虽然积极参与了，但是参与的动机和效果不一定正确。我觉得通过村落社区建设，通过加强村民民主决策、民主管理的参与，无论是在村民参与的广度和质量上都有了新发展。再一个是在推进村民自治的工作方式上有了创新。村落社区建设，借用了城市社区建设的工作方式，其运行机制是党委政府领导、民政部门指导、有关部门配合、村级组织牵头、志愿者协会承办、社会力量支持、村民广泛参与，这是套用了城市社区建设的方法和机制。在村民自治这项工作上，部门、社会各界的参与度远远没有社区建设高。所以我认为通过社区建设，不仅在内容上丰富了村民自治，而且在工作方法、推进方式上也实现了新的发展。

三、促进了城市社区建设和农村社区建设的结合。从江西现有的经验看，已经出现了城市社区建设与农村社区建设相结合的苗头，虽然发展的程度和规模还不是很大，但是我觉得已经出现了这样一个非常好的态势，今后会发展得更快，会向更广、更深的层次上与城市社区建设相结合。中央非常重视解决“三农”问题，大家有一个共识，中国城市的发展是在剥夺农村的基础上进行的，现在已经到了城市反哺农村的时候。我觉得江西的村落社区建设注意到了城市社区对农村社区发展的一个支持，这个是非常可贵的。如将各部门的涉农资金捆绑起来，统一用于村落社区建设上，这是非常好的一个苗头，一个发展趋势。

以上是我对江西村落社区建设的几点看法。下面，对怎么提高和完善江西的村落社区建设提几点不成熟的看法。

一、要正确处理村落社区建设与村民自治的关系。关于这个问题，罗厅长刚才已经讲到，村落社区建设是村民自治的组成部分和重要载体。我非常赞同她的看法。我认为村落社区建设是村民自治总体框架中的一项重要内容。从它追求的目标看，村民自治与村落社区建设的目标是一致的，都是要强化社区的自治功能，推进社会主义农村民主政治建设。从村落社区建设的内容看，也是村民自治的内容。所以我认为不能把村落社区建设和村民自治对立起来，也不是谁可以代替谁的问题，一定要把村落社区建设纳入村民自治的总体框架，使它们互相促进，共同发展。

二、要运用自治的机制来推动村落社区建设。首先要在村民委员会组织法规定的范围内推进村落社区建设。在具体的工作中，一要避免行政化。城市社区建设行政化色彩比较突出，因为城市社区居民对自治的要求跟农村相比不是很强烈，城市的居民跟单位里面还有许多千丝万缕的关系，跟社区的利益关系不是很强；另外从政府社会管理来讲，政府对城市社区的控制比较严。跟农村相比有这么一个区别。但是农村的行政化色彩也不是不存在，我希望政府的行政触角不要再伸到村落社区里面去，我们不能因为村落社区建立了这样一个组织，就把政府的许多工作都交下去，我不大同意昨天有人说的要把村落社区组织变成政府的一个细胞或助手这种看法。二是要整合社区资源。城市社区的社会救助站，将社区里所有贫困户的信息都通过这个口子汇集起来，输入电脑汇集起来。可以通过将这些信息反馈给各个部门，并且使各个部门的救助资金、物资也通过这个组织发放下去，这样在资源配置上效果很好，不会造成浪费。所以我们在农村社区建设的资金、资源上是否能够参考这种方式。民政部门是否应在这个方面起一个资源整合的作用，目的就是使有限的资金能发挥最大的效率。

三、正确处理村落之间的关系。一个村有十几个村落，每一个村落都有一个志愿者组织和六站，在这个之上都还有一个村党支部、村委会。每一个村落都有自己的共同利益，存在村落与村落之间的利益关系怎么整合，怎么协调的问题，怎么让它们形成一个在村党支部、村委会领导下的有机统一体，不要成为一个个山头。因为从参观的情况来看，志愿者协会的力量还是比较强大的，由“五老”组成，在村里有威信。另外他们又代表着村民的利益。但是“五老”也有局限性，协会也有局限性，他们的眼光就看着他们自己的村落，很难做到从整个村委会发展去考虑问题，会不会在将来会出现在一个村委会里面有十几个山头，十几股势力？如在选举时就很有可能出现这种问题。虽然现在没有出现这种苗头，但是现在在制度设计上就要考虑这个问题，使十几个村落都能成为一个有机的整体。党的十六届四中全会提出了要构建社会主义和谐社会，一个村的和谐，首先家庭要和谐，然后村落内部要和谐，村落与村落之间要和谐，这样才能构建一个和谐的村。

四、要发挥志愿者协会对村委会监督的作用。如果把志愿者协会作为社区内的社会团体、民间组织，它和村委会之间就是一种伙伴的关系。既有合作，又有监督，不是领导与被领导的关系。作为民间组织，它和村委会是平等的。我希望协会对村委会能起到一个很好的监督作用，通过这种组织建立一个监督机制，对村党支部和村委会的工作进行监督。村民自治有“四个民主”，其中就有一个民主监督，民主监督它需要一个载体，需要机制，需要群众参与。

上海市政治文明建设委员会办公室施凯常务副主任：

我感到这件事情和意义超出了江西省的范畴，它实际是在回答当前中国农村发展的一个重大课题。对我们国家发展经济比较差的情况下，在省、地、县、乡、村五级管理体制不可能改变的情况下，在我们农村经济水平还处在比较低的情况下，怎样推动中国农村的发展，让十几亿农民共享我国经济发展的成果，这是一个重大的国家课题。我接触社区建设这个话题已经有八九年了，但很遗憾，我搞的八九年社区建设还停留在城市社区建设的概念上，对农村的社区建设，我的认识还是一个零。今天来学习观摩了，我也很关心这个事情，我想谈一点体会。

第一个体会是，出乎意料。第一个，就是说江西在这个方面探索所取得的成功经验，超出了我们过去对社区建设知识的积累，甚至有很多地方与我过去的很多想法完全相反。比如说，我根本就没有想到在经济发展相对滞后这样一个地区，农民对公益事业的热情有这么高，这是我在城市社区里很难看到的。因为城市社区，它的一个特殊情况，就是政府非常强大，很多公益事业都是政府包办的，老百姓没有什么热情。第二个，推进农村的发展，提高农村建设水平，它是从兴办公益事业这个角度切入，这也是我没有想到的。我原来想，一个地区的民主化程度提高也好，兴办公益事业也好，必定会建立在经济相对发达的条件下，物质条件相对充裕的条件下，才有可能讨论这样的话题。第三个，我没有想到在这样一个地区，对当前社区理论运作有这么高的水平，很多的理念都是领先的，包括对资源的整合，包括对民主化的认识，包括对文化传统资源的再利用，这种理念、这种观点在我们上海角度来看，也是领先的。

第二个体会是，探索别开生面，给人耳目一新。第一个是我们在传统文化的利用上，我把村落社区的“五老”这个领头人，概括成民间社会公道的主持者，扶弱济困的组织者，公益事业的兴办者，社会新风的倡导者。“五老”的推出得到群众的认同，这些人德高望重，这和封建社会是不一样，在农村地区它有这个传统。我们在组织农民发展自己事业的过程当中，很好地继承了这个文化传统，推陈出新，利用了这些符合文化传统和农民的心理的东西。第二个是建立农民新型合作关系，是从兴办公益事业这个角度切入，也很给人新鲜感。这个切入方式有它一定的道理，这比做其他的活动可能更符合农村的实际情况。第一个它很容易引起目标上的认同，因为这些内容惠及全体村民，这个目标认同比较简练。第二个它权利和义务的关系也比较明确，你尽了一份义务，就享受一份权利，这关系非常明晰；另外，和搞其他活动相比，它没有什么风险。这些事情，看得见，摸得着，投下去立刻见效。从这个角度来重新构建农民之间的新型合作关系，有它独到的地方，匠心独具。第三个是它出现的组织形式是志愿者，这和我们过去的传统完全不一样。我们现在搞一个活动，就要成立一个行政化组织，使我们对整个社会管理和发展推动的成本非常高，效率非常低。从志愿者的形式做起，有利于树立党的新形象，也有利于创造一种社会系统，给我们农村农民的参与提供了更大的空间和自由度。所以，用志愿者这样一个活动方式来推进村落社区建设，确实有新意。

第三点体会是，江西省的探索意味深长。第一，使我对小康社会的理解有了新的认识。过去，我觉得在经济落后或者欠发达地区，谈小康社会似乎早了一些，因为我把小康社会仅仅理解为物质文明上的进步。现在看来，在我们这个经济差距这么大的国度里面，要实现小康社会的目标，可能只有物质文明进步这样一个衡量目标是不科学的。我在现场亲眼看到这些农民的表情、热情，所以我在想小康社会它到底要达到一个什么样的目标，农民自得其乐，各得其所，是不是一种小康。他的物质生活虽然比较贫乏，但是他通过共同的参与，为了共同的目标，共同做对大家有益的事情，他在精神上得到的愉悦，是不是我们小康社会追求的一种目标，我觉得应该是。而且对小农经济意识的改造是不是只有市场一条道路？从精神文明文化建设这样一个层面上能不能达到这样一个目的？今天江西省同志的探索就给了我们一个答案，是完全有可能。第二，我感到对我们党的基层工作也是一个新的启发。过去党对社会的领导和控制主要是依靠科层化的行政组织，包括城市的居民委员会和农村的村民委员会，它主要是依靠行政化的组织来实施对社会的控制和管理。但是在农村这样一个地方，就是在市场经济发展得比较快的城市地区也碰到这个问题，很多党的工作很难落地，很难入户，很难深入人心，这与我们党过去工作的方法过于行政化有关。我在江西看到的完全是一个新的东西，它是完全尊重群众的意愿，共同的事情，民众一起来做，民众一起来办，民众来共同分享。党的主张、党的工作就渗透在这全过程当中。所以江西省的探索对下一步探索党如何领导社会，领导基层社会，如何学会做好新时期条件下的基层工作，巩固自己的执政基础，很有意义，很有启发。第三，就是对我们政府行政的理念，行政的工作也带来了一些新的启发。过去政府做工作，在为人民服务的基本理念的指导下，认为自己所做的一切，都是为人民群众服务，都理所当然地应该得到人民群众的拥护和支持，这是一厢情愿。我们政府确实做了很多自以为是为群众服务的事情，但是实际上在群众那里并不讨好。在这个方面，我觉得江西同志的探索也是一个很好的启发。特别是都昌县各个行政部门把涉农资金捆绑起来使用，实际上就是把这个资金的使用权交给了农民自己，这个做法我觉得很有新意，对政府管理方式的改革也很有启示。

第四点体会，我觉得对农村发展动力，对农村发展模式的一种探索，对我们也是一个很大的启发。很多事情发展需要投入，需要成本。我们过去的评价比较偏重物质化的东西，对制度层面的东西，对文化层面的东西重视是不够的。江西的同志在这方面的探索先走了一步，用民主化的机制，民主化的参与来唤醒社会的认同和社会的稳定，用共同的利益来激发、激活民间的活力和潜力。这种制度设计，政府并没有出多少钱，但是把整个农村基层政府激活了，把农民的积极性和愿望调动起来了。所以我觉得这种探索，从整体上来说是具有普遍意义的。

最后，作为关心这项工作的参与者，我在这里想到几个问题，这几个问题也是我在上海碰到的一些问题和教训：

1. 村落社区建设发展到现在，雏形已经出来了，农民也认同了，舆论也形成了，但是带来了一个问题，就是和现行的村级管理、基层党的组织的管理怎么接轨、嫁接。因为从全国来讲，基层民主政治建设的基本理念还是放在村委会一级。如果这个问题处理不好，容易挫伤一些同志的积极性，最终对这个工作的推动是不利的。

2. 怎样把农民的这股热情引导到发展生产上来。因为现在靠大家拿一点、政府支持一点自然办得起来，但是它必须建立在一个可持续发展的机制上。怎么把这个积极性引导到生产发展上来也需要探索，因为我觉得办公益事业和办经济发展并不是一回事情。

3. 随着这项工作的逐步深化和推开，随着各级党政部门的逐步深入和介入，我觉得要防止一种行政化和过度机构化的倾向。上海就有这个教训。原来觉得做加法，组织成员越多越好。结果后来发现管理成本越来越高，老百姓原来的热情、原来的认同感逐步削弱，最后很可能流于形式化。

中国社会科学院党国英教授：

我想在三个方面谈一下自己的体会。

一、能不能接受“志愿者服务是农村建立和完善公共管理的一个主要方向”的说法。公共事务按照新中国成立后的一个传统，基本上是政府包办。实际上公共品的供给相当一部分可以由民间来提供，政府只是提供公共品的一个方面。民间提供公共品，我们理解可以由志愿者来完成，或者部分由志愿者来完成。中外历史上都有志愿者的活动替代政府一些公共服务的情况。过去讲中国是皇权不下县，其实是讲政府只设在县这一层级。但是县以下并不是说皇帝的作用没有了，而是由一些社会阶层自愿来做皇帝统治社会的代言人。在现在的西方社会，我们也能看到志愿者不仅从事民间的一些公共事务的管理工作，就是政府的一些活动，基层政府的许多活动也由志愿者来参与。江西过去就有志愿者提供公共服务的传统。我看到过一个这样的材料，讲到江西省万载县的水利灌溉组织，它有100多年历史，这个管理组织的核心人员始终是民间志愿者，他不拿工资，但是这个灌溉组织管理得非常好。新中国成立之后，从很多材料看，它比政府办的所有的灌溉组织都有效率，这些人不拿工资，据说只拿一点微不足道的茶钱。更有意思的是，它甚至没有形成文字的章程。我们现在讲法制社会，其实法制社会不是什么事情都要立一个法，立法的成本实际是很高的。他们没有形成文字的章程，就靠一代代口头往下传，它的工作做得非常好，志愿者提供公共服务，甚至代行一些政府职能，其实是早就有的事情。我们过去有很多错误的看法，认为农民自己不能解决合作问题，不能提供公共服务。这种看法，历史的材料证明是错的，我们今天参观的这些村落社区，江西现在的经验也证明这些看法是错的。所以我判断，农村社会的公共服务可能将来主要由志愿者来提供，包括政府的一些工作。

二、我们志愿者工作如何与中央政府推动的村民自治工作结合起来。我们现在还没有志愿者的一些提法，但是1998年正式通过了村民委员会组织法，讲了村民自治的事情。村民自治工作开展以来，开始大家比较乐观，但搞到后来困难非常大，原因在这不展开分析。总之在解决农村的公共事务，提供农村的公共品问题上，没有发挥非常好的作用。当然，这不是说我们农村民主政治的发展方向不对，绝不是这个意思。现在我们搞村落社区，由志愿者来提供公共服务，结果效果比较高，做得相当有成绩。在这样的一个情况下，我们可能强调志愿者的活动，而不去强调由官方推动的村民自治活动，我觉得自然有它的道理。但是长远看，这两个方面结合肯定是要考虑的。比如说，我们能不能鼓励志愿者去做村委会主任。可能我们现在有一些制度的弊端，比如说，我们有一些志愿者协会的负责人是城镇户口，他没有权利参加竞选怎么办？志愿者协会这个机构，说到底是为了提高农村公共品供给的效率。我们有党组织、村委会、志愿者协会，头衔又多，能不能简化。我的意思不是党支部、村委会把志愿者协会控制掉，能不能反其道而行之，能不能由志愿者协会来影响村委会乃至党支部的设置？我看材料中提到志愿者协会中有党小组。在这个方面需要探索，但这个问题可能“一刀切”不太好，可以放手让基层去试验，可以有不同的形式，到了一定程度可能会发现一种比较好的形式，然后加以推广，总之，这肯定是一个现实的问题。

三、这个工作给我们提出了很多方面的挑战，可能要求在很多方面进行配套改革。我们现在政府推动志愿者活动的特点比较明显。当然，基层的工作的确是由志愿者来做的，但上层的推力确实起了很大的作用。这从长期来看也是会有问题的，我们在这里要改变一个观念，就是不要认为志愿者仅仅在基层可以操办一些具体的事务，美国的总统竞选这样一个很大的活动，都有志愿者参与。我认为更高层次的公共活动，也可以由志愿者参与。可能这项活动在起步时，我们政府要发挥一定的作用，要提供一种制度的环境，但是到了一定的程度，是不是可以由基层的志愿者协会组织成立不同的联合会，由他们来协调、推动这个志愿者的工作，推动村落社区的工作，甚至培训工作也由他们去做。就是要让民间志愿者组织替代政府的一些工作，使政府减轻包袱，做更重要的其他事情。所以在这个问题上，要放手让志愿者组织发展，甚至在一定层次上也鼓励他们出现，鼓励他们多做事情，不仅仅停留在最基层的事务方面。挑战的另一个方面，就是说对我们政府的工作方式也会有影响，我们已经看到了一些国际慈善机构，在实现慈善事业时是通过志愿组织去做。我们的政府对农村的各种支持，能不能也更多地通过志愿者的活动去实现政府的工作目标，而不只是像过去那样通过我们党政的系统执行。我觉得应该怎样效率高，就怎样去做。这一个挑战，可能要求我们其他领域的改革步伐加快。村委会民主选举工作后来遇到那么大的困难，其中一个原因就是我们的基层组织，包括党支部、村委会，不仅管一些公共事务，而且管了很多私人事务，管了农民的种地，管了耕地，管了控制土地。从经济学的角度来看，种地是一种私人性很强的活动，但是我们管了它，村委会的权力就变大，权力一大志愿者就上不去，这是一个规律性的东西。所以产权改革不到位，志愿者做事业就没有办法发展，这是过去的经验。所以要使我们志愿者的事业更加繁荣、更加健康地发展，就要进行某些方面的配套改革，产权只是我说到的其中之一。

中国人民大学郭星华教授：

咱们国家的改革开放是从农村开始。农村的改革开放，不仅仅是一个经济体制的变革，还是一个深刻的政治体制变革。不仅仅是从生产大队变为了村，也不仅仅是从公社变为了乡，实际上是从原来的集体组织生产到现在的单家独户的自主组织生产，这是一个很大的变革。这个改革使我们农村生产力大大提高，农民的生产积极性大大提高，但同时带来很多问题。像刚才很多同志都说到的，这种公益事业、社会秩序、邻里关系等都出现了很多问题。原来的那一套本来具备的功能，现在结构变了，但这个社会需求还存在，由谁来做，就出现了一个空白。江西的同志非常敏锐地看到了这个问题，而且他们做了很好的尝试。我想从三个方面谈点看法。

一、在村落社区建设中，我看到了中华传统文化中一些优秀的价值观的回归。比方说，敬老尊贤、尊老爱幼、邻里间的守望相助、互帮互济、扶危帮困等，这些优秀的价值观的回归。在咱们传统的社会里面，中央政权到县，县以下它就是一种自治。这种自治是一种乡绅社会，由乡里的一些乡绅，主要是有文化的读书人、解甲归田或解职回乡的政府官员、教书先生，还有当地的一些有钱的富绅等来实施自治。他们是维护乡绅社会秩序的主要人物，他们不利用政权的方式，也不利用强制的方式，他们利用一种传统的力量，靠本身的一种人格魅力。实际上在我国改革开放这么长的时间里，农村出现了一盘散沙的问题。但是有的农村自发地出现了一种现象，就是有一些社会纠纷，比如用地、用水等社会纠纷，他们不是去找村委会，而是去找当地一些辈分比较高的、办事比较公道的人说，实际就出现了所谓的这种乡绅，但他们是一种自发地出现。所以我觉得江西的同志聪明就聪明在这，敏锐也敏锐在这，他们将这种自发的变成有组织地引导他，把他们组织起来，这就是我们所谓的“五老”。以这些“五老”为中心，以村落社区志愿者协会形式，开展农村社区建设，我从中感觉到了一种优秀的传统价值观的回归，这是一个好事。

二、村落社区建设增强了社区的认同感、归属感，有利于农村村民的情感交流，有利于农村社区的社会控制，有利于农村社会的稳定。邻里，在社会学的角度来看，是所谓的初级社会群体。初级社会群体，一个有家庭，一个有邻里，还有朋友、伙伴这些。邻里这个群体在城市里面已经基本上消除，因为他居住格局发生了变化，在以前的大宅院、里弄、胡同，邻里的作用是很强的。社会群体它主要有两个功能，一个是情感交流，一个是社会控制。但在农村尽管房子变得更加漂亮了，但是居住格局却没有发生太大的变化。可是，改革开放后独家独户的经营方式，村民之间的互相交流也变少了，尽管这种初级群体在被解体，但人们还是需要情感交流，需要社会控制，这不是一些法制就能简单解决的。以邻里纠纷为例，据我在全国的六个省的农村进行的大型问卷调查，发现农村的纠纷还比较严重。解决这些纠纷有三种途径，第一种途径，我把它叫作社会网络，如亲戚朋友，或者是当地的所谓的乡绅、“五老”等在当地有一定社会权威的人，这些“中间人”来进行调停；第二种途径，就是政府的有关部门；第三种是司法途径，就是打官司。这三种途径，人们满意程度最高的是社会网络，这是一种成本很低，效果很好的方式。搞村落社区建设，实际上就是把我们对社会控制已经断裂了的社会网络，又重新建立起来了，对解决农村的社会纠纷是极为有利的。所以并不是说，我们建立了法制社会，有法制就能解决一切，远不是这样简单的。即使是在西方的法制社会，也同样不是什么都解决的。其实它本身的一种自发的社会控制力量或者是一种文化的控制力量，依然，尤其在中国的现代还起着很重要的作用。我们不能忽视邻里的这种社会控制的功能。开展村落社区建设实际上就是在恢复被断裂过，正在弱化、正在解体的这种社会网络，是非常有意义的。

三、村落社区建设丰富了村民的闲暇生活。物质生活水平提高了，不意味着就到了小康水平。一些有钱人，穷得剩下的就是钱了。他并没有很好的心态，没有良好的人际关系，没有很好的社会网络，实际上他的生活并不是很幸福。但是并不一定物质水平低下的人，他生活就是不幸福。就像都昌的村民一样，他们过得很快活。他们每天跳跳舞、吹吹号、玩玩牌、聊聊天，有点小小矛盾自己互相解决了，实际上他们生活很好。如果我们只是有钱，一些鸡毛蒜皮的事我们就打官司，就没完没了。就像美国一样，你喂的狗在人家草地上拉了一泡屎，结果人家二话不说，拿起电话就报警。如果人与人处在这么一种隔膜的状态，其实并不幸福。所以我觉得村落社区建设，极大地丰富了村民群众的文化生活，提高了他们文化生活的品质。

我还想就村落社区建设与村委会之间的关系，谈一点粗浅的看法，同时也提一点小小的建议。

说村委会与村落社区，与志愿者协会是什么样的关系，我觉得我们要走出这样一个误区，就是你不要把村落社区当作一个无所不能的东西。实际上它应该是新时代农村文化建设的承担者，不是政治任务的承担者，也不是经济生产的承担者。这个一定要搞清楚。我觉得如果不把它的功能泛化，而是单纯化，看问题会看得更清楚些。经济虽然重要，但经济由别的部门去做，这不是村落社区建设的事。它如果能把现在这些工作做好，农村就会是一个新面貌，这就很好。

上海市社科院徐中振研究员：

我看了以后也很有感触。村落社区建设与很多正在考虑关于中国社会发展的基本问题相关。下面我讲四个方面的想法：

一、村落社区建设是基层民主发展的一种新的突破。由于过去强势政府的行政体系化的社会管理惯性，我们对志愿者组织的认同，偏重于大型社会组织。志愿者活动在我们中国有很大发展，这种发展首先被认同的是像希望工程那样的活动，就是说我们比较看重的是大型的社会组织，或者说是很正规的社会组织，或者说是带有一定科层组织化的这样一些组织。我们过去对这种组织发展比较习惯。而我们今天在这里看到的是一个非常草根的，它甚至可以说是很难说有什么章程，也没有什么体系。但它可能很管用，可以说它和我们这种行政权力已经离得很远。我今天上午看了一位70多岁，原来是粮管所的同志，他有很多为村民办事的愿望，但是过去没有适合的方式，现在开展村落社区建设，就可以实现了。所以这是一个对大型组织和草根组织的作用怎么判断的问题，因为很多人看得到的是一些大型组织，而我觉得我们现在更需要的是这种小型组织，多样化的组织。多层次的，功能非常丰富、机制非常灵活的志愿者协会，我相信他们会有生命力。记得前年民政部的领导到上海来，找了我去。当时，我讲了一些情况。我说，这一段时间，浙江的温州、义乌、宁波，他们也在搞社区建设。但是他搞的社区建设和我们原来探索的沈阳、上海、武汉、青岛等地的都不一样。我们原来搞的省会城市或者大城市的社区建设，基本上都是为政府所遇到的困难所服务的，实际上是行政主导性的，主要是解决政府所面临的困难和问题。但是浙江的情况，它市场化高度发展，在用经济来组织群体之后，还面临着怎么用社会的方式来组织群体，解决那些用经济把人们组织起来后仍然不能解决的问题。所以，当时我向李学举同志说，在我看来，沈阳模式、其他模式都是一个大的类型，浙江那种情况可理解是第二个，是从民间突破的。但是我发现一个情况，就是基层民主在落脚到社区时，在城市是居委会，农村是村委会，到了这个点之后，再进一步推进的时候，它是在往上走。但是我在江西看到的情况我认为更有价值，它在往下走，真正使我们的社会发育，使我们的基层民主和这些参与性的主体能够接起来，我们现在在许多地方看到的基层民主，它真正和那些有选举权的人还接不上，或者选举以后，后面的工作就接不上了，我觉得江西的经验提供得比较好。就是说整个基层民主在城乡的发展可能定位是准确的，但是在发展的构建上确实有不同这样一种矛盾。

二、和谐社会与乡村的发展。我有一种说法就是政治国家的社会的发展，应该从行政社会逐步回归到民间社会。我们很少看到一种民间社会，但在这里我们看到的是一种实实在在的民间社会，而且这个民间社会在某种意义上是在村委会之外的。我今天问了两个人，他们说有些事情实际可以由村委会来做，但是村委会没有做，村委会在目前的体制下不会做，甚至志愿者在做这些事情的时候，它在一定程度上和村委会的某些东西是有冲突的。这个非常好，这就在另一个方向上发育一个健全的社会，它是一个多样性、多层次、结构比较丰富的。不是单一的结构就能解决基层城乡社会的所有问题。前一段在上海一个基层社区，我看到了一个最重要的，是老百姓的文体团队，就是社区居民的一些活动，它与居委会没有关系，它与街道没有关系，和民政部门也没有关系，没有进行社团登记。但这些社区的活动是基本的，其他的东西都停下来了，但这些社区群众的联系，这些社区群众的活动，是留得下来的东西。我在这里看到的东西也是这样一个东西。我曾在一本书上写道，我们正在从市场联系走向社会重构这样一个过程。

三、“三农”问题与市场化改革的关系。今天我看到，有一个村庄 120 多户人家，有 53 户已经和这个村落没有多少关系。市场化所带来的冲击，是我们 20 世纪 80 年代初关于“三农”问题的一个制度设计远远没有考虑到的。过去关于农村的承包制度，配了一个村民自治制度，还是基本上建立在农村是一个基本生产性单位，而现在它已卷入了整个市场体系，它同时是一个经营性单位，这种冲击远远没有被估计到。所以我们现在看到乡村里很多的问题，可能都和这个有关，比如说，金融、价格、劳动力市场等，远远不是 80 年代土地承包生产经营就能够解决的，所以我们现在解决农村基层民主和社会关系，需要更丰富的一种组织方式，一种组织体制来应对市场化进程中对“三农”问题带来的更为全面的冲击。

四、自治性权力组织与参与互动的广泛性、多样性的关系。在乡村社会，村民委员会它所有的问题出在什么地方呢？是在农村基层社会里面，我们在重建一个全能性的组织，指望这样一个全能性的组织，能解决所有的问题。有一个很明白的道理，我们现在村委会它不得不去主要运作经济，而经济不是靠民主的选举能发展起来的，所以它会发生冲撞，甚至与党的基层组织会发生冲撞，因为它变成了一个全能组织。所以要改变基层社会这样一种结构方式，应该有不同的组织来承担不同的功能，不同的组织有不同的运行方式。总的来说，基层民主应该有更加广泛的参与性，而这种参与性就是所谓“五老”和无职党员设岗定职的形式，在这样一个新的架构里可以提供参与的一种新方式。村落社区建设提供了一个重建乡村社会的基本社会关系，或者复杂的、多样化的社会关系的可能性，而不是把乡村社会变成单一、在全能性组织统治下的关系。

中国社会新闻出版总社米有录总编辑：

我想把我的一些想法也说一下：

一、我完全同意王石奇局长对江西省村落社区建设的评价和肯定。

二、怎么认识江西省的经验，我觉得我们不妨从更高一个层次来看待江西省村落社区建设的经验和成就。它应该是构建社会主义和谐社会新的创造或途径，它把三个文明紧密地结合起来了，它的贡献是不应该低估的，而且实践证明，我们也不能低估。

三、关于村落社区与村民自治的关系。我认为村落社区建设是村民自治的一种制度创新，它不但没有背离村民自治的精神，而是对村民自治制度在法律的范围内的一种新的制度创新。它的创新主要表现在：第一，它把群众自治组织与民间组织的作用结合起来了。我们不能要求群众自治组织把所有的事情都包揽下来。村委会是群众性自治组织，志愿者协会是民间组织，或者叫作村委会内部的社团组织。它是通过村委会自治组织和民间组织来实现自治的。它解决了村落分散的自治情况，它把党的组织、群众性自治组织、民间组织密切结合起来，我认为它是一种制度创新，不但不与当前的村民自治矛盾，而且是一种制度创新。第二，村落社区建设是实现村民自治的一种十分有效的形式，而且是一种成本十分低廉的形式。第三，村落社区建设是村民自治的出发点，也是村民自治的落脚点。村民自治的目的就是要实现人民当家做主。它把“四个民主”贯穿在整个村落社区建设之中，没有背离村民自治的精神。第四，它与村党组织、村民委员会之间是什么关系？我认为是一个工作对象的关系，它是村党组织和村民委员会组织的一个主要工作对象。

四、村落社区建设与城市社区建设的关系。城市社区建设，应该说政府起了非常大的推动作用，但它缺乏一种内在的动力，因此归宿感比较差，吸引力也比较差；而农村村落社区建设，虽然它物质生活比较差，但是它集血缘关系、亲缘关系、姻缘关系为一体，它的归属感非常强，这是我们推动村落社区建设一个非常有利的条件。

最后，我有一点建议，就是怎样使村落社区建设同村民自治制度建立一种机制，不至于外界产生那么多顾虑，因为我来之前就听到这个顾虑，我们还研讨了很多次。很多人担心这个志愿者组织会把村民委员会代替了，好多人顾虑重重。我来看了之后，感觉不存在这个问题。但我们必须建立一个明确的工作机制，让村党支部怎样领导志愿者组织，村民委员会怎样来指导志愿者组织。对它们的工作范围、工作对象、工作内容，根据村民委员会组织法进行规范，这样我们江西的村落社区建设就能够取得更大的成绩。

上海华东理工大学曹锦清教授：

我看到了两个现象，听到了一个现象。所谓看到的两个现象，一是绝大部分的年轻男女都外出打工了，我们看到的是小孩、妇女和老人；二是农村的建房运动方兴未艾。打工的主要收入，主要去向是投入村落的住房建设中，这个过程尚未完成。听到的一个现象是，通过问村民，你们这个村建村有多少年了，最早一代迁到这里来是什么时候，得知最年轻的一个村 500 岁了，年长的一个村 1000 岁了。所以自然村落，它是一个自然形成的血缘共同体的后裔们组成的。这种自然村落在整个长江以南的丘陵山区甚为普遍，而且规模大小不一。和北方的情况，尤其是黄河流域的情况有相当大的差异。南方的村落，尤其是山区丘陵村落要古老得多，现在我们到江西、福建、浙江南部、湖南的农村去看，它的远祖都是从北方迁过来的。

我们从这三个现象中能得到什么结论呢？这对我们整个村落社区建设极其重要。第一，传统的自然村落它本来就是一个共同体，如婺源的李坑村落，明初就由里面的“三老”执掌村落的教化运动。分田到户以后，面临着整个农村人口的高流动，也产生了很多问题。在新的环境里面、新的文化背景里面，我们要重建这个村落，那么属于宗族共同体的休戚与共、患难相依的共同意识，在当代社会，尤其是改革开放二十几年以后的村落里面，还有多少存在，这是一个大问题。

大量的青壮年、精英从中部的农村不断地向东部，向城市输送，他们回来的可能性如何？上海的学者提出，因为大量的劳动力十几年来，持续不断地向东南沿海迁移，向东部走，往城市跑，既然这样的话，他们建议那些打工者的工资应该留在东部，留在城市，把他们的家属也迁过去，完成城市化。按照他们的设想，中部的村落应该萎缩，把攒回来的钱用到中部偏远山区投资盖房，他们觉得是浪费，是低效率。因为分散的村落，要进行公共物品的投入是不可能的，成本是非常高昂的。这是一派的说法，我并不赞成。但这一派提出的某种论据存在，确实有1亿多的民工在沿海、在城市里打工，他们为什么要把打工的钱流回到本地，流回到乡村，要盖房子，为什么要把生活的重心还放在原来的村落里面。原因在我们现在的制度安排和劳动力无限丰富的供给状况。所以我得出一个结论，只要中部农村剩余劳动力几乎处于无限供给状态，那么打工者的工资长久将不会变，前10年没有变，后10年大概也不会有大的变，所以农民工不可能参与分享城市、分享GDP提高的任何一点好处，他拿的基本工资不会变，保持在五六百元这个水平，那么他们就不可能在城里居住下来。因为上海的房价每平方米是8000元以上，而这里村落里的房价成本每平方米180元，这个县城里面的商品房每平方米大概是600元。打工者的有限工资收入，只能是在自己的村落里面盖房子，娶老婆，生孩子。第二个是社会保障不可能覆盖到全国农村，中国的财政覆盖到城市已经是汗流浃背了，它不可能覆盖到全国农村，不可能对打工者提供养老保障、医疗保障、失业保障等。所以年青一代打工者的理性选择，他依然把生活的中心、居住的中心放在村落里面，所以村落将长久存在。上面这些观点如果正确的话，那么，中部地区，尤其是长江以南的丘陵山区的自然村落的社区建设重心在哪里呢？他们找到了这个重心，就是保持安宁、稳定、和睦，要建立一个和谐的社会；要解决纠纷，要尽可能多地提供公共品。刚才人大的郭老师讲的，硬件公共品的投入并不是村落社区建设的重点，我同意。它应该是精神上的相互关怀、相互照顾、解决纠纷，这些活动物质上的投入是极少的，而精神的、体力的、时间上的投入比较多。所以江西创造的经验，稳定了中国的农村，稳定了中国庞大的农民工队伍，也就稳定了整个的城市和东部地区，也就稳定了中国漫长而艰巨的现代化和城市化进程，所以它的意义你如何估计都不为高。

江西省社会科学院王明美教授：

改革开放20多年来，农村发生了很大的变化，有的是正面的、积极的，但也有负面的。应该看到农村社会控制的力量削弱了，农村党的政权力量削弱了，相对以前来说，农村处于一个相对比较分散、涣散的局面。在这种情况下，我们如何使农村重新组织起来，成为一个非常有活力的机体，使广大的农村能欣欣向荣，这成为一个新的课题。全国各地都在探索，江西省的民政部门和其他部门在这个方面做了一个非常有益的探索。结合中国农村改革开放20多年的变化，我认为它是当前和今后农村工作的一个有效的途径。

看了都昌的几个示范点，感到有几个特点，非常有新意。第一，它以提高人们的生活质量为宗旨。这个非常重要，任何一个生活水平下，都有一个生活品质的问题，低收入水平下，也有高的生活品质问题。所以在江西比较落后，经济不太发达，富裕程度不高的情况下，农民也可以有比较高的生活品质，是在这个经济条件下的生活品质。我觉得都昌就做到了这一点，这点还做得不错。这点应该成为我们今后村落社区建设的一个重点，这个是根本目的。第二，它是以自治为主要形式。尽管它好像与村民自治不太一样，实际上村落社区建设就是一种自治的形式，墙上的标语写的是"自我管理、自我教育、自我服务、自我监督"，就是非常有效的自治形式。假如我们还是通过以往政府系统，从乡到村地往下灌，可能它的威力非常有限。通过自治的形式，把村民的积极性调动起来了，这客观上也为党和政府的工作作了贡献，在为党和政府服务。自治的形式是非常好的形式，是农村村落社区建设的一个主要形式。第三，它是以"五老"为骨干。村落就是以前的自然村。作为自古沿袭下来的共同体，确实有很多文化、心理等共同的东西，这为村落社区建设奠定了一个很好的基础。但是我们年轻的农民工在往外走，这是一个趋势，在可见的几十年内或者更长的时间，这种趋势不可逆转，只要在东部发达地区打工收入比我们高一些，这个诱惑力就非常强，你就不可能把他们留在村落里。这就形成了农村留下的都是老人、妇女和儿童，在村落社区建设中，以“五老”为骨干和核心，就发挥了他们的作用。“五老”就像过去的长老会，德高望重的人，他们确实很有威信，有很高的积极性，把这个社会资源整合起来、发挥起来，并且不要钱，或者代价很小，我觉得确实是对社会资源的极大利用。第四，以村民的参与为纽带。农民的参与非常重要，如果没有农民的参与积极性，村落社区建设是搞不起来的。我们看到的村落社区中，尽管参与程度不是百分之百，但是我们可以看到他们在参与当中带来的欢乐，参与当中体现的积极性。如欢迎我们的腰鼓队、秧歌队，从她们的脸上看不到忧愁，看不到是被强迫命令的表情，她们可能把欢迎我们当成一种任务，但更多的我认为她们是将这个活动当作一种自娱自乐。我认为中年妇女、老年妇女只要她们能参加这个腰鼓队、秧歌队，本身就是一种进步；只要她们能扭起来就是提高。所以参与是村落社区建设非常重要的因素。第五，以社会舆论为标尺。农村比较涣散，在市场经济条件下受到冲击，涣散的程度就更高了，我们任何人都有一种很自私的倾向，对公共利益和公共事务就往往不太在意。在这种情况下，社会风气怎么向积极的方面、向上的方面倡导，这里就有很多文章可做。我们很多地方就放任不管，让它这样。很显然，在这种情况下人心一定是向着有利于自己私欲的方向发展。进行农村村落社区建设，都昌这方面就做得比较好，无论是计划生育、环境卫生，还是文明户的评比，它都有一个标准，这个标准就是社会舆论。社会舆论认为是对的，倡导者就挂星，如果认为是不好的，甚至评为不合格，一张榜就是一种舆论压力。我就听到一个妇女讲，她说假如我被评不文明户或不清洁户，脸上就会无光。这就是舆论的力量。以前这种舆论的力量没有把它组织起来，没有把它挖掘出来，那么很涣散，做坏事别人也不管，自己也不感到可耻，现在有这种舆论力量的标尺，它发挥了很重要的作用。我觉得党政部门应该把村落社区建设作为今后农村工作的重点和主要内容。农村改革到这一步，农民怎么发财，经济怎么发展，我认为你不要去管，在这方面政府“无为而治”是最聪明的。你去管又管不好，可能适得其反。而把村落社区搞好了，我们农村就稳定了。首先是老百姓安居乐业，也有利于整个社会的发展。

中欧村务管理项目办欧方主任马卫廉先生：

在中国江西进行的村落社区建设对我来说是一个全新的课题。我以前在其他的国际合作项目和国际机构，在其他国家工作的时候也曾经参与过其他国家的社区建设，在中国对我说还是头一次。咱们这个村落社区建设它建立了一个理论基础，是一个很简单但是很有意义的基础。这是所有全世界从事农村发展这个领域的国际机构所普遍遵循的一个原则。这个原则也就是，所有与人民生活息息相关的一些决策，如果越能贴近人民，那这个决策就越可能是一个很好的决策。江西现在正在从事的农村村落社区建设这一创新，是一个很好的创新，因为它利用了地方的许多资源，特别是人力资源。这就调动了村民的积极性和组织能力来管理他们自己村里的事务，而且通过他们自己的行为能直接看到他们最后的结果。这种创新调动了志愿者的积极性，而这种方法又不会增加额外的负担。这种方法是一种可持续的很务实的方法。虽然有可能我们这个创新还处在实验阶段，但是它得到的初步结果至少在我看来是前景光明的。

和先前已经发过言的专家学者一样，我也有一个问题，就是村委会与农村村落社区建设它们之间的联系是什么？根据我的理解农村村落社区建设主要是由志愿者组成的，据我了解有可能它现在还没有一个法律基础，所以它现在还是一个非正式的组织。那另一方面村委会是根据咱们国家1998年通过的村民委员会组织法，通过正规的选举产生的，这包括村委会成员和村民代表。为了避免这两个组织产生某些方面的冲突，也为了避免降低村委会的威信和决策能力，有可能需要在决策过程中间明确一下这个选举出来的村委会与这个非正式的志愿者协会之间的联系，或者它们之间的界限。

第三节　茶话会上专家学者的发言摘要

党国英教授：社区志愿者活动这样大面积搞，在全国农村好像是起步。志愿者活动在城市搞得比较多，我记得前年《南方周末》花了几大版介绍城市的志愿者活动。在农村，这样大面积搞，好像是江西搞得比较早。在搞这个工作过程中，我想肯定会碰到一些问题。总的趋势看，还是上级政府给下级政府让权的问题，政府给民间让权的问题。我觉得咱们现在搞这个志愿者活动，实际上可能在做的过程中也会遇到这样两方面的关系。在处理两方面的关系，大的方向，就是上级政府给下级政府让权，政府给民间让权。如果这样把握的话，志愿者活动就会搞得很顺利。

简要说，朝着市场化方向推进经济活动，它是一个趋势。在这个大背景下，肯定跟我们这样的志愿者活动也有关系。我也刻意注意到，我问几个农民，这几个村最少是20%的空房，有的村还多，当然我没有仔细去算。是农民告诉我的。大量的劳动力转移，大量的居民转走，本身对我们乡村村落建设就是一个挑战性的问题，全国平均水平可能在20%，这个空房率。我自己认为这是一个趋势。现代化的过程，肯定是劳动力转移的过程。已经发达的一些国家已走了这个经历，大量的村落衰落，邮政局搬家了、学校搬家了、火车站停开了，最后一些村落衰落了。咱们国家一些政策不配套，造成一个很大的麻烦，本身老百姓在城市工作，结果他们在城市没有办法买房，上海的上万元1平方米的房老百姓买不起。而我们村子里空心化问题，其实是进一步说明中小城市的经济的空心化，尤其是县城的经济空心化。都昌县这儿街道还是比较繁荣，我去到一些县城，街道是空荡荡的，挺奇怪的，实际上是经济凋敝。农民向大中城市转移非常困难，本来向县城转移又没有很多就业机会，这就是我们整个大的政策不配套的原因。所以下午我说道，志愿者活动牵涉到整个宏观政策调整的这么一个问题，这个事情地方政府不好处理，但这个大趋势肯定是改不了的，就是村落的衰落。现在还没办法搞，土地面积就这个状况，1户家庭平均不到1公顷土地。按我计算，农民要致富，要赶上现在城市居民的水平，1户农民应该有2公顷左右土地，同时搞点家庭副业，就有可能达到现在的城市居民家庭的水平。但现在这个过程显然很漫长，要达到这么一个目标的话，相当多的农民要转移，村落就要进一步衰落下去。进一步一些居民要走，不然的话，户均2公顷土地这个目标实现不了。不保持这个户均土地面积现代化则谈不上。这肯定对我们搞农村社区建设、志愿者活动有影响。因为村落要衰落你在村落这一级搞社区，它的长远意义的确就是一个问题。我觉得志愿者活动，我赞成向下发展，和过去工作比是向下发展。但从长远看，是不是只是向下发展，能不能双向发展。我觉得应该探讨。

郭星华教授：下午是正式的大会，所以有些话就不太好说。现在更像一个沙龙性质，我想可以更直率一些，比如说下午党教授就没讲到乡村衰落的问题。刚才讲，我理解，这里就暗含一个意思，衰落了你还搞建设？

经过看材料和实地考察，对江西的村落社区建设，我有两个最重要的体会。一个体会就是，实际上社区这些事情可以由村委会去做。原来的社会结构已经发生变革了，那么，它所承担的这些功能现在没有人来填补。本来村委会来填补这个空白，承担这些功能，但事实上村委会没有能力承担这些功能，甚至有很多的相当普遍存在于瘫痪的状态。在这么一种情况下，我们完全可以不叫村落社区建设，而叫强化村委会的职能，一样可以做起来。但是，为什么我们换了个提法，我在思考。我觉得一个很大的启示，实际上就是以村委会名义做，做不下去。因为村委会本来是自治的，应该是民选的，但事实上我们做不到。当然有的地方在试点，但做不到民选这一步。但农村的社会秩序情况，又需要去做。怎么做，我们能不能想个别的办法。而且民主也不是一天两天的，它需要一定的意识、需要一定的素质，还有惯性。那么，我们不妨从民间开始来做，让老百姓先养成一种民主的意识。那比村委会直接海选，风险要小得多。这样做的话，至少效果好，风险小，既不违背中央精神，同时又保护了群众的创新，但实际上两者是截然分不开的，村委会职能和村落社区职能是分不开的。当然村落社区比它低个层次，是村民小组这个层次，但村委会有这个职能，它也可以做这个事，它愿意干的话。它可以干，但是现在它干不了，所以，我们不妨从比村委会更低一个层次来开始，来做这些事情，而且是一种民主的方式。实际是推动基层民主的一个步骤，这个目的实际上完全还是缓解基层矛盾。那么，现在是村委会和村落社区建设之间的冲突和矛盾。现在是县委书记说要搞村落社区建设，他不敢吭声，不敢公开冲突。但实际上，这种冲突矛盾是有的，或者说是暗含的，或者是暗地里跟你使绊子的。实际上这里有个功能划分的问题，村落社区的功能，即使是在村党支部书记或村委会的领导下开展村落社区建设，它也不应该承担这么多功能。它的功能主要是文化建设，再就是邻里之间的相互帮助，纠纷的解决，主要是这些。我不赞成村落社区来修路，村落社区修路它不负责。修路我不主张由村落社区来挑头。他们做什么，比如搞卫生、评比优秀媳妇，或调解婆媳纠纷。我觉得村落做这些最好，又没有冲突。搞点文化活动，尤其是调解民间纠纷，这是村落社区建设的重要方面，它的职能应该是在这一块，不能把它放开。我理解是逐步地通过几年村落社区建设，等到我们村民具备了一定的民主素质，遇到一些事情，我们大家决定。到了这个阶段的时候，也许我们村委会的真正的海选就会实现，我们的改革也就平稳些。这是第一个问题。

第二个问题，也是我最感兴趣的，就是今天下午我说过的，现在我们正在回归传统的乡绅社会。可以说，现在的“五老”，就是现代意义上的乡绅。我觉得很多传统的宝贵东西，在过去我们把它当成垃圾丢掉，等到经济发展到今天，就发现这些内容很珍贵。而这些东西在年轻人身上没有，在老年人身上有，他们办事情比较公道，他们本身具有一些人格上的魅力，再就是在当地有一定的社会声望，他们能做这些事情。正如刚才党教授说的，民间的事情由他们来调整，政府不必要深入这么深，政府完全可以在更高层次，做更多的事情。从调查看，它效果要好，成本要低。民间大量的日常小型的这种不太严重的纠纷完全可以由民间解决。那么，很严重的纠纷民间是解决不了的，那还是要提交法律。但是真正到了很严重的纠纷是很小的量，就像金字塔。真正很严重的纠纷只有一点点，大量的是日常的这些小事。而这些问题完全可以依靠民间力量来解决。所以，我们村落社区建设就是在回归。很多年，我们把自己的传统文化当垃圾一样，臭骂它一顿，就是批判多于继承。今天在江西我看到的是一种复兴，一种良好的回归，所以我感到非常欣慰，也是最感兴趣的。

施凯常务副主任：这个做法从现在来讲，确实很有意义。但我对这个事情有个顾虑，就是今天中欧村务管理项目办那个外国人提的，有一定的道理，它没有法律来作为保障。它的很多的权力现在刚开始的时候，因为它办了一些实事，而且产生了很好的效果，所以给了它很多来运作这种权力的空间。但到一定的程度以后，老百姓的要求会越来越高，会越来越多，这个时候对这个制度就会提出很多新的要求。提出这些新的要求的时候，如果没有更大层面的制度来保障的话，可能运作起来就会发生困难。我在想，这个事情对中国，特别像这样不是很发达地区的农村发展，肯定是有重大的意义的。但它是不是一个阶段性的，它是为更高层面上的整个农村的民主制度建设做基础性的工作。对这个定位要看得比较清楚。为什么村民愿意把钱拿出来做这个事情，这个还没有完全想明白。为什么市长出来讲都没有用，我们的几个“五老”出来讲就愿意做，这是什么道理。这是不是对长期以来农村管理体制的问题的反映。

曹锦清教授：这个行政村是什么，有两个判断。一个判断，它是国家延伸到乡村社会最基层的行政组织。原来我们叫行政村。后来搞村民自治，又有一个提法，叫村民委员会。但是在村这一级，这两个判断，同时为真。它即是国家自上而下的完成行政指令，完成行政命令的最基层的组织，在这个意义上，它是乡镇机构的派出机构、延伸机构。虽然表面上它获得了选举的外观，赋予了它自治的法律的职能。20世纪80年代晚期到90年代，在执行自上而下指令更多的时候，尤其1994年，国地税分制以后，中央从上往下抽取剩余的能力（税收）强化以后，留给县乡的财政更少了以后，然后，肯定是加重农民的负担，执行要钱要粮要命的职能就更加厉害。这时，自治就是空话。按照自治，就是按国家法定的我就给，超过法定的就不给，要有这个能力。但它根本就没有这个能力。当然新的一届政府上来后对农村给予了很多的让步，宣布5年内取消全部的农民负担，提取功能削减以后，自治功能可能会扩大一点。

另一个，是对自然村落怎么判断，也牵涉到对乡村社会的判断，有三个不同的意见：一种认为自然村就是几十户人，上百户人，住在一起，它们就是一个居住的单位，这是一个判断，这个判断在北方，在黄河流域比较接近，像华北平原比较接近。马列主义、毛泽东一种判断，就是说里面是分成阶级分化，这是第二种判断。第三个判断是它是一个宗族共同体，这在南方比较接近，像江西，在山区丘陵地带，包括浙江南部、福建、湖南及湖北的部分地方，贵州的这些地方，它是一个宗族的共同体。所以对村落本身我们到底怎么进行判断，中国的差异非常之大，我们中国社会学没有建立村落社会学，对村落的形态没有建立起来，那么中国到底有多少个村落也搞不清楚，有人说大概有500万个，有人说有400万个，也搞不清楚。

另外，我们对于农民又有两种判断。一方面，共产党要革命的时候动员农民组织农会，向某种势力进行斗争夺权的时候，或者是土改反地主的时候，那个时候农民是革命的先进的，它是无产阶级的一个重要的同盟军。但是另一方面，农民是小生产者，是落后的、是有待改造的，而且改造的速度要加快。所以我觉得这些对同一个事物的两种判断或三种判断同时并存，而且在中国的不同区域可能某一个判断真一点，可能某一个判断错一点。那么对于长江以南，尤其是我们南中国这一带地方，战乱比较少，村落的生命一般在500年以上，有的我估计1000多年都有了。那么这些悠久生命的村落这个共同体，经过土改、合作社运动，又经过分田到户，尤其经过市场经济大量的农民工外出以后，这里又发生了什么样的变化，我们缺乏准确的判断，而且区域差异非常之大。我这次到内蒙古去，内蒙古在制造新出路，国家花了很多钱，就是大规模地把分散的牧民，1户牧民大概草场1万亩到3万亩，很大的，把它聚集起来，然后就在绿洲里面搞一个新村，都盖了标准的房子，但没有人去住。这种新村其实就是人为地堆聚起来的，是一些砖块而已。所以我想对于南中国来讲，长江以南这种地方来讲，行政村与自然村落的衔接也等于是国家和乡村社会的关系，如果国家政权和乡村社会在村这一级里面结合，既有国家行政的因素又有自治的因素，那么在自然村落里面应该有更多的自治因素，因为农民的利益边界很难超脱自然村的范围之外，在自然村落里面能够获得关于共同利益的认同。一个行政村管十几个自然村，每个自然村有不同的情况、不同的诉求，你一个行政村怎么能够去满足那么多的自然村的需求？比如说修路大家都要掏钱的，我这个村挨不到边的，我掏钱？我就不掏钱嘛，是不是。如果在同一个自然村里面可能会形成共同利益的认识，而这“几老”的产生就容易把分散的个体的利益形成关于共同的利益。所以，从这个意义上来讲，如果这个经验能够有效的话，对整个南方，尤其丘陵山区地带具有普遍意义。

我想起梁漱溟先生，他一直搞乡村建设，搞了七八年。他说在四川，他搞了这么多年的乡村运动，总的讲是他们那部分志愿者在动，乡村建设委员会那部分人动，农民不动，这是我们多年的实践最痛苦的教训。这是他几年下来的一句经验的话，不要低估了它，不要低估了这句话的分量。就是说外来者、志愿者去推动，而农民就不动。从江西的经验来看，政府在推，农民在动。那么我就问如果不推呢？它能不能自动。都昌有一个村，修一条700米的路，一个组提出来，不同意，但他们都有这个要求，都七嘴八舌，没有达成一个共同协议。后来搞了村落社区后，有一个议事，然后很快就动起来了。这个经验肯定是个核心经验，就是说政府在那里推，推了以后自己在那里动，动了以后能否长久自动。我觉得这是经验的核心问题，如果说是不推，它肯定是不会去动，如果不推也会动，中国的问题太好解决了。所以说，农民对村落这一级可能有动的要求，但由于长久的缺乏议事，缺乏分散的利益形成共同利益的习惯，在农村里面不是一点没有，但总的来讲是匮乏的。所以我认为江西的一个重要的经验，就是你推了，他本来就有这个要求，结果给了他一个观念，一种制度安排，一种意识的安排，他就自动起来了。那这个自动能不能保持长久的自动，成为村落里面来解决自己小的公共事务的一种习惯。这种公共事务是不是主要以硬件来支撑，这倒不必。那些老人、那些孩子、那些矛盾都在这里解决了，他们心情愉快了，在那里大家有事情一起干了，大家跳一跳，乐一乐，这本身就是有意义的。他们也觉得生活得有意义。

而且像中部的村落，向东部、向城市输送廉价劳动力的过程，将会长久地继续下去。一代人出动以后，打工到了四五十岁，他们又被城市淘汰出局，他们还要回到这个村落里面来。深圳已是第二代打工者了，大概第一代早已回到村落了。他们又要继续去干，干了几十年后，第三代打工者又接着去干，这个过程要等到中国的城市和沿海把农村的剩余劳动力基本吸纳完毕以后，这个过程才可能开始新的变化。所以这个中部地区的村落的社区建设，内部的公共事务，能够通过他们的机制得以满足。我想，能不能借鉴他们这样的经验，这样的事例，由各地加以概括，形成某种东西，估计会有一些较为普遍的意义。

党国英教授：我的看法可能不一样，首先的确我下午说的话是真心话，我认为志愿者不仅是向下问题，向上也可以。这个方向是没有什么问题，中国的历史经验，我认为可以动，而且可以自动。比如我下午说的江西万载县的小水利灌溉会，超过100年政府没有管，这意味着什么？可能意味着那里封闭吧，意味着政府没有把他们掐掉。那协会管理得非常好，效率非常高，而且领导着志愿者，更重要的是没有文字章程。我觉得有的事情不一定要法律。我下午提到法律，我们不是说人大要立法，关于志愿者，不一定。丹麦的合作社发展有上千年的历史，但至今没有法律。相反我们是什么都来法律，有了法律又不依法办事。现在它不一定有法律。我觉得江西都昌吧，你可以放开搞志愿者，遇到什么问题慢慢再处理。方向上可能会遇到那么两个矛盾，但你放开搞，因为它符合方向，我觉得是没有什么可以怀疑的。立法的事情不一定很着急，肯定过程当中会有一些麻烦，尤其是与村委会的关系问题，村委会怎么运作确实是个问题。村委会本身的尴尬境地的确跟我们制度有关系。我觉得这个事情真是非常好，太符合方向了，而且不仅是向下，它能发展到什么程度，就发展到什么程度。我倒觉得不一定局限于文化，如万载那个水利组织，它就不是文化。甚至中国的志愿者，因为我们原来除了县级政权统治之外，我们传统社会县以下基本是自治。比如我们陕西的党家庄，建筑规划都非常漂亮，我今天路上听大家说婺源县也是这样。那个时候民间组织，没有政府去干预它，能发展出婺源那么漂亮的村落，为什么过去能解决，我们现在就不能解决呢，所以我对农民的合作能力是不怀疑的。我看还是跟新中国成立以来我们形成的制度有关系。新中国成立以来，我们党对农村的控制，可能超过了以往一切历史时代。过分的控制是我们一切制度的弊端根子。我意思就是要放权，咱们现在搞的志愿者活动是一个突破。突破的意义在哪里呢，就是回归，不仅是回归乡村治理，还是回归他们应有的权利。这是完全可以放手做的事情，而且它是可以做很多的事情，不限于文化活动，基础设施的供应硬件也可以。它能做什么，我们就让它做什么。

朱勇副主任：这里我提一个问题，就是村委会在村落社区建设中究竟起到什么作用？

党国英教授：这个问题我说一下。什么叫作政府？政府不就是公共权力机构嘛！如果说有财政，或者有人民代表大会就叫一级政府。没有财政又没有人大就不是一级政府。但由于一些不是政府的组织承担了一些社会事务管理的职能，实际上就成了权威机构。从都昌情况看，现在等于有两个权威机构，一个是村委会，一个是志愿者协会。现在我们假定这是事实。那么农民把村委会抛到一边，信任志愿者协会，只能说这两个权威机构农民信任一个，不信任一个。不能说这两个有本质的不同。为什么呢，因为村委会本身国家的法律规定就是个自治组织，而且是让老百姓选举的。但根据我的调查看老百姓很冷漠。我不知道这里的老百姓对村委会态度怎么样，我猜可能也很冷漠，然后对志愿者很热心。这只能说我们构建村委会组织的时候出了问题，反倒旁边生出一个志愿者组织，农民很信任。那就要检讨我们村委会组织的构建，为什么农民不信任，这是全国性普遍性的问题。

施凯常务副主任：我插一句话。村委会民主选举，三年一次，是没有问题的。只要上下统一，投入精力，也可以搞得像样的。但是，后面的三大民主动作的频率远远比民主选举高，它发展的事情多样化也比较复杂，再在这个层面上按组织民主选举的方法来运作的话，就不一定行。所以就要分担。选举可以呀，所有的政治力量就做这一件事，它这个成本付得起。但后面的三个民主，它运作不来。所以，都昌的做法，在南方比较分散的村落具有普遍的意义。所以，我说这两个东西本质上是一样的，都是一个公共权威机构。但形式上看村委会是由政府通过立法来加以推动的，它具有某种形式化，有一个外在的结构，农民不信任。农民不信任，说明什么呢？对我们传统的农民控制的系统不信任，就旁生出一个农民志愿者组织，他反倒比较信任。所以一定是我们现有的体制有问题。那么这种情况下怎么办呢。我们现在就有这个机制，既然农民信任度不够，那么好，我们为了社会的进步，他信任志愿者组织，我们就让他发展。

徐中振研究员：我认为城市居民的相关活动，以及社会交往，并不在居委会这个架构之内。所以有一位北京的专家说，怎么社区建设就是政府这么热闹，老百姓不热闹。我在这里说什么意思呢？上海城市居委会建设也好，包括乡村村委会建设也好，我们后来发现，没有真正培育一个自助型的社会。这是最关键的。我们在想，怎样发育一种健全的社会，从这个角度说，我们希望下面是有结构的、有功能的、有机制的，总的来说它能够自己成为系统。但我们有个对比，和发育市场的时候不一样，政府在发育市场的时候，它能看到明显的受益。所以政府它推动市场建设很积极。发育这个社会的时候，它看不到受益，只看到风险，它觉得社会组织化程度高以后，对它形成挑战。这个我们现在在学理层面上探讨之后，可能是一个比较大的问题。一个健全的社会它到底是一个什么东西。我现在讲两条：我不太看重权力性的自治组织，而且是全能性的自治组织。因为在上海不是说你能不能做，客观上外面发展出来，比如说城市里面对居委会最大挑战的就是业主委员会。业主委员会因为国务院重视它，它有一个《物业管理条例》，所以这个组织的内部可能会健全起来。但我又发现一个问题，一部分业主委员会把自己也做成全能性组织。它搞纳凉晚会，它搞郊游活动，它搞圣诞活动，它什么都搞。几乎这个组织之外没有留下任何空间，所以说中国有的时候这社会发育出来就这个样子。在国外就不一样，它有多样化的组织，组织是分工的，它有那么多的基金，都有不同的事务分工。就这点来说我倒是比较积极来看村落社区和村委会的关系，我也不主张尽快从法理上去梳理它的关系。因为中国的事情是这样的，你一旦梳理好，毫无疑问肯定是要用村委会把志愿者协会吃掉的。它一定要领导它的。我觉得要用一定的时间让它去发展。因为概念上来说是在弥补，或者说是拓展，或再讲得消积一点，具体化来承担村委会的这种职能。无非就是村委会将来可能也在这个框架里面作调整，或者吸纳这样一种功能，我觉得这个将来可能是一个思路。

最后，我说一个情况，我在上海 1997 年到 1998 年差不多花了一年的时间，关于城市社区的志愿者作了一个调查，后来专门出了一本书。发现了什么问题呢，就是志愿者活动，它现在也很难自己来开展活动。它那个体制整个的不适应，所以也不能维持。江西农村这样一个志愿者运动，它也是要考虑有一个将来可持续的制度问题。

我现在在城市里面能看到的，我最看中的，就是在广场、在绿地、在街边，那些跳舞、健身、唱歌，这个社会活动样式。我今年 8 月份到呼伦贝尔去，再往北跑到大兴安岭里边，都看到一个街角的空地上四五十人在跳舞。这就是我说的社会自治的现象，这些东西它真的是可以持续下去的。但是我们有个什么概念呢，就是把这种活动看作是私人活动，好像是私人去唱歌、跳舞，他就不知道，这是真正在培育一种新的社会联系，或者社会关系。费孝通每年到上海，我们看到这些现象认为它正在重建一种社会秩序。它不可能把居委会看成是它的领导。所以我们现在在这里看到的志愿者，有的类似于我们在城市里看到的这样一些活动，包括现在更多地看到的城市的白领，他也有自己的活动，就是怎样使这些活动成为具有社会功能，具有社会结构性的这种合法性。所以我在想可能路要往那个地方走，即它和我们政府的这样一个系统同时存在，然后到一定程度上，再考虑怎么样功能整合的问题，我觉得这个探索还是有一定价值的。

郭星华教授：关于村落社区建设的可持续的问题，如果我们都把它变成“一会六站”，每个地方都要这么建的话，这可持续肯定建不下去。看材料本来是“一会五站”，这里增加了一个“科技信息传播站”，这是村委会的事，它都一揽子揽过去子，计划生育，吃喝拉撒睡，包括生儿育女、婚葬都揽过去了。这样搞我觉得可持续性就很差，所以我想提一个操作层面的问题。村落社区建设的核心是什么，这个东西保持住了，至于其他的衍生出来的东西，就可以作为经验借鉴。但根本的是要告诉大家推广村落社区建设的核心是什么？我觉得内核就是两条：

第一条就是“五老”。“五老”由他们组成志愿者协会，你不要强迫，

“五老”慢慢做工作，能推开就推开，推不开就推不开，他实在推不开了，他们至少还可以干一件事，就是调解民间纠纷，这就很好。

第二个就是村民议事厅。“五老”他不具备决策的、法理上的强制性，但是“五老”能把大家召集起来。你来不来是你的事，我们来讨论个事。它的五站六站，可以作为经验。但是你要把六站作一个模式全省统一推开，我觉得问题大了，可持续肯定非常糟糕。

蔡建武（江西省民政厅基层政权和社区建设处处长）：我理解社区建设，无论是农村的村民自治还是城市的社区建设，核心就是两个字：“自治”。我们过去在计划经济的时候是政府包揽一切，是政府来管理社会。那么进入市场经济以后，我们需要找到一个途径来适应这种变化了的管理模式。市场经济要求小政府大社会，政府要退出很多管理层，包括一些公益事业、公共事务等领域。那么，由谁来接替，在对城乡基层管理上，我们国家在城市找到了居民自治，就是搞社区建设这么一个途径；农村呢，找到了村民自治，就是依靠村民委员会来进行管理的途径。总的核心，就是要在党的领导下，依法让人民群众行使当家做主的权利，推动基层民主政治建设。但事实上呢，我们推进民主政治建设阻力还是蛮大的。大在哪个地方呢？构建小政府大社会，政府要退出，这个权力丧失，是很不容易的。我在搞社团组织管理时就发现这个问题。我们很多政府部门把它要退出去的权力，利用成立官办社团，通过社团来行使。就是说政府部门不会轻易把这个权力放下去，所以我们推动民主政治建设最大的阻力就是我们的政府能不能真正放权，这就是第一个问题。第二是观念转变的问题。包括领导层，还有我们的群众，都有一个最大的观念转变问题。从领导角度，就是当官要替民做主，当官要为民做主，实际上始终把这个官作为救世主，他的理念就是我要替你做主，我要为你做主。而老百姓呢？也想找清官，找好官，要你来为他做主。这是几千年的封建意识所形成的观念，它阻碍了我们民主政治的推进。那么我们就需要找到一个途径来培养或者转变人们的观念，使大家能认识到，老百姓是有这种能力的，也有这种水平，能够依法来管理自己的。这里头有一个政府加强引导和教育培养的过程，老百姓也是有一个学习过程。我们搞城市社区建设也好，搞农村村落社区建设也好，都需要有一个培养居民或村民的民主意识、参与意识、民主习惯的过程。开展农村村落社区建设，我认为就是这个途径。因为要叫农民关心这个事，就必须跟农民利益有关系。那么你村委会有很多事情，如果跟村民利益没有关系，那村民就不会关心了。我们搞村委会民主选举，是花了官方所拥有的各种资源，组织村民进行选举的。你如果不是动用各种力量，他就有可能不来。而我们怎么样才能让村民来参与呢？一个很核心的东西就是要他关心这个事，他才会去参与它。村落社区建设就是恰恰抓住了这一条，就是从他们最关心的事入手，来培养农民的这种民主意识。使他能够从这个过程中慢慢地形成一种习惯，就像我们今天看到的村落卫生评比，评出清洁户和不清洁户。开始搞卫生恐怕是不自觉的，农民长期形成了习惯，致使卫生脏、乱、差。但是这种评比制度，就像刚才有人讲到，有的人感到如果老评定我不好，他不光彩，他就会去改。改的过程中就慢慢形成了一种习惯。我们在部队就讲养成，就是在不断地纠正你、帮助你的过程中就把这种习惯培养出来了。开展村落社区建设，恰恰就是在培养农民的这种民主意识、参与意识、民主习惯，这是很好的一个途径。村落社区建设跟村民自治是不矛盾的，它是为村民自治打基础的，它是将村民自治真正落到实处的。是落实党的十六大提出来的“完善村民自治，健全村党组织领导下的充满活力的村民自治机制”的一种很好的形式。尽管村落社区建设在完善村民自治上发挥很好作用的同时，也带来了其他方面的很多好处，如密切了党群关系，密切了干群关系，包括提高农民的素质和民主意识，改变他们的生活方式，提高他们的生活质量，构建农村和谐社会。但我们的主题，还是落脚在自治，推进民主政治建设。

另外，南方的村委会跟北方的大的村庄不一样，它是分散的，一个村委会管到8—10个自然村，只有3—5个村干部。3—5个村委会干部，他们要把这么多的自然村都想管起来，是很难的。解决这个问题，由于我们习惯过去长期形成行政管理的思路，很多同志只是从正规的组织这个角度来考虑，根本就没有想到社会力量这一块。实践证明，如果没有这些社会组织和人员的共同参与、共同管理，光靠村委会这样一个自治组织，靠几名村干部，是不能真正把农村基层社会管好的。所以，村落社区建设对解决好这个问题也是非常有效的，它较好地解决了村委会与村民小组或者自然村之间“断层”的问题，使村民自治能真正落到实处。我们还认为，通过帮助村民建立志愿组织进行自我管理后，政府将来是应逐渐地退出的。政府对群众自治将来主要是加强领导、加强指导。对基层社会的管理，我们认为要有两个积极性，光有政府的积极性，就是有上面的积极性还不够，还要有群众的积极性。而且要慢慢地逐渐由以政府的积极性为主，转变成以群众的积极性为主，之后，国家对基层的管理才可能真正实现“自治”。现在最大的问题就是要改变我们的执政方式和管理理念。现在我们很多是沿袭过去那一套东西。这种沿袭，或者是这种惯性，还是很强的。再就是我们现行的用人机制和政绩观，对推进基层民主也带来一定的阻力。“官出数字，数字出官”。一些乡镇干部为了要完成上级政府的各种任务，包括一些不切实际的任务，如果没有村委会支持他就很难办。他们就必然对村委会产生强烈的控制欲，他要让村委会听他的招呼。如果让村民民主选举村委会干部，他就控制不了村委会，所以他们就要千方百计地控制民主选举，致使村民的民主权利难以落到实处。

但是现在在解决“三农”问题这种大气候下，我们认为乡镇政府控制村委会的欲望将会逐步减弱。过去乡镇政府有三大任务，要钱要粮要命。而现在粮食体制改革了，要粮的任务没有了；税费改革了，要钱的任务也慢慢没有了；计划生育制度改革了，过去以罚来控制，现在以奖来控制，要命的矛盾也会少了。如果三大任务没了或少了，乡镇政府控制村委会的这种欲望、需求就会慢慢弱化。再加上党委、政府加大了对农村乡镇干部反腐倡廉的工作力度，进一步加强了村务公开、民主管理工作，这都对今后村民自治民主政治建设带来了一个很好的发展机会。（注：这是我在听了上述专家学者们的发言后在茶话会上的即席发言。）

第六章　关于开展农村村落社区建设的可行性必要性

这个问题是中国社科院党国英教授2004年10月26日晚上在茶话会上提出的。他说："现代化的过程，肯定是劳动力转移的过程。已经发达的一些国家已走了这个经历，大量的村落衰落，邮政局搬家了、学校搬家了、火车站停开了，最后一些村落衰落了。这个大趋势肯定是改不了的，就是村落的衰落。"

第二天到都昌县的村落社区点参观时，我又主动接近党教授与他进行交流，原因是在昨晚的茶话会上我发言后，听到党教授说了一句话：这是一个明白人。他的这句话使我很兴奋，让我对他产生了亲近感，想多听他说说想法。

他和我在交谈中说了两件事，一是刚才进村参观时，他溜出了大部队，单独在村里转，和一些村妇进行交谈，问到村里和家里卫生搞得这么干净，是不是为了我们来参观。农妇回答说，不是。开始我们也不愿意，一天劳动下来，还要做饭搞家务，喂鸡喂猪，哪有心思去搞卫生。村子里脏、家里脏大家都习惯了。但开展村落社区后，志愿者协会要求大家搞好村里家里的卫生环境，要求猪和鸡不放养，垃圾要入垃圾箱，并且每月都搞检查评比，贴红（好）、黄（中）、白（差）三种颜色的条子在每家的门上，贴了几次白条子，老公骂、自己也不好意思，就不情愿地开始注意搞好卫生，时间长了，感到村里、家里卫生好了挺舒服的，慢慢就习惯了，现在看到脏了就会主动去搞。党教授说，听了村妇的回答，他感到很真实，看来农民是真心实意认可农村村落社区建设的。二是他又重复了昨晚关于现代化、城镇化必将导致村落的衰败，现在你们花这么多人力、物力、财力来搞村落社区建设有长远意义吗？我当时只是简单地作了一些回答。后来，我花了一些精力认真研究思考这个问题，并写成文章，回答了这个问题。

为什么要积极推进农村社区建设？

现代化、城市化是我国人民在党的领导下奋力追求的崇高目标。按照这个崇高目标，实现现代化、城市化后，全国城乡人口比例将从改革开放前的20%∶80%变为80%∶20%，人口结构的变化，将促使乡村的衰败。有人就问，既然现代化、城市化必然导致乡村的衰败，为什么现阶段还要提出建设社会主义新农村和开展农村社区建设的目标任务？这不是将钱丢进水里吗？这个问题提得好。这个问题不解决就无法把建设社会主义新农村和积极推进农村社区建设的伟大任务落到实处。

我认为：现代化、城市化是一个相当长的历史过程，而且是关系政治、经济、文化、社会变迁的一个系统工程。党中央把建设社会主义新农村和积极推进农村社区建设作为新时期的一项战略任务提出来，其目的就是：我国在推进工业化、现代化、城镇化过程中，亿万农民作出了巨大的贡献和牺牲，导致了农村的贫穷与落后，造成了城乡巨大的差距。改革开放走到今天，农村的贫穷与落后已成为我国经济和社会发展的“短板”，阻碍着我国经济与社会的进一步发展。在我国工业和城市已具备“反哺”农村、农业和农民条件的时候，只有加大国家对“三农”的投入，加快农村经济与社会的发展，按照城乡协调发展的要求，尽快缩小城乡差距，减少社会冲突，才能为深入改革发展创造和谐的社会环境，为经济发展开辟广阔的农村市场。具体就是要通过建设社会主义新农村和积极推进农村社区建设这个平台，在党和政府的领导下，加大财政投入的同时，动员和组织社会和农民自身的力量，改变农村基础设施落后、公共服务落后、文化教育落后的现状，不断改善农村的生活环境，提高农民的整体素质和致富能力，建立和完善农村社会保障体系，促进农村市场的发育完善，为我国经济与社会发展开辟出新的发展道路，加快我国工业化、城镇化、现代化的进程。江西省委就是基于这种认识，2001年5月率先在全国提出了开展“农村社区建设”的任务。2001年10月，孟建柱书记又在“全省社区建设工作暨社区建设学习观摩培训班”上进一步作了强调：“农村社区建设是个新课题，需要认真研究和探索。江西是个农业省份，农村人口占全省总人口的80%，农村发展了，整个江西才有跨越式发展的可能。农村稳定了，全省才有稳定的基础。要通过抓好农村社区建设，努力改善农村环境，提高农民素质，树立农村新风，保障农民当家做主的民主政治权利，促进农村经济发展，政治稳定和社会各项事业的全面进步，努力把我省农村建设成为富裕、民主、文明的社会主义新农村。”2004年10月，省委书记孟建柱在给全省农村村落社区建设现场经验交流暨理论研讨会的贺信中对江西省开展的农村村落社区建设给予了充分肯定：“实践证明，加强农村村落社区建设，对于动员社区各方面力量开展公益性、社会性、群众性的活动，尤其是依靠农民自身力量，改善农村环境，繁荣农村基层文化，维护农村社会治安，救助农村困难群体，提高农民素质，树立农村新风等方面发挥了很好的作用，得到了广大农民群众的认可和参与，是深化农村村民自治、促进农村三个文明协调发展的有效途径。”我的具体观点如下。

第一，我国目前具有的现代化、城市化水平是通过剥夺农业、农村、农民取得的，而且仍然还在继续进行这种剥夺。剥夺的结果就是城乡差距日益拉大，社会发展不平衡，社会矛盾和社会冲突加剧，影响着社会稳定。建设社会主义新农村和开展农村社区建设就是为了缩小城乡差别，缓和社会矛盾，促进社会稳定。

新中国成立初，我国工业基本上是一穷二白。为了迅速增强国力，使年轻的人民共和国能够站稳脚跟，我们党和政府向苏联学习，采取了工业化、城市化道路。农民在集体所有制下，一切只能依附于集体，依附于各级干部，失去了生产的主动权，也失去了经营的主动权。1958年制定的城乡户籍制度，又进一步限制了农民的迁移权，逐步形成了我国城市和农村二元结构社会。国家在20世纪50年代中期，为了保证国家建设和城市供应，以及出口需要制定的统购统派制度，又使农民没有发展商品生产的空间。它是以损害农民利益、牺牲农民利益为前提的，它不仅剥夺了几亿农民的产品处置权，阻断了中国农业向产业化发展的道路，而且切断了农民与市场的联系，使我国农民没有一点发展商品生产的空间。特别是确定统购统派农副产品的数量和价格是强制性的，很少考虑农民和农村的需要，收购价往往低于成本，一年到头白辛苦不说，有的甚至不得不花高价买来产品再低价卖给国家去完成“派购”任务。截至1984年，国家向农民实行统购的有粮食、棉花、油料、木材4种，实行派购的农副产品、水产品和中药材达132种之多，基本包括了所有的农副土特产品。还有“合同定购”粮食制度，也是一种剥夺农民的制度。农民基本没有发言权，根本体现不出合同的公平协商与互惠性。国家定购粮价一般都低于市场价，而这个差价部分都被国家拿走了，被农民称为“暗税”。人民公社时期，农村的分配政策是：交够国家的、留够集体的，剩余才是社员的。到年终结算时，辛辛苦苦干一年，末了还欠集体的钱。在改革开放之前，农民种点自留地，养个猪、鸡等家庭副业，都要割资本主义尾巴。我这里有个数据，1990—2000年，只有10年时间，我国从农民征收的各种税收总额就由87.9亿元增加到465.3亿元，增加了4.5倍。农民人均税赋高达146元，而城镇居民人均税赋只有37元。在城镇居民实际收入已是农民实际收入的6倍情况下，农民缴纳的税反而是城镇居民的4倍。因此，我国在工业化、城市化的发展过程中，城乡差距日益拉大，导致了农村、农业的落后和农民的贫困化。2006年，中央政策研究室副主任郑新立在《推进新农村建设是实现全面小康的重要途径》一文中指出，目前，差距最大的地方首先是农民收入。2004年城乡居民收入差距是3.2：1，据预测，如果这种城乡居民收入差距拉大的状况在“十一五”时期不能够加以遏制和改变的话，到2010年，城乡居民收入的差距可能要扩大到4：1，甚至更大（国际通常城乡居民收入的差距是1.5：1）。其次是基础设施落后。现在城乡居民生活水平的差距，生活质量的差距，集中表现在基础设施方面。长期以来我们城镇的居民，在交通、供电、供水、教育、医疗等方面都是国家财政拿钱修的。而农村的基础设施，国家投入很少，很大程度上是靠农民自己积累，自己拿钱。我们现在一年8万亿元的投资，用于城市基础设施建设的投资至少有2万多亿元，而农村的基础设施投资有多少呢？一年也就是两三百亿元。最后是公共服务落后。主要是教育、医疗和社会保障方面落后。

现在，农民还在继续被剥夺。表现在农业税虽然取消了，但还有一些收费，以及农药、化肥等农资价格的失控，以及2亿多农民工在城市打工，他们拿两三千块钱的工资，有时还不能及时发放，干的却是城里人不愿意干的脏活、累活，他们和城里人不能做到同工同酬，生活是非常的艰辛。可以说没有这2亿多农民工的付出，没有他们的无私奉献和巨大牺牲，我国的工业化、城市化就不可能向前推进。

第二，我国的工业和城市已具备反哺农业、农村、农民的能力，国家也正在通过加大财政投入，着力解决“三农”问题，开展农村社区建设就是为保证落实中央有关优惠政策、项目、资金和建立、完善农村社会保障制度搭建工作平台。

虽然我国还是一个发展中国家，但目前，我国的人均GDP早已经突破1000美元大关，2006年为2017美元（2008年为3300美元，2010年为4361美元，2012年为6100美元）。农业已基本完成了为工业积累提供支持的历史使命。1978年改革开放以来，30年来我国经济总量连上几个大的标志性台阶。经济的快速增长使经济总量呈现加速扩张态势。国内生产总值由1978年的3645亿元迅速跃升至2007年的249530亿元。其中，从1978年上升到1986年的1万亿元用了8年时间，上升到1991年的2万亿元用了5年时间，此后10年到2001年平均每年上升近1万亿元，2001年超过10万亿元大关，2002—2006年进入高速增长期，平均每年上升2万亿元，2006年超过20万亿元，为20.9407万亿元。在此基础上，2007年一年又增加3.76万亿元，达到24.7007万亿元（2012年为51.93亿元）。经济总量居世界位次稳步提升。经济总量的加速扩张大大缩小了我国与世界主要发达国家的差距。30年来，我国国内生产总值居世界的位次由1978年第10位上升到2010年的第2位，仅次于美国。根据国际货币基金组织统计，折合成美元，我国2007年国内生产总值为32801亿美元，相当于美国的23.7%，日本的74.9%，德国的99.5%，分别比1978年提高17.2、59.7和78.9个百分点。与此同时，经济总量占世界经济的份额也有明显上升，1978年为1.8%，2007年提高到6.0%。按照世界银行的划分标准，我国已经由低收入国家步入了中等收入国家的行列，标志着我国在向全面建设小康社会的进程中又迈出了坚实的一步。

国家财政实力不断增强。经济的快速发展和规模的扩大，同时带来了国家财力的增加。1978年国家财政收入仅1132亿元，1985年（7年时间）翻了一番，达到2005亿元，1993年（8年时间）再翻一番，达到4349亿元，1999年（6年时间）跨上1万亿元台阶，达到11444亿元，2003年（4年时间）超过2万亿元，达到21715亿元，2007年（4年时间），国家财政收入已经超过5万亿元，达到51322亿元，1979—2007年年均增长14.1%。2008年，国家财政收入突破6万亿元，达到6.2万亿元（1年时间增加1.1万亿元)，2010年则突破了10万亿元(2年时间增加了4万亿元)，2012年为11.72万亿元。财力的增加对促进经济发展、加强经济和社会中的薄弱环节、切实改善民生、有效应对各种风险和自然灾害的冲击提供了有力的资金保障。

正如中央经济工作会议所指出的："我国现在总体上已到了以工促农、以城带乡的发展阶段。"中央和地方财政除了加大对发展的投入外，已逐步具备了对农村、农业加大投入的能力。目前，国家正在逐年加大对"三农"的投入，也制定了许多相关优惠政策。尤其是加快了农村低保、农村合作医疗、困难群众救助、农村养老保险和农村富余劳动力的转移等制度的建设，加快了完善农村五保供养、军烈属的抚恤优待、灾害救助等制度的步伐。依托农村社区建设这个工作平台，依靠农民群众的积极参与和民主管理、民主监督，就能较好地保证中央有关优惠政策和项目、资金落实，农村各项社会保障制度的建立和完善。可以说工业和城市反哺农业、农村、农民，不仅是感恩，更重要的是自身的发展。因此，我国的工业化、城市化、现代化要继续推进，就必须按照科学发展观的要求，统筹兼顾，城乡协调发展。

第三，需要建立一个完善的农村市场。开展农村社区建设就是为了加快农村基础设施建设，加快帮助农民致富，加快农民整体素质的提高，以培育完善的农村市场，通过提高农民的消费水平，拉动经济和社会的发展。

当前，拉动我国经济发展主要依靠三大因素：一是投资，二是外贸出口，三是消费。但是投资和出口都受到一定条件的限制。如投资就受资源、市场、环境等多种因素控制，过度投资容易形成泡沫经济，引发经济危机。出口则受制于国外市场，近期频繁见到报道的美国和欧洲国家对我国产品的反倾销，就是明显例子。特别是2008年全球金融危机爆发以来，我国商品对外出口受到严重的影响，沿海省份的外向性出口加工企业不少关闭，大量工人失业。

在投资和外贸拉动经济发展受限制的情况下，只能依靠内需，依靠消费拉动发展。农村是一个广大的市场，没有占全国总人口61%的农民参与消费，拉动工业和城市的发展，中国的工业化、城市化就是一句空话。而要农民积极参与消费，必须具备三个基本条件：一是农村基础设施建设要进一步加大投入，尽快通路、通电、通自来水，使工业产品能运得进去，能有条件使用（这本身也在拉动消费）；二是农民口袋里要有钱，购买得起工业产品，甚至能进城购买住房；三是要建立基本的农村社会保障体系，使农民敢花钱。只有这样才能建立起完备的农村市场，推动农民消费，促进经济和社会的发展。

开展农村社区建设，有利于加快农村的基础设施建设；有利于提高农民的整体素质，加快农民致富的步伐；有利于推进农村社会保障体系的建设，对建立和完善农村市场将起到基础性作用。

第四，农村的消亡需要一个过程。无论从农民的素质、农民的经济能力，还是从城市的接纳能力来看，目前都不具备大量农民进城居留的条件，农村还需要在相当长的一个时期存在。农村的长期落后，导致了农民整体素质低，由于受教育不够，农民工大多数都只能干一些技术含量低、工资也不高的工作。所得报酬除去在城里的开销，所剩无几。2004 年，我们在江西省都昌县做了一个调研，农村盖房子每平方米造价是 200 元左右，都昌县城购买住房每平方米为 650—700 元，九江市为 2000 元左右，南昌市为 3000—4000 元，上海、北京为 8000—10000 元。2007 年情况又发生更大的变化。都昌县农村盖房子每平方米造价是 300 元左右，都昌县城购买住房为每平方米为 1500—2000 元，九江市为 3000—4000 元，南昌市为 4000—6000 元，上海、北京为 10000—15000 元。而这期间农民工的工资收入并没收明显增加，而物价则提高了很多。这充分说明凭农民工所剩无几的工资，根本没有能力在城市购买住房的。到了 40 多岁，依靠青春和体力拼搏的农民工只能打道归府，继续务农。同样，目前城市也不具备接纳大量农村人口的能力。廉价房、小孩子入学入托、城市交通、城市管理等，都存在着大量的问题。

改革开放前，我国农村人口占全国总人口的 80%，随着我国工业化和城镇化的进程，目前只占 61%。改革开放 30 多年，城镇化的速度每年仅为 0.6% 左右。如果今后按照每年 1% 的速度城镇化，到 2030 年，农村人口仍占 41%。全国 14 亿人口中仍有近 6 亿人生活在农村。即使到了我国农村人口占全国总人口的 20%，仍会有近 3 亿人生活在农村。因此，农村还需要在相当长的一个时期存在。只有农民的素质提高了、农民增收了，农村发展了、农业高度市场化了，才会加快我国的工业化、城市化进程，我国的现代化才能实现，农村的衰退才能逐步显现出来。而所谓的“衰退”，实际上只是居住在农村的农民减少了，大量农村住房空置，日久无人居住和管理，而日显衰退。但从西方国家现代化进程看，真正到了80%的人口进入城市工作和生活的时候，城市的嘈杂、喧闹、空气污染和道路的拥挤等，都将促使城里人回归农村，在经济承受能力允许的条件下，不少城里人将工作在城市，居住在农村。因此，我个人认为，当前抓新农村和农村社区建设正是为了加快工业化、城市化、现代化进程的重要举措，退一步是为了进两步。新农村和农村社区建设不仅是为工业化、城市化、现代化开拓市场、积累资金、准备人才，创造加快发展的条件；而且通过把落后、贫穷、脏乱、生活基础设施条件差和生活服务、教育医疗保障缺乏的农村建设成风景秀丽、交通便利，更适宜人居的新型农村社区，也为今后大量城里人到农村定居和休假游玩奠定了基础。可以说，没有今天的新农村和农村社区建设，就不会有将来的工业化、城市化、现代化。

第七章　开展城乡社区对接互动活动

开展城乡社区对接互动活动是我在2004年上半年在都昌调研时向都昌县民政局局长周裔开提出来的。我说从许多不是试点村的村民到民政局要求他们的村子也要搞村落社区建设的情况看，证明我们抓农村村落社区建设是对的，群众不但拥护还主动要求搞。下一步我们的任务一是要继续扩大村落社区建设试点的面，从试点走向推广；二是要按照科学发展观和城市反哺农村的要求，探索将农村村落社区与城市社区结对互助。你们县能否先找10个村落社区与九江市和你们县城的城市社区结对，开展城市社区支持农村社区，帮助农村社区发展的工作。如同意，我就与九江市民政局的同志讲，看能否他们协调这件事。总之，我们要把第一步走好的同时，还要把下一步如何走想好。周局长非常同意和支持我的想法。我把这个想法与九江市民政局的分管副局长钟献阳和肖伍祥科长交流后，他们也非常支持，并在实际工作中认真抓好落实，从而开启了城乡社区对接互动的新篇章。

在省民政厅倡导和支持下，按照中央关于树立科学发展观的总要求，为探索城乡社区建设可持续发展的途径，改变以往城乡社区建设各自为政的局面，从2004年6月开始，在九江市委组织部和民政局组织下，都昌县22个村落社区与九江市浔阳区、庐山区以及都昌城镇等10个城市社区，在全省率先启动了城乡社区对接互动活动。城乡社区一对一签订互动“协议书”，谋求共识，寻求共赢，追求共为，通过城市社区居委会和农村村落社区志愿者协会开展社区管理、社区服务、社区文化、社区经济、社区救助等一系列交流合作，以城带乡，以乡促城，社区建设在联谊互动活动中，达到了优势互补，共同提高的效果，受到当地党政和人民群众的一致好评。但在实践中，我们也感到仅依靠民政部门还难以调动党委政府各部门和社会力量参加，一些困难和问题也不好解决。这项活动要开展得更有声势、更有成效，必须依靠区县党委政府的重视支持。为此，我们提出要争取党委政府的重视和支持，将城乡社区对接互动活动从城市社区与农村社区之间的对接，发展到在区县党委政府领导下，党委政府各部门和包括企事业单位、个体工商户、个人都广泛参与的更大范围对接互动上来。

2007 年 5 月，在省、市民政部门的指导协调和具体帮助下，九江市浔阳区委、区政府决定再次联手都昌、星子两县启动新一轮的城乡社区互动共建活动。浔阳区委、区政府在总结以往经验的基础上，从整合各方资源、加大城市支援农村力度的战略高度，提出城乡社区对接互动活动不能仅停留在城市社区居委会和农村村落社区志愿者协会互动这个层面上，党委政府各部门和社会力量也应广泛参与，研究出台了以“六联六互”为主题开展城乡社区新一轮对接互动的文件，三地 26 个城乡社区按照“在举措上落实互动、在优势上寻找互补、在效果上追求互赢”的总体思路结对互动，具体在从六个方面进行合作与交流：一是“组织联动”互商。开展城乡社区党建对接、城乡社区管理经验学习与交流；二是“文化联乐”互融。组织和开展社区间各种文化、教育的对接与互动，组织城乡村（居）民（包括中小学生）进行互访互学和生活体验；三是“信息联享”互通。整合城乡信息资源，建立城乡互动的信息网络，加强城乡间项目、技术、市场信息的交流。通过联营化市场运作，组织“城乡项目交流会”等活动，扩大城乡居民信息接触面，积极推动城乡间信息交流，了解城乡居民生产生活的不同需求，有效实现供需关系对接。四是“人才联姻”互补。摸清区县间城乡人才底数，建立跨区县的城乡人才信息库，搭建城乡人才的跨区县流动平台，进行社区服务与需求的劳务输出与合作；开展“联姻通智”工程，根据社区、乡土人才特点有针对性开展实用技能培训，畅通社区人才、乡土人才的双向流动渠道，使市民到农村发展、农民进城创业，实现城乡人才和就业岗位的对接互动，有效推动城乡协调发展。五是“服务联手”互惠。整合城乡服务资源，拓宽“经营社区”协作渠道，发挥指挥协调、供需对接、信息支撑三大系统优势，将社区便民服务与农村惠民服务有机结合，搭建互动服务平台，探索建立区县互动服务新机制，大力发展居村各类中介服务、家政服务、生产服务等低偿、有偿服务项目，加强在农副土特产品等方面的合作与流通，积极拓宽居村便民惠民服务领域。积极开展选派教师下乡支教、“健康进农家、绿色进社区”和科技、文化、法律、卫生“四进社区、四下乡”等系列主题互动服务活动。六是“爱心联倡”互助。开展经常性的扶贫帮困救助活动，打破帮扶地域观念，在结对居村中大力倡导开展以“爱心传递”为主题的“爱心超市”“爱心储蓄”“爱心互助”三大爱心行动。针对困难家庭、失学儿童、孤寡老人、残疾人等困难群体，由结对居村集中组织两地居民、辖区单位、统战对象、工商联会员联合开展系列帮扶活动，在城乡居民贫富互动、爱心对接的过程中，探索建立“关心、关爱、关怀”的爱心互助机制。

与2004年以来开展的城乡对接互动活动相比，2007年浔阳区和都昌县、星子县开展的城乡社区对接互动活动内容更丰富，形式更多样，不仅城乡居民参与的程度更高，而且浔阳区党委政府各部门和一些社会力量也广泛参与，活动的声势和效果更明显。召开全省城乡社区对接互动活动前，九江市已有186个城乡社区参与到互动活动之中。在他们的带动下，南昌、吉安、抚州、宜春、景德镇等地也在启动实施城乡社区对接互动活动。

城乡社区对接互动活动是一项创新的工作。它把城市社区建设和农村社区建设有机地结合在一起，开辟了一条新思路。其意义重大，效果明显，值得推广。

为了在全省推广城乡社区对接互动活动，2007年10月13日，以江西省城乡社区建设工作领导小组的名义，在九江市召开了“全省城乡社区对接互动活动现场经验交流会”，并邀请了民政部基层政权和社区建设司副司长王金华和上海市政治文明建设委员会办公室常务副主任施凯、北京市社会科学院研究员于燕燕、江西省社会科学院研究员王明美参加，九江市民政局、九江市浔阳区政府、都昌县委县政府、九江市庐山区民政局、浔阳区白水湖街道余家垅社区、都昌县汪墩乡遇驾山村落社区6个单位在大会介绍了经验，星子县社区建设工作领导小组、浔阳区甘棠街道党工委、办事处进行了书面发言。大会发言后，施凯、徐中振、沈关宝、于燕燕、王明美5位专家进行了点评发言（根据录音整理）：

施凯（上海市政治文明建设委员会办公室常务副主任）：每次到江西来都有收获。中央提出的建设社会主义新农村是一项重大战略决策，我作为生活在大城市里的一员，上海有500万农民工为上海发展作出贡献，城市应该对这些农民兄弟给予一定的关怀，应该为农民工落实好政策。但上海在做的过程中却产生这样的困惑，就是你这个城市的农民工政策越好，它集聚的劳动力越多，会给城市发展带来一定压力。所以我们举双手赞成建设社会主义新农村，只有把农民家乡建设好，逐步缩小城乡差距，才能有效减少大规模人口集聚。从内心来讲，我有如下感觉，从全国、从政府层面来看，是做了一些相关工作，比如免了教育费、农业税以及推行医疗保障制度，但是我感觉对农村基层社会发展的推动力还不够，我到江西以后，才发现一些新的、真正的东西。谈三点体会，第一个是我感觉江西实践给新农村建设提供了全新视角。我们到底要一个什么样的新农村，或者说新农村的内涵是什么，看了以后很受启发。老实说，大城市包括上海发展比较快，在解决这个问题上我个人认为抓得不是很成功，有些地方只是比较注重在形态上搞新农村建设，即把农民从瓦房搬到别墅，把原来零星的自然村落集中起来搞规模化建设，出发点是好的，但这个模式是不是全国农村需要的。最近国际上有一个新名词即“有限城市化”，一反传统的概念，不是说新农村建设是再来一个造城运动。怎样看待农村的新农村建设，我个人所谓的新农村建设，今天从腰鼓队和介绍同志的表情及内容上可以看到，那就是新的精神文化风貌，紧跟时代的前进方向，符合整个社会发展节奏；还有就是新的生产方式和新的生活方式，我都看到了。按国外的评价，一个地区是不是城市化，不是看你住在什么地方，而是看几个指标，生活是不是通水通电，这个地区非农收入的比例和从事的职业等。在江西可以看到保持了原来村落的自然风貌，保持了原来的人文传统，同时随着社会发展，它的生产生活方式和思想方式发生了很大变化。第二个是新农村建设的主体。从江西可以看到主体是农民，从最早村落社区建设的“五老”到现在的城乡对接，活跃的主体是农民群众，这和中央精神相一致，新农村建设必须以农民为主体，否则不会长久。第三个是氛围。新农村建设是一个比较漫长的过程，它的可持续发展动力是什么，我觉得江西解决得很好，就是利益，就是互惠互利，无论是村落建设还是城乡对接，都体现了这一指导思想，收到了很好的成效。

另外，我想到一些问题。第一是农户和农村的关系。现在大家都把注意力放在农村和城市基层，加大投入力度，从实践效果来看，不是投钱多老百姓就欢迎，关键是民主和民生。同样是解决民生，民生解决的对象是什么，需要解决什么实际问题，民生解决效果评价主体是什么，来江西以后，觉得给我们指明了很好的方向。第二是自治和共建的关系。如果从试点扩开，在整个江西层面或更大层面来做，可能需要新的机制。要有市场的力量，群众自治力量和政府力量。要在更大规模上有效激活资源，这涉及不同利益主体的定位。第三是需求和要求的关系。对新农村建设的要求怎么和农村实际需求对接起来。不同地区应该各有特色，应该和地区发展和农民实际需求相一致。

最后，我想现在到了重新认识“三农”问题的时候。现在中国农村已发生了很大变化，过去人民公社是计划经济时代产物，现在我们为什么搞村落，主要因为体现在利益的相似性、参与的便利性和效果的直观性。过去村级自治放在行政村层面，从上海看已做不下去，上海郊区村级经济已基本解体，集体经济企业该卖的卖，该转制的转制，土地都承包掉了，把村级自治组织放在行政村层面上，显然不符合实际。这是上海碰到的新问题，江西有什么样的新问题，相信也会碰到，我们必须深入研究“三农”有关问题。

徐中振（上海市社科院研究员）：整个江西村落社区建设，包括城乡对接，在进一步深化当代社会的城乡建设工作，包括怎样连接乡村社区，以什么样的区域单位，用什么样的组织方式，做了很好的回应。简单讲三个方面。第一，怎样让农民在城镇化过程中获得更多利益。当前国家减轻农民负担，总体已做得很不错，但新农村建设有一个说法就是要打破城乡二元结构。日本、韩国、新加坡等国的郊区失地农民在城镇化进程中获得了最大利益，而我国农民在工业化、城镇化发展中却失去了很多。这是应该考虑的。第二，农村建设怎么样和市场结合起来。自上而下来看乡村社会，让个体怎样融入社会，怎样重组乡村社会。现在有些地方启动了经济市场，但在社会层面上、在日常生活上、在社会活动方式上没有大的动作，这里给我们提供了启示。另外，如何激活社会主体，现在搞社区建设、乡村建设，主体在哪里，更多的主体应该是民间性的。韩国新农村建设主要有两条经验。一是从1955年开始，大力推行乡村教育。二是以农民为主体开展社区建设，根据他们的需要、发展愿望来推进工作。现在村落和城市社区建设都面临一定的主体缺失问题，应充分考虑。第三，农村需要一种新的生活样式。现在随着农村的青壮年大量外出和土地大批转让，一些农村已日益衰败下去。怎么让广大农民停留在这块土地，传统、情感、血缘、文化越来越重要，提供一种丰富、有活力、有人文价值的生活方式非常重要。

最后建议，政府应充分发挥对公共组织的引导作用，使其最大限度地发挥功能，在组织社会组织和社会成本上必须要有公共政策相匹配。

沈关宝（上海大学教授）：在江西九江看了后，我感到现在社区建设的理论落后于实践发展，就像今天在车上，有人说什么是社区，众说纷纭，说明我们理论工作者没有明确这个概念或者是大力推广。讲两点，第一，江西现在所做的具有深刻意义，那是中国历史上从未解决过的城乡分割问题。中国历史上城与乡的分割一直没有解决，在中国社会重建过程中，我认为城市剥夺了乡村的土地所有权来发展工业化、城镇化。改革深化到今天，江西利用民间渠道有效融合了乡民和居民，我很感动，但仅仅这样显然不够，现在城乡之间的隔阂还很大，仅仅让农民进城打工是远远不够的，必然要有政府行为。第二，民间组织要规范。我们应给予什么样的规范，使它充满活力，既不能限制让老百姓结成组织，也要让其在法律框架内运行。既要符合民主，又要符合现代社会要求，还要符合后工业社会情感。

于燕燕（北京市社科院研究员）：几个想法。第一，城乡互动具有传承性。任何一个事物产生总有历史渊源。几年前浔阳区的“三三四”模式到现在的城乡社区“六联六互”，看似是数字的变化，但实际体现出在这块土地上就有着共建、共享、共商的传统。第二，政府和民间的互动。活动主体当然是民间组织，但在整个安排上，包括成立领导小组、资金投入等，还是以政府为主导。第三，文化融合。在今天的活动中我们看到了城市文化和农村文化互联互通。第四，需求与给予互动。在六联六互中我们看到，你农村需要什么，我城市就给予什么，由需求决定给予。第五，制度与自发。首先要有制度安排，然后是自发的行为，我们看到一个祠堂改成老百姓的活动场所，这在农村传统上是不可能的，这是了不起的创举。第六，专业。在整个活动中，有个人，有民间组织，有市场组织，但都有非常专业化的运作。

谈几个基本看法。第一，关于城乡二元互动，刚才有专家提到，我不再多说。第二，关于整个社区社会资本运作上，如何利用社区资源有效整合，互通共享，江西走在全国前列。第三，社会管理体制创新，社会建设要从社会管理体制入手，这里很重要的是培育社会组织，但如何培育要有一个机制和好的平台，江西给了我们很好的启示。第四，在整个社区服务运行上如何创新。很多社区建设了文化站等一系列硬件设施，但软件服务上怎么做，今天我们看到了非常好的答案。第五，社区要有一定的造血功能。江西通过农村和城市社区互动，探索了社区经济发展模式，给我们很好启发。

王明美（江西省社科院研究员）：作为江西学者看到江西社区建设有这样的成果，我很自豪。江西于2001年开始提出关注农村社区建设，2003年把落脚点定在村落，定位很准。我谈几点体会。第一，经济不发达地区也可以在农村社区建设有所创新、有所作为，也可以走在时代前列。第二，党和政府主导起了非常重要的作用。在任何时期，应更好地发挥政府行政职能，发动群众，取得群众的理解和支持，值得深入探讨。第三，建设新农村现在重点放在生产发展，我觉得这是农民的自觉行动，应该更多地美化农村环境，丰富群众的业余文化生活，我觉得农村社区建设应该把文化放在首位。第四，农村社区建设应该符合社会发展规律。现在留在农村的青壮年不是太多，我们不要为农村人减少而担忧，人越少越好发展。第五，要深入探讨江西的农村社区建设。作为学者有责任去总结、推广，我愿意今后在江西的新农村建设中尽好自己的责任。

下午，罗筱玉厅长、王金华副司长、孙刚副省长分别作了重要讲话。罗筱玉厅长在讲话中充分肯定了九江市开展城乡社区对接互动的经验，指出：九江开展的城乡社区对接互动活动，把城市社区建设与农村社区建设有机地融合到一起。城乡社区通过在社区管理经验、文化教育、劳动就业、扶贫帮困和经营社区等多方面开展对接互动，实现了城市与农村优势互补，良性互动，促进了城乡政治、经济、文化、社会事业的协调发展，为全省城乡社区建设持续、健康发展探索出了一条新的有效途径。总结以浔阳区、都昌县、星子县为代表的九江市城乡社区互动对接活动的经验，我感觉至少为今后江西省的城乡社区建设工作提供了四点启示。

第一，城乡社区对接互动促进城乡协调发展，为推进全省社区建设提供了新思路。九江市将城市社区建设工作领导小组与农村村落社区建设工作领导小组融为一体，合并为“城乡社区建设工作领导小组”，在制定规划、出台政策、预算经费时，统筹安排，全面兼顾，为开展城乡社区对接互动活动提供了有力的组织保证。他们的对接互动活动层次多元，形式多样，内容丰富。既有区、县政府之间、街道、乡镇之间的相互沟通，又有基层自治组织之间的相互借鉴；既有社区管理的相互学习，又有社区文化的相互交流；既有社区教育的相互促进，又有社区服务的相互补充。在他们开展的诸多活动中，仅召开城市“小巷总理”与农村“村落会长”社区党建及管理经验交流会这一项，就让农村社区“村落会长”在基层党建、社区管理与服务、丰富社区文化活动、美化社区卫生环境、扶助困难群众等多方面开阔了眼界，同时，村落社区在发挥无职党员的作用、动员志愿者义务为村民办实事、参与村落社区公益事业、评选“好婆媳、好孩子”，对留守儿童的生活照料和延伸教育等感人事迹和做法，也使城市社区“小巷总理”们深受启发。加之他们在经济、文化、社会建设等方面开展多层次、多领域的交流与合作，使城乡社区互动活动得到了共同发展。九江市把城乡社区建设两幅蓝图一起绘，突破了传统的就城市论城市、就农村论农村的社区建设思路，搭起了一座城乡“连心桥”，不仅丰富和发展了城乡社区建设的内容和方法，而且走出了一条通过城市和农村的双向互动了解对方实际需求，有针对性地开展城市支援农村、城乡共同发展的新途径。为全省城乡社区建设如何落实科学发展观，建立平等和谐的城乡关系，构建和谐平安江西提供了一条崭新的思路。

第二，城乡社区对接互动加快农村社区发展，为全省社区建设更好地服务新农村建设提供了新方法。建设社会主义新农村是我国现代化进程中的重大历史任务。目前，社会主义新农村建设正在江西省蓬勃开展。城乡社区建设的核心是基层民主政治建设，实现居（村）民自治，发挥居（村）民在建设城乡和谐社会的主体作用。这与建设社会主义新农村要充分发挥农民的主体作用的要求是一致的。从九江市开展的城乡社区对接互动活动中的一些事例中，我们看到了城乡社区对接互动活动在促进新农村建设方面所发挥的重要作用。都昌县借鉴城市社区居民民主管理机制，围绕落实村落社区村民的知情权、参与权、选择权与监督权，建立了事务通报制度、重要问题征询意见制度、重大事项票决制度、社区工作询问和质询制度、社区工作民主评议制度等“五项制度”；浔阳区依托区街居三级志愿者组织开展科技、文化、法律、卫生“四进社区、四下乡”等系列主题互动服务活动，帮助农民解决生产生活中的技术难题，为农民防病治病，免费为农村老年人和儿童义诊，组织优秀教师送课下乡；都昌县7个城镇社区依托县城万里大道服务一条街的平台，近年来，累计帮助了32个村落社区的2100多名村民进城务工，人均年增收入5000余元；汪墩乡遇驾山社区和浔阳区南湖社区结为对子，启动了50亩特种经济农作物对接合作项目，遇驾山社区提供闲置农田和劳力，南湖社区负责技术指导和资金支持，同时在市区集贸中心设立了200平方米的销售摊位，帮助农民增收。浔阳区、庐山区12个城市社区居委会与22个农村村落社区对接，帮助村落社区在赣北大市场和庐山区十里铺居民生活区开辟了60多个销售农副产品的摊位，为村民打开了增加收入的通道；浔阳区余家垅社区与星子县鸡笼山村落社区对接后，针对鸡笼山自然风光秀丽、旅游资源丰富、餐饮产业初具规模的现状，积极宣传，广联朋友参与鸡笼山旅游开发，组织城市居民深入村落社区观光旅游、吃农家饭，促进了鸡笼山旅游产业的发展，使村民从旅游餐饮业中得到实惠；浔阳区、都昌县、星子县政府为促进城乡社区经济互补，鼓励和吸纳村民进城务工经商，在行政审批、税收、贷款、子女就学等方面还出台了一系列优惠政策。实践证明，城乡社区对接互动的开展，在繁荣农村经济、发展农村基层民主等多方面发挥了积极作用，为城乡社区建设更好地实现社会主义新农村“生产发展、生活宽裕、乡风文明、村容整洁、管理民主”总目标开创了一条新方法。

第三，城乡社区对接互动拓展了社区服务空间，为全省社区建设提升社区服务功能提供了新渠道。社区建设是在社区服务发展的基础上逐步形成的。搞好社区建设的基础是完善社区服务。2006年，省政府《关于加强和改进城乡社区服务工作的意见》明确指出，要贯彻落实科学发展观，按照城乡统筹协调发展的要求，以建设城乡和谐社区为目标，充分发挥政府、居（村）委会、民间组织、驻社区单位、企业及城乡居民个人在社区服务中的作用，整合社区资源，健全服务网络，创新服务方式，拓展服务领域，强化服务功能，促进城乡经济和社会持续、协调、健康发展。九江市通过开展城乡社区对接互动活动，安排了3000多名农民工进城务工；城市社区帮助村落社区培训文体骨干，成立了腰鼓队、歌舞队2100多支，成立村落社区业余剧团文艺队202家；组织城市医院与农村合作医疗卫生所共建，为村民送医、送药等，都是社区服务工作的新内容。这就为全省社区建设如何丰富社区服务内容，拓展社区服务领域，更新社区服务形式开辟了一条新渠道。

第四，城乡社区对接互动广泛调动社会参与，为全省社区建设充分发动群众提供了新模式。检验社区建设成效与否的一个重要标志就是人民群众的参与度。如何创新形式，调动群众积极参与，始终是推进社区建设的一个难题。九江市针对群众需求，开展的一系列活动，从人民群众最关心、最直接、最现实的利益问题入手，城乡居民十分欢迎，踊跃参与。统计数字显示，3 年多来，九江市 52 个联谊结对的城乡社区，开展了"送百场戏、进百个村落（社区）"活动，城乡社区的直接观众达 6.4 万人次；有近千余名城市社区中小学生与农村村落社区青少年参与到"一对一""一帮一""小手拉小手"的互帮、互学、互访生活体验活动之中；820 多人次参加城市"小巷总理"与农村"村落会长"社区党建及管理经验交流会；浔阳区依托区街居三级志愿者，组织积极开展科技、文化、法律、卫生"四进社区、四下乡"等系列主题互动服务活动，两年来接受咨询群众 400 人次，发放资料近 1000 份。这些新的活动形式和内容，深深地吸引了广大群众，显示了其旺盛的生命力，为全省社区建设如何发动群众积极参与找到了一个新的模式。

总之，九江市开展的城乡社区互动对接活动是坚持科学发展观，统筹城乡协调发展的成功探索，应当充分肯定，并要在全省加以推广。这次会议安排了 36 个县（市、区）民政局局长参加，其中 16 个县（市、区）是民政部确定的全国农村社区建设示范单位，目的就是要你们 36 个县（市、区）带头推行，逐步在全省推开。

罗筱玉厅长还根据九江市部分区县的实践和在活动中遇到的一些问题，就如何深入开展城乡社区对接互动活动谈几点意见。

首先，加强领导、强化部门责任。"党委和政府领导、民政部门牵头、有关部门配合、社区居委会主办、社会力量支持、群众广泛参与"是经过 7 年来全省社区建设实践证明了的行之有效的社区建设工作运行机制。唯有党政领导更加有力、部门配合更加密切、社会力量更加支持、群众参与更加广泛，方能开创江西省的和谐社区建设的新局面。只有各级党委、政府把城乡社区建设活动摆上重要议事日程，形成主要领导负总责、分管领导具体抓、相关部门合力抓的格局，才能有效地解决对接互动活动中遇到的困难和问题。因此，要充分发挥社区建设领导小组各成员单位的作用，落实责任制，将开展活动的工作任务细化到具体的部门，具体的负责人，建立激励机制和奖惩办法，确保各项任务落到实处。民政部门作为具体负责社区建设日常工作的政府职能部门，要切实履行职责，把对接互动活动的开展作为城乡社区建设工作的重点来抓，充分发挥综合协调和监督检查的职能，当好党委、政府的参谋助手。各级民政部门要善于抓典型、树典型、大力推广典型。同时，要积极与新闻宣传部门、媒体舆论配合，大力宣传活动中涌现的好人好事，在社会上形成有利于城乡社区对接互动活动广泛开展的氛围。要号召驻社区单位、社区民间组织、物业管理组织参与到对接互动活动当中来，最广泛地动员和组织社区居民，把“社区是我家，建设靠大家”这句口号变成每个社区成员的自觉行动。

其次，因地制宜、积极稳步推进。开展对接互动活动一定要因地制宜，从实际出发。要坚持“就近、务实”的原则，对接互动活动应主要在本县（市、区）范围内开展，以减少工作成本，便于组织活动。城市社区着重点应放在组织和动员驻社区单位、社区居民广泛参与，围绕社会主义新农村建设的“五句话、二十个字”开展活动，以丰富多彩的精神文化交流和必要的物质扶持，帮助改变农村落后的生活环境和生活方式、帮助农民勤劳致富、推进基层民主政治建设，活跃农村文化生活，扶贫济困，建立和谐的城乡人际关系，加快农村村落社区发展。按照城市支援农村的要求，城市社区居委会相对农村村落社区志愿者协会来讲，应处于主导地位。因此，城市社区要树立“回报”的观念，不能有“恩赐”的思想。因为没有过去几十年农村、农业、农民所作出的巨大贡献和牺牲，就不可能有我们现在的工业化、城镇化，也不可能有我们城里人现在这样的生活条件。但城乡社区对接互动活动也不是“扶贫”，不能形成“你给予我接受”一头热的现象。农村村落社区要摆脱等、靠、要的思想，要发挥自身优势，在不断的沟通中寻找发展的机遇，实现互惠互利。只有坚持城市社区居委会和农村村落社区志愿者协会在平等地位上互动互利，相互响应，才能保持活动的生命力。

年内，各设区市都要先在参加今天会议的县（市、区）进行试点，争取明年在全省铺开。各地要针对社区的不同情况，精心挑选结对的城市社区和农村社区，组织双方签订《结对协议书》，建立结对共建关系，采取一对一的方式开展对接活动。在运作上既要善于学习借鉴先进经验，又要勇于创新，形成自己的特色。要特别注意防止工作中出现“刮风”现象，切忌形式主义，图热闹，走过场。

最后，明确主体，分层次开展活动。城乡社区对接互动活动要坚持城市社区居委会和农村村落社区志愿者协会为主体来开展。党委政府主要是指导和扶持，帮助牵线搭桥，指导签订协议，引导因地制宜开展活动，积极扶持和培育典型，及时总结和推广实践中的好经验，充分发挥典型的示范和榜样作用，推动对接互动活动由点到面，实现量的扩展，质的提高；党委政府各部门和社会力量的参与，则主要是依据自身的职能和条件，依托社区居委会对接农村村落社区来为农村居民提供各种便利的服务；社区居委会则要发挥城市的资源优势，开展一些有利于农村发展的活动，如组织社区每一个家庭开展捐1—2本图书，帮助农村社区建设一个图书室活动，组织有条件又愿意帮助别人的家庭与农村贫困家庭结对帮扶，组织辖区单位和有技术专长的专业人员，定期到农村社区举办科技知识讲座和对口帮扶活动；等等。

同时，开展对接互动活动还要注意选择时机，如劳动部门组织就业培训和送岗位下乡，应选择中、高考结束和春节前后农民工返乡期间进行；送文化、送医送药下乡，开展城乡社区党建对接、城乡社区管理经验学习与交流等，要选择农闲时间进行；送科技知识、送农药化肥、送农机下乡要选择农时，只有这样，效果才能更好，更受农民欢迎。

罗厅长这个讲话，都是根据我与处里的同志在指导和调研都昌县和九江市城区开展城乡社区对接互动过程中掌握的情况，有针对性地提出来的。

王金华副司长在会上谈了三个问题，其中第一个问题是如何认识和评价江西创造的村落社区建设以及城乡社区对接互动经验。

他说，江西是最早关注和探索农村社区建设的省份之一，早在2001年江西省民政厅就根据省委书记孟建柱同志的意见开始了农村社区建设的研究和试点工作，在实践、认识、再实践的基础上，形成了以村落社区建设为切入点，扎实推进农村社区建设的工作思路，取得了较好的成效，积累了有益的经验，为推动全国的农村社区建设发挥了重要作用。2006年7月，民政部在全国民政工作年中情况分析会上，第一次向民政系统提出了

“开展农村社区建设试点”的要求。此后不久，民政部下发了《关于做好农村社区建设试点工作推进社会主义新农村建设的通知》，对试点工作进行了部署。2006 年 10 月，党的十六届六中全会讨论通过的《关于构建社会主义和谐社会若干重要问题的决定》首次完整地提出了“农村社区建设”的概念，并要求把城乡社区建设成为“管理有序、服务完善、文明祥和的社会生活共同体”。2006 年 11 月，国务院召开的第十二次全国民政会议进一步强调，要着力建设城市和农村社区“两个平台”，“整合社区资源，推进农村志愿服务活动，逐步建立与社会主义市场经济体制相适应的农村基层管理体制、运行机制和服务体系，全面提升农村社区功能，努力建设富裕、文明、民主、和谐的新型农村社区”。可以说，没有江西的探索和试验，就不可能有农村社区建设的今天，也不可能在这么短的时间内就把农村社区建设写到中央的文件中，并且作为推进新农村建设和构建和谐社会的一项重大举措。

民政部很早就对江西开展农村社区建设的做法给予了关注。先后派出人员到江西进行调研，参加有关论证活动，并且于2005 年在武汉召开的全国村务公开民主管理工作座谈会上向全国推广了江西的经验，引起了社会各界的广泛关注。今年年初在青岛召开的全国农村社区建设工作座谈会上，又请江西的同志在会议上作了典型发言。毫无疑问，江西的同志做了一件带有前瞻性、开拓性的工作，率先在全国从城乡统筹的角度研究提出了推进农村社区建设的工作思路，从江西的实际情况出发闯出了一条充分发挥“五老”作用、推进村落社区建设的新路子，对此，我表示由衷的感谢和钦佩。

更为难能可贵的是，他们并没有满足于现状，满足于已取得的成绩。江西各级党委、政府领导以及有关部门的同志始终没有停止过探索，停止过思考，今天，他们立足于江西实际，立足于关注民生，立足于协调城乡发展，率先在全国开展了城乡社区对接互动工作。通过动员城市社区与农村村落社区联谊结对的方式，按照“在优势上寻找互补，在举措上落实互动，在效果上追求互赢”的总体思路，开展多方面的合作与交流，走出了一条动员和依靠社会及城乡居民的力量来落实科学发展观，实现工业反哺农业、城市支援农村，城乡协调发展的新途径。从上午参观和刚才几位同志发言的情况看，效果很好，富有特色。昨天晚上，我翻看了所有材料，想了很多，越想越兴奋，很晚都未能入眠。我感到，城乡社区对接互动是推动和谐社区建设的一个新的载体，是一项蕴含着巨大潜力和发展机遇的大好事。是继“五老”之后，江西找到的进一步深化村落社区建设的又一重要途径，为全国的和谐社区建设又增加了一个新的“亮点”，注入了新的活力，应大力提倡和推广。

孙刚副省长在会上讲了四点意见：一是从贯彻落实科学发展观的高度，充分认识开展城乡社区对接互动活动的重要意义。指出开展城乡社区对接互动活动，是构建社会主义和谐社会的必然要求。开展城乡社区对接互动活动，是加快社会主义新农村建设的有效途径。开展城乡社区对接互动活动，是促进“三个文明”协调发展的重要措施。开展城乡社区对接互动活动，是化解社会矛盾，建立和谐社会的重要措施。二是把握原则，积极稳妥地推进城乡社区对接互动工作。提出各地在实施过程中要坚持和把握好以下几个原则：坚持以人为本、注重实效的原则，坚持因地制宜、分类指导的原则，坚持就近结对、互惠互利的原则，坚持政府引导、群众参与的原则。三是积极探索，不断提高城乡社区对接互动工作的质量和水平。重点抓好以下几个环节：要加强社区组织建设，增强做好城乡社区对接互动工作的内在动力。要加强社区队伍建设，努力提高社区工作者互动共建的能力和水平。要加强社区文化交流，激发城乡社区对接互动的活力。要创新工作机制，不断提升城乡社区对接互动的工作水平。四是加强领导，切实把城乡社区对接互动工作落到实处。加大政府推动力度，为开展城乡社区对接互动营造良好的发展环境。加大部门协作力度，形成部门、单位齐抓共建的局面。加大舆论宣传力度，营造良好的社会氛围。

会后，省民政厅结合各地的经验，对开展城乡社区对接互动活动的重要意义，活动中要处理好三个关系，进行了归纳概括。

第一，开展城乡社区对接互动活动重要意义。

一是把城市社区建设与农村社区建设有机地融合到了一起。城乡社区通过在社区管理经验、文化教育、劳动就业、扶贫帮困和经营社区等多方面开展对接互动，实现了城市与农村优势互补，良性互动，促进了城乡政治、经济、文化、社会事业的协调发展，突破了传统的就城市论城市、就农村论农村的社区建设思路，搭起了一座城乡“连心桥”，不仅丰富和发展了城乡社区建设的内容和方法，而且走出了一条通过城市和农村的双向互动了解对方实际需求，有针对性地开展城市支援农村、城乡共同发展的新途径。既为江西省城乡社区建设持续、健康发展探索出了一条新有效途径，也为今后江西省城乡社区建设如何落实科学发展观，建立平等和谐的城乡关系，构建和谐平安江西提供了一条崭新的思路。

二是建设社会主义新农村的重要平台和载体。目前，社会主义新农村建设正在全国蓬勃开展。城乡社区建设的核心是基层民主政治建设，实现居（村）民自治，发挥居（村）民在建设城乡和谐社会的主体作用。这与建设社会主义新农村要充分发挥农民的主体作用的要求是一致的。实践证明，城乡社区对接互动的开展，在繁荣农村经济、发展农村基层民主等多方面发挥了积极作用，为城乡社区建设更好地实现社会主义新农村“生产发展、生活宽裕、乡风文明、村容整洁、管理民主”总目标开创了一条新方法。

三是丰富了社区服务的内容和形式。通过开展城乡社区对接互动活动，一年来，仅九江市就安排了3000多名农民工进城务工；城市社区帮助村落社区培训文体骨干，成立了腰鼓队、歌舞队2100多支，成立村落社区业余剧团文艺队202家；组织城市医院与农村合作医疗卫生所共建，为村民送医、送药；等等；都是社区服务工作的新内容。这就为社区建设如何丰富社区服务内容，拓展社区服务领域，创新社区服务形式开辟了一条新渠道。

四是提高了人民群众的参与度。检验社区建设成效与否的一个重要的标志就是人民群众的参与度。如何创新形式，调动群众积极参与，始终是推进社区建设的一个难题。城乡社区对接互动活动针对群众需求，开展的一系列活动，从人民群众最关心、最直接、最现实的利益问题入手，城乡居民十分欢迎，踊跃参与。统计数字显示，三年多来，九江市52个联谊结对的城乡社区，开展了“送百场戏、进百个村落（社区）”活动，城乡社区的直接观众达6.4万人次；有近千余名城市社区中小学生与农村村落社区青少年参与到“一对一”“一帮一”“小手拉小手”的互帮、互学、互访生活体验活动之中；820多人次参加城市“小巷总理”与农村“村落会长”社区党建及管理经验交流会；浔阳区依托区街居三级志愿者，组织积极开展科技、文化、法律、卫生“四进社区、四下乡”等系列主题互动服务活动，两年来接受咨询群众400人次，发放资料近1000份。这些新的活动形式和内容，深深地吸引了广大群众，显示了其旺盛的生命力，为社区建设如何发动群众积极参与找到了一个新的模式。

第二，开展城乡对接互动活动要处理好三个关系。

根据九江市浔阳区的经验，在实践中要处理好以下三个关系是互动共建活动取得实效的关键所在。

一是正确处理“共建”与“自建”的关系。俗话说：“打铁还要自身硬。”共建双方必须以“自建”为基础，以“共建”为目标，只有在“自建”中增强实力，才能在“共建”中展示水平。为此，在开展城乡社区互动共建活动，要切实把握三条：首先精选互动对象。注重把那些人员素质高、工作基础好、发展后劲足的城乡社区列入共建范围，开展互动对接。其次注重优势互补。坚持把那些相融性好、互补性强的城乡社区安排结对，实现强强联手、相互促进、共同提高。最后突出互利双赢。只有坚持互利双赢，积极探索整合城乡资源、推进区域合作的有效途径，才能使双方始终保持合作的积极性。

二是正确处理“主角”与“配角”的关系。开展城乡社区互动共建活动，既非常规做法上的“包村挂点”，也非一般意义上的“下乡支农”，而是在党委政府指导下的城市社区与农村社区的区间合作行为，因而没有“主”“客”之别和“施”“受”之分。因此，在互动共建活动中，要引导共建双方切实做到“三合”：一要在意识上“合拍”。正确处理共建双方合作关系，防止出现“剃头挑子一头热”，确保互动共建活动沿着正确的方向发展。二要在行动上“合力”。要切实发挥主观能动性，双方都要以“主人翁”姿态，积极参与，主动配合，建立起“你牵头，我配合”与“我牵头，你配合”的互动协作关系。三要在项目上“合作”。找准城市与农村供需关系的着力点，充分挖掘本地资源优势，大力开发具有本地特色的项目，在资源优化配置中实现城乡和谐。

三是正确处理“政府”与“社会”的关系。城乡社区互动共建活动，是以城乡社区组织为主体的城乡群众组织的合作行为。因此，党委政府要把握“有所为，有所不为”的原则，做好三件事：一要统筹调度。要以“科学发展、城乡和谐”为根本点，采取先易后难、由点到面的工作方法，统筹谋划，整体推进，分步实施，从而实现区间资源利用的最大化。二要正确引导。党委政府在开展活动时，既不能无为而治、放任无序，也不能大包大揽、越组代庖，而是要充分发挥社区主阵地作用，大力开展舆论引导、社会宣传，激发社会力量的主动性和积极性，形成“党委政府引导、社区组织主导、社会力量参与、城市乡村联动”的生动格局。三要创造条件。党委政府要通过政策扶持、综合协调和机制创新，帮助社区组织通过市场运作的方式，不断打破城乡体制性“壁垒”，营造共建活动的政策环境和社会环境，促进互动共建活动健康发展。

第八章　农村村落社区建设和社会主义新农村建设有机结合在一起

第一节　社会主义新农村建设与江西省农村社区建设的渊源

2003 年 5 月，省委孟建柱书记向省民政厅领导提出了开展农村社区建设的课题，指出：“江西是个农业省份，农村人口占全省总人口的 80%，农村发展了，整个江西才有跨越式发展的可能。”

2003 年 10 月，孟建柱书记又在“全省社区建设工作暨社区建设学习观摩培训班”上进一步明确提出要以农村社区建设为途径，努力把江西省农村建设成为富裕、民主、文明的社会主义新农村。他在讲话中强调说：“要通过抓好农村社区建设，努力改善农村环境，提高农民素质，树立农村新风，保障农民当家做主的民主政治权利，促进农村经济发展，政治稳定和社会各项事业的全面进步，努力把我省农村建设成为富裕、民主、文明的社会主义新农村。”

遵照孟建柱书记的指示要求，江西省民政厅带领全省民政部门的同志积极探索农村社区建设的思路和途径。在 2001 年至 2002 年“一级政府、两级管理、三个层次”农村社区建设模式的实践的基础上，2003 年 3 月，将农村社区建设的重点转向“村落社区建设”，时间不长就取得了明显成效。

2003 年 8 月，省民政厅的《江西农村 100 个村落社区建设试点报告》，省委、省政府主要领导都作了重要批示，以村落社区建设推进江西省农村社区建设的思路得到了省委、省政府的充分肯定，使得以村落社区建设模式的农村社区建设在江西全省推开。省农工部领导在省民政厅的《江西农村100个村落社区建设试点报告》上批示："社区组织是农村精神文明建设的重要载体。它对于转变农民传统的生活方式，倡导健康向上的思想道德文化，改造村落生态环境，调解民间纠纷，发展公益事业，促进农村社会稳定的作用与意义是深远的，应当作为今后一个时期农村工作的重点切实抓实抓好。对100个村落社区试点的工作要加强指导，总结经验，选择适当时机在全省推广。"对省民政厅开展的农村村落社区建设给予了充分肯定。后来，他在兼任赣州市委主要领导时，在总结赣州市各地开展的农村村落社区建设实践经验基础上，提出了建设社会主义新农村的新思路。

赣州市是江西省最大的行政区，下辖18个县（市、区）和1个经济技术开发区，总面积3.94万平方公里，其中耕地面积29.29万公顷，林地面积271.3万公顷；总人口888.95万人，其中农业人口703.65万。赣州市是红色老区，与发达地区相比赣州的经济发展水平仍比较落后，赣州市18个县（市、区）有8个是国家贫困县。

为了迅速改变赣州的落后面貌，赣州市基于"建设社会主义新农村是我国现代化进程中不可回避的重大历史任务。在我国这样一个农业人口占大多数的发展中大国，没有农业、农村、农民的现代化，就不可能有整个国家的现代化。一代人有一代人的历史责任。在改革开放为工业反哺农业、城市支持农村奠定了坚实的物质基础之后，统筹城乡发展、促进城乡一体化这一重大历史责任不可回避地落到了我们这一代人肩上"的认识，从各地开展的农村村落社区建设中，看到通过村落"村民理事会"的动员组织，村民在建设家乡的主体作用发挥很好，从农民有需求想办的，如整治环境、调解民间纠纷、帮助困难群众和开展文化宣传等花钱不多的事情入手，使村庄村容村貌整洁、村民文化生活丰富，大家和睦相处，精神面貌喜人。但也感到农村村落社区建设侧重在农村基层社会管理和农村基层民主政治建设，不能满足全面建设社会主义新农村的要求。因此通过为期两个月的摸底调查，提出了开展新农村建设的思路，"赣州的新农村建设要有别于以往的路径和模式，不仅仅是直观上的新，而是新在机制、体制、模式上"。经过调研论证和反复讨论，提出了"以村镇规划为龙头，建设新村镇；以农民增收为目标，发展新产业；以实施'农民知识化'工程为依托，培养新农民；以农业产业化为动力，组建新经济组织；以创建文明村镇为先导，塑造新风貌；以‘三民’（亲民、为民、富民）为抓手，创建好班子”的“五新一好”的社会主义新农村建设思路。

这个思路吸取了农村村落社区建设的很多做法，如新农村建设主要放在自然村，动员机制依托“村民理事会”（江西省村落社区建设依托“村落志愿者协会”，但唯有赣州市依托“村民理事会”，当时我还为此事与赣州市民政局马辉副局长交涉，要求要与全省一致称“志愿者协会”。马局长和我说，赣南客家人习惯在村里办事时都要成立“村民理事会”，也是由“五老”组成，与志愿者是一个性质，希望省里不要强求统一。我同意了，故赣州的农村村落社区建设的志愿者协会一律称“村民理事会”），开展活动也是从“三清三改”等入手，抓文化教育等内容。

2004 年 9 月，赣州市政府作出了《关于加强社会主义新农村建设工作的决定》，制定了《赣州市社会主义新农村建设发展纲要》，以发展新产业、建设新村镇、培育新农民、组建新经济组织、塑造新风貌、创建好班子（简称“五新一好”）为主要内容，坚持“政府主导，农民主体，干部服务，社会参与”的工作机制，率先在全国推进社会主义新农村建设。由于建设方向符合实际、具体措施部署得当，赣州市的社会主义新农村建设得到广大农民群众发自内心的拥戴和积极响应，也得到省委、省政府和中央有关部委的充分肯定。

社会主义新农村建设的“赣州模式”，被认为是欠发达地区推进新农村建设的重要经验，20 多个省份共计 5000 多人次到赣州进行新农村建设的参观考察和学习。可以说，赣州市推进社会主义新农村建设的经验，对中央作出在全国开展社会主义新农村建设的战略决策起到了一定的推动作用。

2005 年 10 月，党的十六届五中全会作出了建设社会主义新农村的重大战略决策。建设社会主义新农村这一伟大任务的提出充分把握了新时期的城乡关系、工农关系和经济社会发展客观规律，找到了落实以人为本的科学发展观、全面建设小康社会和构建社会主义和谐社会在农村的结合点。贯彻落实这一重大决策，必将促进科学发展观的全面落实，加快全面小康社会的建设步伐，引领农村经济社会发展步入新境界，促进城乡协调发展和社会和谐。

2005 年 11 月 12 日，全国村庄整治工作会议在赣州召开，中央和国家有关部委及全国各省（区、市）建设厅（局）的200多人，济济一堂，出席由建设部主办的这一会议。与会者认为，赣州新农村建设创造出了独具特色的“赣州经验”，在全国有一定的规范性和指导性。“赣州模式”由此更广泛地为外人知晓。2008年10月，中共中央政治局常委、中央书记处书记、国家副主席习近平在赣州调研考察时，对赣州新农村建设工作给予充分肯定。建设部、民政部、发改委、农业部、广电总局、中央政研室、全国妇联、新华社、中农办、国务院参事室、全国人大农委、环资委、民建中央等均派出调研组对赣州的新农村建设工作进行专题调研，并给予了充分肯定。

第二节　积极使村落社区建设成为社会主义新农村建设的有效载体

遵照省委孟书记的指示，按照省社会主义新农村建设领导小组办公室《关于开展社会主义新农村建设专题调研活动的通知》要求，2006年5月22日至6月10日，省民政厅派出由杨运勇副厅长带队，厅办公室和基层政权和社区建设处的同志组成的工作组对宜春市的上高县、高安市，九江市的修水、都昌县，吉安市的永丰、吉水、万安县农村村落社区建设情况进行了专题调研。调研中，重点围绕“村落社区建设在新农村建设中的作用、当前遇到的困难与问题、今后工作的对策与措施”等内容，探索江西省加快社会主义新农村建设的有效途径，形成了“农村村落社区建设是建设社会主义新农村的一项基础工程”的调查报告。调查结果表明，农村村落社区建设在提高农民素质，促进乡风文明，改善农村环境，保障农民当家做主的民主政治权利，促进农村经济发展，政治稳定和社会各项事业的全面进步中发挥了重要作用。

农村村落社区建设是江西省深化村民自治、推进基层民主政治建设的创新之举，是加快社会主义新农村建设的一项基础工程。为此，我们建议如下。

第一，以村落社区为依托推进新农村建设。几年来，江西省村落社区建设取得了明显成效，以农村“五老”和无职党员为主体的村落社区志愿者队伍，通过组织发动村民参与兴办公益事业、扶贫助残、整治环境、开展文体活动等，已经得到农民群众的认可和信赖，以村落社区为依托建设社会主义新农村，能够有效地发挥这支队伍的主导作用，形成村落人力资源与新农村建设项目、资金的有机对接，加快江西省新农村建设的步伐。为此，建议省委、省政府以文件的形式，对村落社区在新农村建设中的地位作用予以肯定，明确各地继续开展村落社区建设的目标、任务，并将其纳入江西省新农村建设规划，同部署同要求，使之相互对接，合二为一，形成合力。

第二，切实加强对村落社区建设的领导。各级党委政府要高度重视村落社区建设工作，建立健全市、县（区）村落社区建设领导小组，建立有关部门参加的村落社区建设联席会议制度，切实将“党委政府领导、民政部门指导、村级组织牵头、志愿者协会主办、社会力量支持、群众广泛参与”的村落社区建设运行机制落到实处。要明确各相关部门的职责，发动各部门利用村落社区这个平台，发挥职能作用，把工作向村落社区延伸，服务于村民。要加大宣传力度，广泛宣传村落社区建设的目的、意义、宗旨和目标，宣传村落社区建设在建设社会主义新农村中的基础性作用，宣传村落社区的新人新事，促进农村三个文明建设。

第三，挖掘和整合资源，为村落社区建设提供物质和资金保障。建设社会主义新农村需要一定的资金投入，但仅仅依靠政府财政投入是远远不够的，必须整合社会资源，挖掘社区潜力，依靠农民自身力量解决问题。要采取多种形式动员有志于家乡建设的人们，尤其是县、乡两级退休干部、村落无职党员、致富能手、外出务工人员等社会力量参与到村落社区建设中来，鼓励他们捐资兴办社区公益事业，为建设家乡、造福乡梓作出贡献。要整合各类支农资金，把国家、省市支农项目和经费尽可能地与村落社区建设对接，形成部门齐抓共建的合力。县（市、区）财政也要安排适当经费，培育发展村落社区志愿者协会，为新农村建设搭好平台。

第四，加强村落社区党组织和志愿者队伍建设。本着“村落社区建在哪里，党组织就设在哪里”的原则，摸索出一套以村民自治为核心，以党建为龙头，以党员为骨干，以“一会五站”为组织形式的社区党建工作体系，使无职党员在村落社区建设中有岗、有责、有为。加强村落社区志愿者队伍建设，选好志愿者协会会长和各工作站站长，建立完善教育培训制度，努力提高社区志愿者队伍的整体素质。深入开展星级村落社区创建活动，大力宣传和表彰志愿者队伍中的先进典型，充分发挥典型的示范带动作用，推动村落社区建设向广度和深度发展。

第五，不断总结创新，巩固和发展村落社区建设成果。省、市、县要进一步加强调查研究，不断总结和创新活动的内容与形式，丰富和完善"一会五站"工作模式；要加强对村落社区建设的引导，大力推广成功的经验，努力研究新情况，解决新问题，创建新机制，探索新理论，推动村落社区建设活动持续健康地发展。

2006 年 6 月 28 日，省民政厅又印发了《关于立足民政，服务大局，积极推进社会主义新农村建设的意见》，对此，省委孟建柱书记批示："很好。"省政府熊盛文副省长批示："农民是新农村建设的主体，如何发挥其主体作用、调动主体的积极性，需要在民主管理、正确引导、扶贫济困上进一步做好工作。希望省民政厅围绕'五新一好'的要求，继续加大工作力度，为我省新农村建设献计出力。"

意见明确指出：建设社会主义新农村，是我们党在深刻分析当前国际国内形势、全面把握我国经济社会发展阶段性特征的基础上，从党和国家事业发展的全局出发确定的一项重大历史任务。全省民政系统要在中央和省委、省政府正确领导下，团结一心、扎实工作，从农民群众最关心、要求最迫切、最容易见效的事情抓起，不断让农民群众得到实实在在的好处，积极推进社会主义新农村建设这项伟大的民心工程。并就全省民政系统服务社会主义新农村建设提出如下意见。

一、大力推进农村村落社区建设，为社会主义新农村建设提供有效载体

村落社区建设是社会主义新农村建设的一项基础性工程，村落社区建设与社会主义新农村建设的目标是一致的。全省各级民政部门务必从战略高度认识村落社区建设的目的意义，大力推进村落社区建设。当前要重点抓好五项工作：

（1）依托"一会五站"，进一步开展扶贫帮困、整治村落环境卫生、兴办村落公益事业、组织文体活动、调解民间纠纷等工作，促进农村社会

的稳定和发展。

（2）广泛宣传村落社区建设的宗旨、目标、原则、运行模式和社会效果，提高各级党政、社会各界和广大农民对村落社区在社会主义新农村建设中的基础性作用的认识。

（3）培育发展村落社区组织，加强志愿者队伍建设，选好志愿者协会和各工作站的带头人，加强业务培训，努力提高社区志愿者队伍的整体素质。

（4）积极组织村落社区与城市社区联谊结对活动，实现村落社区与城市社区资源共享，最大限度地满足城乡人民群众的需求。

（5）继续开展“星级村落社区”创建活动，大力宣传和表彰志愿者队伍中的先进典型，引导更多有志于家乡建设的人们参与到村落社区建设中来，进一步调动广大农民群众和社会力量参与新农村建设的热情。

二、加快发展农村社会保障事业，切实保障农村困难群众的基本生活

江西省经济欠发达，农业人口比重大，农村社会保障体系相对比较薄弱。民政部门要从解决农民群众最关心、最直接、最现实的利益问题出发，关心农村困难群众生活，提供及时有效的救助，为新农村建设创造稳定的社会环境。

（1）坚持低标准起步，在全省建立农村居民最低生活保障制度，实现由农村特困户救助制度向农村居民最低生活保障制度的过渡。从 2006 年 7 月份开始，按照每人每月 70 元，人均补差不低于 25 元的标准，全面实施农村居民最低生活保障制度，并随着今后经济增长逐步提高保障水平。

（2）认真贯彻实施《农村五保供养工作条例》，完善农村五保供养制度。积极开展农村五保对象摸底排查，对符合条件的对象做到“应保尽保”；继续推进农村敬老院建设，力争年底集中供养率达到 80% 以上；进一步提高农村五保户的保障水平，从 2007 年 7 月 1 日起，集中供养五保户年人均保障标准由 1200 元提高到 1800 元，分散供养五保户年人均保障标准由 800 元提高到 1200 元。

（3）完善农村医疗救助制度，逐步降低救助门槛，提高救助标准。从

2006年7月起，农村困难群众大病医疗救助对象由农村五保户、农村特困户中的常年救助对象扩大到所有农村五保户和农村最低生活保障对象。

(4) 切实抓好农村灾民救助工作。完善灾害紧急救援机制；进一步规范春夏荒救济制度；把灾民倒房恢复重建和危房改造与建设社会主义新农村结合起来，统一规划、统一布局、统一实施。

(5) 继续实施“优抚医保工程”和“优抚安居工程”。对在乡重点优抚对象实施医疗优待、定额医疗补助、大病医疗救助等“三个层面”的医疗保障制度，帮助住房困难的重点优抚对象解决住房困难，维护农村优抚对象合法权益。

(6) 积极发展农村社会养老保险事业，探索建立与农村经济发展水平相适应，与其他保障措施相配套的农村社会养老保险制度。指导各地稳步推进失地农民、村组干部、计生对象和乡镇各类聘用人员等重点人群的社会养老保险。

(7) 认真落实水库移民后期扶持政策。每年投入4000多万元改造和建设200个移民示范村；对移民生产开发项目实行直补，为其发展经济提供资金支持；开展多种形式的技能培训，增强移民自主创业能力；每年招收100多名贫困移民子女进入职业学校就读，提高其就业能力。

三、大力培育和发展农村专业经济协会，促进农村生产发展农民增收

农村专业经济协会对提高农民进入市场的组织化程度、调整农村产业结构、推动农业产业化经营和推广农业科技成果，增强农业和农村发展活力有着非常重要的作用。培育和发展农村专业经济协会，要从以下三方面入手：

(1) 贴近基层，深入乡村，因地制宜地培育和发展各类农村专业经济协会。当前重点是培育有地方特色的产业行业协会、技术加工行业协会、种养协会和农产品的流通协会。结合“一村一品”工程，力争实现“一品一会”。今年内要创建100个农村专业经济协会示范点，帮助农民发展生产、促进销售、增加收入。

(2) 放宽准入条件，简化登记程序，拓展培育思路。条件具备就及时予以注册登记，对发展前景好，但暂时达不到条件的，优先将其纳入培育

的范围，为农村专业经济协会的发展创造良好的环境。

（3）进一步引导和规范农村专业经济协会，发挥其在同业协调、行业诚信、规范市场、开拓流通渠道、提供政策咨询、传递科技信息等方面的作用，推动农村经济又好又快地发展。

四、深入扎实开展村民自治工作，推进村务公开和农村基层民主政治建设

按照“管理民主”的要求，进一步规范村民自治和村务公开制度，发展社会主义民主，确保广大农民群众依法行使当家做主的权利。

（1）抓好村委会换届选举后的建章立制工作，完善村民会议和村民代表会议制度，规范民主决策制度，健全村务管理的监督制约制度和民主评议村干部制度。

（2）抓好村干部的教育培训，提高村干部的政治业务素质，进一步增强村级组织的凝聚力、号召力和战斗力。

（3）以财务公开为重点，增强村务公开的针对性和实效性。村务公开除坚持公开已有的内容外，要把各级财政和社会各界支持新农村建设的项目和资金及时纳入村务公开内容。

（4）重点培育200个省级村务公开和民主管理工作示范村，市、县（区）典型示范村建设的数量要在去年基础上提高5%以上；开展一次村务公开和民主管理大检查，对未实行村务公开和民主管理的村及时予以纠正，限期整改。

五、努力推进殡葬改革，营造文明乡风

殡葬改革对于节约土地资源、保护生态环境、促进人与自然的和谐具有重要意义。推进殡葬改革，要从以下几个方面入手：

（1）深化葬法和葬礼改革。积极推行火化，火化区内的死亡人员一律实行火化；引导人民群众以科学文明、健康向上的方式举行丧葬和祭祀活动，坚决制止乱埋乱葬以及丧葬中的封建迷信和大操大办现象。对“三沿六区”（沿铁路、公路、河道两侧，规划建成区、风景名胜区、文物保护

区、自然保护区、水源保护区、农田保护区）乱埋乱葬的坟墓，采取就地平毁或迁移至公益性墓地等措施予以整治。

（2）大力推进农村公益性墓地建设。指导乡村在远离公路、水库、村庄的贫瘠山地规划和建设公益性墓地，平原地区则修建乡村骨灰堂，做到规范管理、集中安葬（放）村民骨灰。

（3）着力培育殡葬改革的先进典型，充分发挥先进典型的示范作用。以乡、村为单位，开展经常性的殡葬改革宣传，倡导文明、健康的丧葬习俗。把殡葬改革纳入乡规民约，充分发挥村落社区志愿者协会、红白事理事会等群众性组织的作用，引导群众自觉参与改革，形成殡葬改革综合治理的长效管理机制，营造“厚养薄葬”的良好风气。

（4）加强殡葬服务单位的规范管理和工作人员的业务培训，完善管理制度，不断提高殡葬服务水平。

六、积极发展农村慈善事业，有效开展农村慈善救助

慈善事业在促进社会公平、维护社会稳定、统筹城乡发展等方面起着重要作用。当前要围绕农民群众的迫切需求，开展多种形式的慈善活动。

（1）继续开展“微笑列车”活动，争取年内为江西省约600名贫困唇腭裂患儿实施矫治手术。

（2）实施“生命的礼物”项目，力争年内免费救治患先天性心脏病儿童10名。

（3）与省电信公司联合开展“青春动力”慈善助学活动，按照每人2000元的标准资助50名新考录的贫困大学生，其中部分名额面向农村贫困大学生。

（4）开展“关爱贫困学子，远离近视困扰”助医助学慈善公益活动，为江西省60名高度近视的特困大学生提供免费激光近视矫正手术，其中部分名额面向农村特困大学生。

（5）大力推进市县级慈善组织建设，并逐步将慈善组织向乡镇延伸，构建农村慈善捐赠、服务和救助网络。

《意见》要求全省各级民政部门要把服务社会主义新农村建设作为当前和今后一个时期的重要工作来抓，提高认识，加强领导，精心组织，狠

抓落实。广大民政工作者要以高度的政治责任感和昂扬的精神状态，实践“以民为本，为民解困”的宗旨，立足民政、服务大局，积极推进社会主义新农村建设，为实现江西加快崛起、富民兴赣作出新的更大贡献。

2007年，江西省委、省政府将村落社区建设纳入了全省城乡社区建设“十一五”规划和省委、省政府《关于加快我省社会主义新农村建设的若干意见》《我省社会主义新农村建设规划》。当年，全省选择了6200个开展了村落社区建设的自然村进行社会主义新农村建设试点，使农村村落社区建设成为江西省建设社会主义新农村的重要载体。

至此，江西省的农村社区建设历经“一级政府、两级管理、三个层次”模式、村落社区“一会五站”模式、城乡社区对接互动和与社会主义新农村相结合的步骤，逐步完善，日臻成熟。

第三节　江西省村落社区建设的创新之处

概括起来江西省村落社区建设的创新之处有以下五点。

一、完善了村民自治机制

随着科学发展观的落实，经济社会快速发展，农村的一些深层次矛盾逐步显现出来，村民自治组织的行政化倾向严重、凝聚力不强等问题，严重制约着全面建设小康社会的进程，影响着农民群众参与社会主义新农村建设的积极性。通过村落社区建设将村民自治制度延伸至自然村，由村民依法民主管理社区公共事务，解决了村委会与村民小组之间断层的问题。使自治的单元更加微观，村民的利益需求更加一致，特别是因为社区志愿者协会办理的各项公共事务，都需召开村民会议进行民主协商，广泛征求意见，并尊重大多数村民的意愿。村民会议决定办理的事务，由村民共同组织实施或进行公开招标。同时，通过创办阅览室、宣传长廊、农民夜校、村民恳谈会等载体，宣传党的农村政策，及时公开社区财务、公益事业建设进展情况等村民普遍关心的问题，使每个村民的民主权利、切身利益都得到相应尊重和维护，从而在更宽范围、更深层次上实现了村民的自我管理、自我教育和自我服务，保障了村民群众的知情权、决策权、参与权和监督权。加上志愿者协会不承担协助基层政府完成各项行政性事务的职能，所以更能得到村民的认同，凝聚力和号召力更强，真正实现了村民的自我管理、自我教育、自我服务、自我监督及对干部的民主监督。

二、创新了农村基层社会管理机制

通过村落社区建设，将热心为村民服务的农村“五老”组织起来，建立了一支庞大的社区志愿者队伍，协助村“两委”组织村民办理农村各项公共事务，增加了村务公开、民主管理工作的力量，有效解决了村委会因管辖范围广、村干部人员少、行政性工作任务重等原因，难以将村务公开、民主管理工作落到实处的问题。同时，由于有农村“五老”为主体的志愿者和志愿者组织的参与，改变了主要依靠层级化的行政组织对农村基层社会管理的方式，增加了村务公开、民主管理工作的力量，实现了农村基层管理体制的改革和创新，形成了在党的领导下，“政府、社会、群众”三结合的农村基层社会管理新格局，为建立农村和谐发展的长效机制奠定了良好基础。

三、探索了农村新的发展动力和发展模式

农村村落社区建设重点是通过文化的纽带，增强村民的认同感、凝聚力，用民主化的管理机制争取社会和村民的认同和支持，用共同利益来激发、激活村民的活力和潜力，通过把关系群众切身利益的事情办好管好，调动了村民群众参与村内事务管理共建美好家园的积极性，解决了村民自治过程中村民参与程度不高的问题，显示出了强大的资源整合力。在村“两委”的领导和指导下，村落社区志愿者协会以解决群众的迫切需求为突破口，组织和依靠村民自己的力量开展互助救济、扶贫济困；整治村容村貌，绿化美化村庄；普及科技知识，开展文体活动；调解邻里纠纷，维护社会治安；修桥铺路，发展公益事业等。共同的利益激发、激活了村民的活力和潜力，极大地增强了农民群众对建设美好家园、创造幸福生活、实现社会和谐的认同感和向心力，村民参与村务管理的积极性空前高涨，

民主政治意识不断增强，充分发挥了在村民自治过程中的主体作用。据对部分试点县统计，农民群众的参与率均在90%以上。

四、创新了农村基层党建模式

通过在村落社区成立党小组或党支部，使党的基层组织延伸到了自然村，扩大了党组织的覆盖面，巩固了党在农村的执政基础，实现了农村基层党建工作的新突破。同时，通过与党委组织部门在农村开展的“三培两带”活动和无职党员设岗定责活动相结合，为农村党员发挥先锋模范作用搭建了平台，使党的方针政策、国家的法律法规进一步得到落实，党群关系进一步得到改善。许多地方的党组织还积极将社区志愿者，尤其是其中的致富能手培养成党员，使他们成为党在农村工作中的骨干分子，优化了农村党员的结构。这不仅有效地消除了农村社会管理体系中的管理盲点，而且使党在农村的政策传导渠道更加畅通，基层党组织和党员服务、凝聚人心的作用更为增强，使党中央的领导通过农村党员的先锋模范作用，一直落实到了农村的最基层。江西省委组织部一位负责同志在考察后感慨地说：“在村落社区志愿者协会建立党的组织，充分发挥好党员的先锋模范作用，就使胡锦涛总书记、党中央的领导一竿子插到底，真正落实到了农村的最基层。”

五、通过城乡互动，依靠社会和城市居民力量，探索了落实科学发展观、城乡协调发展的有效途径

从2004年6月开始，江西省部分城市社区和农村村落社区，按照“在举措上落实互动、在优势上寻找互补、在效果上追求互赢”的总体思路，在社区管理经验、文化教育、劳动就业、扶贫帮困和经营社区等方面，开展了广泛的合作与交流。这不仅拓展了城乡社区建设的内容，更重要的是在国家加大对解决“三农”问题财政投入的同时，探索出了一条依靠社会和城市居民的力量落实科学发展观、实现工业反哺农业、城市支援农村、城乡协调发展的新途径。

第九章 江西省的农村社区建设是如何走向全国的

第一节 积极争取民政部对江西省农村社区建设的认可和支持

对江西省民政厅报送的“江西农村100个村落社区建设试点报告”，民政部的领导和基层政权和社区建设司的领导阅后都有批示。

民政部陈杰昌副部长的批示是：“从报告情况看，江西省的100个农村村落社区建设试点进展顺利，成果显著，江苏省亦有这方面的实践。这是社区建设的新拓展，不仅有利于社区建设向广度进军，而且与村民自治相得益彰，值得总结。建议政权司组织力量实地考察一次，看是否可以在更大范围推广？何时，以何种方式推广？”

民政部基层政权和社区建设司张明亮司长批示：“此件请锦芳、成付阅研。按陈部长批示精神，对江西村落社区建设试点应予以关注，是否需推广，要在总结经验的基础上再论证。请农村处阅。”

民政部基层政权和社区建设司詹成付副司长批示：“读了江西的报告，我有以下几点感想：1. 应当充分肯定江西同志的探索精神，并请他们根据实际在实践中进一步完善。但不急于向全国推广，江西可以自己先在更多、更大的范围内推广，以进一步实践。2. 关于‘村落社区建设’的定位问题。从材料看，不管是村落社区互助、环境卫生、调解纠纷，还是精神文明建设、公益事业，都是村民自治范围的事。都没有跑出村民自治的圈子。村民自治的本质就是村民自己组织起来解决自己的事，解决一家一户办不了、办不好的事。江西的村落社区建设严格意义上讲就是村落社区自治，是对村民自治在村落的具体化、细化和落实。所以讲，无论是村落范围，还是村民小组范围，还是整个村民委员会范围，只要是村民群众自己干的事（依法），都属村民自治的题中应有之义。过去，我们比较注重用程序来帮助群众讨论问题、办事，这是不对的。今后要在注重程序、制度建设的同时，也要发挥村级各种组织包括老龄协会、志愿者协会等社区组织的作用，更好地为村民服务。总之，村落社区建设是贯彻村委会组织法，实施村民自治的一条具体途径和措施，这样定位比较确切。3. 在农村兴办公益事业，一定要尊重群众意愿，尤其税费改革后，要搞一事一议，否则，就会增加农民负担。这跟城市目前的社区建设是两种路径。当前城市社区建设基本上是建设社区，是政府通过第二、三、四次国民收入再分配去建设社区（彩票），市民基本不拿钱。而农村如果也蹈此路，目前的财政还一下支持不起，而要解决群众的问题只能更多地依靠群众自己，走自治之路。4. ‘村落社区建设’还有一些问题要进一步研究。比如一个村落要修路、建桥，仅仅依靠村民恐怕负担太重，最低也要靠村民小组，农村尤其是南方农村多以村民小组为一个利益共同体（土地权）；再如，如果每一个村落都建文化站、农民夜校，似乎有点资源浪费，难以可持续发展。”

从这些批示中，我认为陈杰昌副部长的批示对江西省所开展的农村社区建设还是充分肯定的，他认为：“这是社区建设的新拓展，不仅有利于社区建设向广度进军，而且与村民自治相得益彰，值得总结。”并“建议政权司组织力量实地考察一次，看是否可以在更大范围推广？何时，以何种方式推广？”

到了政权司情况就不是很乐观了。张明亮司长的态度比较谨慎：“对江西村落社区建设试点应予以关注，是否需推广，要在总结经验的基础上再论证。”而詹成付副司长则明确表示：“不急于向全国推广，江西可以自己先在更多、更大的范围内推广，以进一步实践。”

对于陈杰昌副部长“建议政权司组织力量实地考察一次，看是否可以在更大范围推广？何时，以何种方式推广？”基层政权和社区建设司还是认真执行的。我查看了工作记录。张明亮司长在 2003 年 8 月 23 日就到江西来考察农村村落社区建设的情况。考察结束后，他对江西省开展的农村村落社区建设试点工作给予了充分肯定和高度评价。2003 年 11 月，张明亮司长和城市处汤晋苏处长应邀参加九江市浔阳区召开的“社区党建‘三三四’模式座谈会”时，又在我们安排下去都昌县考察了农村村落社区建设。2005 年 5 月，副巡视员曹国英和副调研员贺更行到江西省专项调研农村社区建设；2007 年 5 月，农村处汤晋苏处长带领中国社科院研究员潘屹和华中师大的副教授胡宗山到江西省来考察农村村落社区建设；2007 年 10 月，王金华副司长参加江西省的“全省城乡社区对接互动活动现场经验交流会”时也考察了都昌县的农村村落社区建设。

虽然詹成付副司长在我退休之前没有来过江西考察农村村落社区建设，但我至少从詹成付副司长的批示中感受到他已经对自己向我提出的四个问题找到了答案。对此，我是欣慰的。另外，也正是他的质疑，才使我们去寻找村落社区建设与村民自治的关联，在一定意义上讲江西省农村社区建设将工作重点转到“村落社区建设”上，詹成付司长功不可没，在此我向他表示真挚的谢意！

为了使农村社区建设进一步得到民政部的理解和支持，我们加大了宣传工作力度，不断扩大江西省农村社区建设工作的影响。

2003 年 10 月 1 日，新华社记者李平、李美娟以《江西农村社区建设着力点转向村落》为题在“国内动态清样”报道了江西省农村社区建设重点转向村落社区建设的情况。

2003 年 10 月 21 日的《中国社会报》刊登了江西省民政厅副厅长杨运勇的《村落社区建设的初步构想》一文。

2003 年 11 月底，民政部基层政权和社区建设司打来的电话，要求我们就农村村落社区建设促进村民自治为题写一个材料，准备在即将召开的全国民政厅（局）长会议上介绍。于是我动手按司里的要求撰写了《开展村落社区建设是完善村民自治的有效途径》的经验材料，报送给民政部。2004 年 1 月，在全国民政厅（局）长会议上，这个经验材料没有安排在大会发言，而是作为书面材料发给大家。

2006 年 2 月 25 日，记者刘建林以《江西建村落社区促乡村和谐》为题在《人民日报》头版头条报道了江西省村落社区建设的成效。

2006 年 2 月 27 日，全国村务公开协调小组在武汉召开的全国村务公开民主管理工作座谈会，又指定以江西省委、省政府名义在大会上介绍《开展村落社区建设，不断完善村民自治》的经验。

2006年4月14日，民政部办公厅在《民政信息参考》第6期上刊登了江西省民政厅的调研报告《村落社区建设活动是建设社会主义新农村的有效途径》。

2006年5月16日，记者祝小惠、高一村，通讯员熊铭以《建设新农村：根须扎在自然村》为题在《中国社会报》介绍了江西省开展农村村落社区建设的情况。

2006年6月，我和虞烈东副处长到北京参加了中国人民大学召开的“政治文明与中国政治现代化”国际研讨会，由虞烈东撰写，罗筱玉、杨运勇、蔡建武、虞烈东署名的《江西农村村落社区建设的探索和启示》一文由我在会上宣读，并收入中国人民大学国际关系学院政治系、中国选举与治理网编印的《公共治理与政治发展》一书。

2006年7月，民政部在全国民政工作年中情况分析会上，第一次向民政系统提出了“开展农村社区建设试点”的要求。

《中国民政》2006年第8期刊登了编辑部文章《新农村建设的基础工程——江西村落社区建设的经验及启示》，较为详细地向全国民政系统介绍了江西省开展农村村落社区建设的过程和做法、主要成效和几点启示。

2006年9月26日，民政部下发了《关于做好农村社区建设试点工作，推进社会主义新农村建设的通知》，对试点工作进行了部署。

2006年10月，党的十六届六中全会讨论通过的《关于构建社会主义和谐社会若干重要问题的决定》首次完整地提出了“农村社区建设”的概念，并要求把城乡社区建设成为“管理有序、服务完善、文明祥和的社会生活共同体”。

2006年，第11期《求是》杂志刊载了江西省委书记孟建柱的署名文章《加强村落社区建设，促进农村和谐发展》。

2006年11月，国务院召开的第十二次全国民政会议进一步强调，要着力建设城市和农村社区“两个平台”，“整合社区资源，推进农村志愿服务活动，逐步建立与社会主义市场经济体制相适应的农村基层管理体制、运行机制和服务体系，全面提升农村社区功能，努力建设富裕、文明、民主、和谐的新型农村社区”。

2007年3月，为贯彻执行党的十六届六中全会《决定》和第十二次全国民政会议关于“农村社区建设”的决定，民政部在山东省青岛市的胶南县召开了全国农村社区建设工作座谈会，向全国民政系统部署开展农村社区建设。江西省在会上介绍了开展农村村落社区建设的经验。

2007年8月，全国村务公开协调小组对江西省民政厅开展的“农村村落社区建设”给予了制度创新奖，并向全国推广了江西省开展农村村落社区建设的经验：

江西省的农村村落社区建设，是指在农村自然村落成立以老干部、老党员、老农民、老教师、老复员军人为主体，热心为村民服务的志愿者参加的“村落社区志愿者协会”，下设社会互助救助、卫生环境监督、民间纠纷调解、文体活动联络、公益事业服务和科技信息传递等工作站，组织和动员村民依法民主办理社区公共事务的过程。实践中，在村“两委”的领导和指导下，村落社区志愿者协会以解决群众的迫切需求为突破口，组织和依靠村民自己的力量开展互助救济、扶贫济困；整治村容村貌，绿化美化村庄；普及科技知识，开展文体活动；调解邻里纠纷，维护社会治安；修桥铺路，发展公益事业。有效地促进了乡风文明、村容整洁、民主管理、生产发展和生活宽裕。村落社区建设完善了村民自治机制，将村民自治制度延伸至自然村，更好地实现了村民的自我管理、自我教育和自我服务。创新了农村基层社会管理机制。以农村“五老”为主体的志愿者组织和志愿者的参与，改变了主要依靠层级化的行政组织对农村基层社会管理的方式，形成了在党的领导下，“政府、社会、群众”三结合的农村基层社会管理新格局。探索了农村新的发展动力和发展模式。农村村落社区建设重点是通过文化的纽带，增强村民的认同感、凝聚力，用民主化的管理机制争取社会的认同和支持，用共同利益来激发、激活村民的活力和潜力，调动了农民群众共建美好家园的积极性，显示出了一定的资源整合力。

自此，农村社区建设，从江西省一路风尘地走向了全国，成为建设社会主义新农村的有效途径。

第二节　农村社区建设首创者是谁之争

2006年年底，山东省青岛市民政局在《中国社会报》和《中国民政》杂志上发表文章，称“农村社区建设”是他们首创的。不久，我们又听说民政部2007年3月份将在青岛市的胶南县召开全国农村社区建设工作座谈会，会议将推广青岛市开展农村社区建设的经验。

知道这些情况后，罗筱玉厅长、杨运勇副厅长和我都急了，罗厅长问这是怎么回事？我当时也不清楚究竟。我说这怎么可能，前不久青岛市民政局还专门组织人员来江西考察学习我们开展农村社区建设工作的情况，我还给了他们很多材料供他们借鉴，怎么他们一下就成了“农村社区建设”的首创地？听我这样一讲，罗厅长还批评我不该把我们开展农村社区建设的所有文件资料提供给他们。我也很无语。其实原因在于我在山东省当兵十几年，爱人又是山东威海人，对山东省有很深的感情。而且我每次同爱人回家路过青岛，青岛市民政局的同志都给我提供了方便。因此他们向我索要有关文件材料，我就悉数提供给了他们，真没想到会是这种结果！

我当即打电话给民政部基层政权和社区建设司王金华副司长，他听了我反映的情况后在电话里向我明确表示，农村社区建设肯定是你们江西省首创，我会打电话说他们。

接着我又给中国社会新闻出版总社的米有录总编辑打电话，向他汇报了这个事，并提出出版社能否支持帮助我们在近期出版一本关于江西省开展农村社区建设方面的书籍，争取在青岛召开的全国农村社区建设工作座谈会之前出来。他听后明确表示，农村社区建设是江西省首创，这是大家都知道的事实，青岛市说是他们首创，肯定不是事实。并答应帮助我们江西尽快出版这本介绍江西省开展农村社区建设的书籍以正视听。得到米总的承诺后，我仅用3天时间就编辑出了《农村社区建设——江西省农村村落社区建设历程》一书，书中分为主题报告、理论研究、调查报告、经验总结、专家点评、新闻报道、附录几个部分，将江西省开展农村社区建设的情况作了详细介绍，全书22万多字。米总收到书稿后立即安排编辑审稿，并帮助我们请姜力副部长为这本书写“序”。2007 年 1 月，罗筱玉主编，杨运勇、蔡建武副主编的《农村社区建设——江西省农村村落社区建设历程》一书正式出版。

姜力副部长在“序”中写道：“在探索农村社区建设上，江西省一直走在全国的前列，积累了一些有益的经验。早在 2001 年，江西省民政厅就选择了宁都、永丰、都昌等 10 个县（市、区）进行农村社区建设的试点工作。2003 年，又把工作的重点放在村落社区建设上，确立了以村落中的老党员、老干部、老农民、老教师、老复员军人和无职党员为主体，以热心村落社区建设的志愿者组成的社区志愿者协会为依托，通过志愿者协会下设的社会互助救助站、卫生环境监督站、民间纠纷调解站、文体活动联络站和公益事业服务站等‘五老一会五站’为载体的村落社区建设思路开展各类活动。摆在读者面前的《农村社区建设》一书，真实记录了他们的思考和实践的过程。江西的实践证明，开展农村村落社区建设，有利于把建设社会主义新农村的各项政策措施在农村基层落实下来，调动农民群众和社会力量参与新农村建设的积极性，激发村民自治的内在活力；有利于乡村组织转变职能，把社会公共服务向农村社区延伸，促进以乡镇机构、农村义务教育和县乡财政体制为主要内容的农村综合改革，让亿万农民群众共享改革开放的成果，促进城乡经济社会协调发展。作为一项新生事物，农村社区建设仍处于探索和试验阶段。各地应从实际出发，从办得到的事情做起，注重培育特色，创造出更多更好的农村社区建设经验。相信读者能从江西省民政厅编写的《农村社区建设》这本书中，分享到可资借鉴的经验。”

为了弄清楚究竟是谁最早开展农村社区建设的，我查阅一些资料来说明这个问题。

著名社会学家陆学艺教授 2003 年 9 月 19 日考察江西省都昌县村落社区时说：“农村建设不光是经济问题，还有一个社区问题。据我调查，农村村民小组一级组织，全国许多地方是名存实亡，是个空当，没人管事。一个村里面有很多的公共事务，比如修桥铺路、环境卫生、民间纠纷、文体活动等，乡（镇）和村委会管不过来，村落里需要有人管。江西开展农村村落社区建设，以‘五老’（老干部、老党员、老复员军人、老教师、老农民）为骨干，把热心于公益事业的人组织起来，成立‘一会五站’，较好地解决了这个问题，这是一个很好的事情，是一个创举。”

民政部李学举部长2005年9月25日视察江西民政工作时指出：“江西的民政工作总体是不错的，工作扎实、有创新。比如，农村村落社区建设，在全国还没有，这是一个创新，你们要好好总结。”

《乡镇论坛》2006年第13期上刊登了李功涛、乔先华的署名文章：《青岛启动农村社区建设》。文章中写道：“山东省青岛市是在全国开展社区建设较早的城市之一，经过多年的探索和实践，形成了以社区服务为先导的社区建设‘青岛模式’。党中央提出构建和谐社会、建设社会主义新农村的目标和要求后，青岛市不断加大工作力度，在实践中探索，在探索中创新，在创新中收获。今年，青岛市积极响应党中央建设社会主义新农村的战略部署，市民政局专门成立了农村社区建设课题组，通过外出考察学习、深入农村基层调研等形式，又对农村社区建设进行了探索研究，形成了初步成果。指导胶南市制定了《关于加强农村社区建设的意见》，选择新农村建设的50个示范村进行农村社区建设先行试点。”

这些文字表明江西省开展农村社区建设是全国首创，而青岛市则是在2006年才“指导胶南市制定了《关于加强农村社区建设的意见》，选择新农村建设的50个示范村进行农村社区建设先行试点”的。

2008年4月，由民政部管理干部学院戚学森院长为主编出版的《农村社区建设理论与实务》一书，书中王云斌副教授撰写的《中国农村社区建设的起源与发展》一文中说农村社区建设的起源是两个：一个是江西省，一个是湖北省秭归县的杨林桥镇，时间最早是江西省。只字未提青岛市是农村社区建设的发源地。他在文章中写道：“2001年5月，江西省委书记孟建柱交给民政部门一项新的任务：探索农村社区建设。从此江西省开始了农村社区的试点。2003年开始将农村社区建设的着力点转向自然村落，明确而具体地提出了以自然村为单位的村落社区建设的思路。1999年开始2002年结束的湖北省秭归县杨林桥镇的‘凤凰岭事件’深深触动了镇领导。受到铁炉冲依靠村民自己办理自己最需要的公益事业的启发，2003年5月，镇党委和政府引入当时正流行于城市的‘社区建设’的理念，并首先在白鹤洞村进行农村社区试点。试点成功后便在全镇统一推行。2003年7月1日，杨林桥镇正式开始撤销运行多年的村民小组建制，组建农村社区。按照‘地域相近、产业趋同、利益共享、规模适度、群众自愿’的原则，全镇14个村成立社区306个，互助组1034个。”

这段文字也说明是江西省2001年就在全国率先开始农村社区建设的，湖北省秭归县杨林桥镇只是在2003年5月才引入当时正流行于城市的“社区建设”理念并开始进行农村社区试点的。

在这个不争的事实面前，青岛市硬说农村社区建设是自己的首创，并在报纸刊物上载文宣传，让人十分费解。后来我见到青岛的同志说起此事，他的回答竟然是你们江西提的是“村落社区建设”，是我们首先提出“农村社区建设”的，那种理直气壮的样子，让我哭笑不得。

第三节　全国农村社区建设工作座谈会为什么放在青岛召开

这是我们接到民政部发来的关于召开全国农村社区建设工作座谈会的通知后，发出的疑问。因为江西省是农村社区建设的首创地，为什么民政部贯彻执行党的十六届六中全会决议，在全国推行农村社区建设，不到首创地的江西省开会，却安排到青岛市去开。虽然也要求江西省在会上介绍经验，但只给了五分钟时间，我只能简要地介绍江西开展农村村落社区建设的情况。会上主要是介绍推广青岛市胶南县的农村社区建设经验，并组织与会代表实地参观。

当时，我猜测可能是分管副司长王金华是青岛市胶南县人的缘故。后来经过与政权司的有关同志接触，在聊天和不经意的询问中，我发现并不是我想的那么简单。原因有两个：

一是部里的同志一直认为在农村主要是依托村民委员会抓村民自治，这是有《村民委员会组织法》为依据的。江西省的做法却是放在自然村依托志愿者协会来抓农村社区建设，无法可据。甚至有否定或脱离村民委员会的嫌疑；他们还认为要改变农村的落后面貌，抓农村活动中心的建设和基础设施改造，主要应依靠政府的财政投入，按现行财政拨款的方式，到村委会路径畅通，到自然村则没有路径。因此认为将农村社区定位在自然村不利于利用财政资金，他们更担心的是如果松散的农民通过志愿者协会组织起来了，村民委员会将有可能被“架空”。

二是究竟是按照城市社区建设那样抓农村社区建设，将工作重点放在抓社区服务和社区基础设施建设上，还是像江西省那样先将农民的主体作用抓好，再将政府的财政投入和农民自己的投入结合起来推进农村的发展的认识分歧。部里的同志因有前述的顾虑，再加上按城市社区建设的路径搞农村社区建设，像城市那样，通过财政拨款把社区活动中心、社区服务中心和商业服务中心建起来，这种做法容易见成效，见成果。但他们忽视了城乡社区建设需要“两个积极性”，即政府的积极性和城乡居民的积极性。城乡社区建设的本质要求是发挥城乡居民的主体作用，让城乡居民在党的领导下，依法行使当家作主的权利，推进基层民主政治体制改革和基层社会管理体制改革，以适应市场经济体制建立“小政府、大社会”的要求。

针对这两点，根据自己在江西的实践经验，我专门写了一篇“农村社区定位在自然村落是科学合理的选择”的文章在《乡镇论坛》杂志上发表，谈了我的认识。文章指出“确定以自然村落为单位开展农村社区建设，是由农村村落的自然属性决定的。“自然村落”，正如世界上最先使用“社区”一词的德国社会学者滕尼斯所定义的社区：“是由同质人口组成的关系密切、守望相助、疾病相抚、富有人情味的社会团体。人们加入这个团体不是有目的的选择结果，而是生于斯、长于斯，是自然形成的”。这种传统社区具有两个基本功能：一是社区居民守望相助、情感交流的功能；二是熟人社会的社会控制功能。

自然村落是农民聚居的一个基本单元，居住在同一自然村的村民关系非常密切，有的是以血缘为纽带连接在一起，有的则是世代相衍相依在一起，大家对这个社区有认同感，有责任感，也有依赖性。大家所处的环境，所依靠的资源，生活习惯和利益需求都比较一致，所以开展社区活动也容易组织，容易形成合力，容易见成效。自然村落具有以下显著的特点：一是人口联系紧密。共同的生活环境和相互依靠的资源，把大家紧密地联系在一起。人口的紧密联系，有利于智力资源的发掘，开展社区活动也最容易组织，最容易形成合力。二是社会活动集中。村落内人们的经济活动、社会活动均相对集中，人们往往在同样的时间、同样的地域范围、以同样的方式从事同样内容的经济活动和社会活动，这种集中有利于人们互相交流与服务。三是组织结构简单。村落社区由于是农村最基本的单元，在结构上远比现代新型城市社区简单，不像城市社区那样聚集着众多的工厂企业，密布着商业网点，也不像城市社区那样每一个环节都紧密联接，因此，村落社区的管理任务相对比较单纯。四是生活方式趋同性。农村村落社区村民的生活方式，包括劳动生活方式、消费生活方式、文化娱乐方式、人际交往方式等等，都呈现趋同性的特点，反映了大家生活质量和生活水平的统一。相同的生活方式，使他们有共同的利益需求。在追求实现共同利益的时候，行动趋于自觉。五是家庭规模与功能较小。现代农村家庭规模相对较小，并呈现逐渐缩小的趋势。比如，江西省1992年底农村户均人数为4.31人，至2002年底，户均人数为3.78人，户均人数减少0.53人。在家庭规模缩小的同时，家庭的功能也越来越小，不仅农村村落中涉及大家利益的事情，靠一家一户的力量无法办到，而且即使是一家一户的事情，靠村民自身的力量有时也难以办成，这就需要调动村落社区内大家的力量共同完成。六是人际交流感情相通。居住在同一自然村的村民具有共同的语言、生活习俗，认同感、归属感极强，人际交流感情相通，对办理共同的事务能够达成高度的一致性。村落社区上述基本特点，使村落社区对村民具有极强的内聚力、向心力，能将村民建设社会主义新农村的主体作用充分调动起来。因此，在自然村落开展农村社区建设活动就成了最佳的选择。

在自然村落开展农村社区建设，还能促进村民自治工作的完善和发展。

这些年来，江西省村民自治工作虽然取得了长足进展，但仍然存在着一些现实问题需要认真研究解决。一是村委会行政色彩过浓，主要精力用于完成乡镇人民政府交办的工作，一定程度上减弱了村委会对村民的凝聚力和向心力；二是村委会管辖区域过大，一般都在方圆二、三十平方公里，辖十多个自然村，而村委会干部仅3－7人，难以经常深入到自然村去，致使村委会日常管理效能在自然村出现“断层”；三是多数村委会集体经济力量不强，很多村民想办的事、想要解决的问题，村委会却无力帮助解决。而在自然村，虽然村民利益需求相同，却又无人来牵头组织。因此，也无法调动村民的参与积极性。为进一步突出村民自治的自我管理、自我服务和自我教育功能，使村务公开民主管理工作在自然村层次上得到拓展和深化，江西省在认真分析全省村民自治状况的基础上，认为只有以自然村为重点开展村落社区建设，在村党组织领导、村委会指导下，由社区志愿者协会组织发动自然村的村民依靠自己的力量、通过民主决策、民主管理和民主监督方式，自己办理农村社区的公共事务和公益事业，协助村委会承担农村社区公共事务和公益事业的部分管理、服务任务，才能适应村委会范围广、村干部人数少、村集体经济力量弱，难以解决每个自然村的不同需求和生产、生活问题的现状，使农村社区建设成为完善村民自治的有效形式和重要载体。

同时，在实践中，我们也采取了三个措施防止志愿者协会脱离村党支部的领导和架空村委会：一是在志愿者协会普遍建立了党小组，对不具备建立党小组条件的，则指派了党的工作者参与志愿者协会的活动；二是明确规定由村党支部或村委会的成员担任志愿者协会的顾问，参与决策和组织活动；三是志愿者协会组织开展重大活动要向村党支部和村委会报告。

江西省的实践经验充分证明，以自然村开展农村社区建设是科学合理的选择。

2015 年 4 月 15 日中共中央办公厅、国务院办公厅印发的《关于深入推进农村社区建设试点的指导意见》（中办发［2015］30 号）在“工作要求”的第一点提出了各地“ 要结合本地实际，确定一定数量的试点县，选择不同类型的行政村开展试点”，同时也明确同意“土地集体所有权在村民小组的，可根据群众的意愿和实际需要，将试点工作延伸到自然村层面”。

这是一个重要的政策变化，既是对“村落社区”建设的一个肯定，也反映出中央决策层认识的深化，意义非常重大。

第十章　深入推进农村社区建设之我见

第一节　农村社区建设的发展历史

2006年2月，在武汉召开的“全国深化村务公开民主管理工作座谈会暨全国村务公开民主管理示范单位命名表彰会”上，民政部让江西省政府领导代表省委、省政府介绍了《开展村落社区建设，不断完善村民自治》的工作经验，对发端于江西省的农村社区建设给予了充分肯定。

2006年9月22日，根据全国民政工作年中分析会关于“认真开展农村社区建设试点”的工作部署，民政部下发的《关于做好农村社区建设试点工作的通知》指出：开展农村社区建设，是新形势下深化和完善村民自治的一项重要课题，要求各地因地制宜地开展农村社区建设的试点工作。

自党的十六届五中全会提出“建设社会主义新农村”和六中全会提出“积极推进农村社区建设”的任务后，农村社区建设就从江西省的地方政府“制度创新”，走向了全国。

民政部为了贯彻落实党的十六届六中全会关于“积极推进农村社区建设”的要求，于2007年3月在山东省青岛市的胶南市召开了全国农村社区建设工作座谈会，部署在全国开展农村社区建设试验县（市、区）活动，并先后确定了300多个农村社区建设试验县（市、区）。

在开展农村社区建设实验工作的基础上，为巩固农村社区建设实验工作的阶段性成果，扩大受益面，促进农村经济社会又好又快发展，民政部于2009年3月下发了《关于开展“农村社区建设实验全覆盖”创建活动的通知》，决定开展“农村社区建设实验全覆盖”创建活动。

为了更好发挥城乡社区在建设社会主义和谐社会的基础性作用，民政部又于2009年10月在江苏省苏州市召开了全国和谐社区建设工作会议。会议提出要深入持久地推进和谐社区建设，为改革发展稳定营造良好社会环境。要求在新的起点上深入持久地推进和谐社区建设，力争用5年的时间，把全国80%以上的城乡社区建设成为管理有序、服务完善、文明祥和的社会生活共同体，到我们党成立100年时，把所有城乡社区全面建设成为管理有序、服务完善、文明祥和的社会生活共同体。当前和今后一个时期，要健全社区管理体制机制，在提高社区治理水平上取得新进展；要完善社区服务体系，在满足居民群众生活需求上取得新进展；要繁荣社区文化，在提高社区居民文明素质上取得新进展；要切实改善人居环境，在促进人与自然和谐发展上取得新进展；要积极推进农村社区建设，在统筹城乡社区建设上取得新进展；要推进社区党建全覆盖，在增强城乡基层党组织的生机活力上取得新进展。会议强调要切实加强组织领导，做到思想上高度重视、工作上强力推进、政策上大力支持，扎扎实实地把和谐社区建设的各项工作任务落到实处，努力开创和谐社区建设工作新局面。

在民政部的大力倡导和精心指导下，在地方各级党委政府的重视和民政部门的积极工作下，全国农村社区建设成效明显，为促进我国的“改革、发展、稳定”发挥了积极的作用。一是农村社会治理机制不断完善；二是农村社区基础设施逐步改善；三是农民群众办事更加方便；四是农村居民文化生活更加丰富。

第二节　解读中办国办《关于深入推进农村社区建设试点工作的指导意见》

为贯彻落实党的十八大和十八届三中、四中全会精神，创新农村基层社会治理，提升农村公共服务水平，促进城乡一体化建设，2015年5月，中共中央办公厅、国务院办公厅印发了《关于深入推进农村社区建设试点工作的指导意见》（以下简称《指导意见》）。

《指导意见》明确要求，农村社会建设要在党和政府的领导下，在行政村范围内，依靠全体居民，整合各类资源，强化社区自治和服务功能，促进农村社区经济、政治、文化、社会、生态全面协调可持续发展，不断提升农村居民生活质量和文明素养，努力构建新型乡村治理体制机制。指出农村社区建设是社会主义新农村建设的重要内容，是推进新型城镇化的配套工程，是夯实党的执政基础、巩固基层政权的重要举措。

《指导意见》明确了农村社区建设的目标：以邓小平理论、“三个代表”重要思想、科学发展观为指导，深入贯彻习近平总书记系列重要讲话精神，以全面提高农村居民生活质量和文明素养为根本，完善村民自治与多元主体参与有机结合的农村社区共建共享机制，健全村民自我服务与政府公共服务、社会公益服务有效衔接的农村基层综合服务管理平台，形成乡土文化和现代文明融合发展的文化纽带，构建生态功能与生产生活功能协调、发展的人居环境，打造一批管理有序、服务完善、文明祥和的农村社区建设的示范点，为全面推进农村社区建设、统筹城乡发展探索路径、积累经验。

同时，提出了农村社区建设应当坚持的五项原则：以人为本、完善自治；党政主导、社会协同；城乡衔接、突出特色；科学谋划、分类施策；改革创新、依法治理。以及八项工作任务：完善村党组织领导下、以村民自治为基础的农村社区治理机制；促进流动人口有效参与农村社区服务管理；畅通多元主体参与农村社区建设渠道；推进农村社区法制建设；提升农村社区公共服务供给水平；推进农村社区公益性服务、市场化服务创新发展；强化农村社区文化认同；改善农村社区人居环境。还明确了“加强组织领导、加强分类指导、落实扶持政策、强化人才支撑、及时总结经验”五点工作要求。

我认为《指导意见》是对 2006 年党的十六届六中全会以来 9 年多时间（如追溯到江西省 2001 年开始探索农村社区建设以来则为 15 年时间），全国各地开展的农村社区建设所取得的成效的肯定，也是对 2007 年 3 月民政部在青岛市的胶南县召开全国农村社区建设工作座谈会后，各地开展农村社区建设试点工作的总结和进一步规范。

“近年来，各地区各有关部门认真贯彻中央决策部署，组织开展农村社区试点工作，取得了一定成效。”《指导意见》中的这句话，正是对各地前十几年来，特别是党的十六届六中全会以来全国各地开展的农村社区建设工作给予的充分肯定，指出："实践证明，农村社区建设是社会主义新农村建设的重要内容，是推进新型城镇化的配套工程，是夯实党的执政基础、巩固基层政权的重要举措。"

但是，实践也证明，这项工作仅靠民政部门来推动，力度还很不够；还存在一些问题需要认真解决。

为此，《指导意见》在总结各地经验的基础上，加强了农村社区建设工作的顶层设计，对深入推进农村社区建设试点工作作了进一步规范，并提出了具体的目标、任务和要求。号召："各地区各部门要主动适应农村经济社会发展新要求，顺应农民群众过上更加美好生活的新期待，增强做好农村社区建设工作的责任感和紧迫感，深入推进试点工作。""为全面推进农村社区建设、统筹城乡发展探索路径、积累经验。"

从以往由业务主管部门民政部出台文件和召开会议来倡导推动农村社区建设试点工作，到现在以中办、国办的名义出台《指导意见》来倡导和推进农村社区建设试点工作，从民政部提出的"完善村民自治"和"更好发挥城乡社区在建设社会主义和谐社会的基础性作用"，到中办、国办《指导意见》更加全面系统地提出"农村社区建设要在党和政府的领导下，在行政村范围内，依靠全体居民，整合各类资源，强化社区自治和服务功能，促进农村社区经济、政治、文化、社会、生态全面协调可持续发展，不断提升农村居民生活质量和文明素养，努力构建新型乡村治理体制机制"的更高更完整要求，这充分显示出党中央和国务院对这项工作的高度重视和做好这项工作的紧迫性和重要性，意义不比寻常。这必将进一步引起各级党委政府和各部门领导的高度重视，引起社会和城乡居民的高度关注，有利于调动各方面的积极性和整合各种资源，有效地推动农村社区建设试点工作更加深入开展。

各级民政部门，作为业务主管部门，必须抓住这个机遇，认真学习，积极宣传，认真贯彻执行《指导意见》，努力争取地方党委政府和各部门，以及社会力量、人民群众的广泛支持和积极参与，切实按照《指导意见》的要求，狠抓落实，进一步深入推进农村社区建设试点工作。

指导意见的创新之处具体表现在五项基本原则上。

一、以人为本，完善自治

在社区建设中，必须坚持以人为本，把人民利益放在首位，重视和关心群众利益，认真解决好关系人民群众切身利益的问题，真正做到为群众办实事做好事解难事，让人民群众切实感受到社区建设给他们带来的好处，社区建设才会有生命力，才能经得起实践、群众和历史的检验。

（一）“以人为本”，包括三个方面的内涵

第一，就是要尊重和敬畏人民群众，他们是国家的主人，是党和政府执政的基础，得罪了人民群众就是得罪了衣食父母，就是自毁共和国的长城。为此，农村社区建设必须尊重农民群众的意愿，维护农民群众利益，不搞强迫命令、不搞形象工程；第二，农村社区建设要满足人民日益增长的物质文化需求和过幸福安宁生活的愿望，通过搞好社会服务和社会治理，让人民群众生活便利、舒适、安全，精神愉快、幸福安康；第三，社区建设要在提升人的道德素质、文化素质和身体素质，在努力促进人的全面发展上发挥积极作用。

只有这样，才能真正体现“以人为本”的全部含义，体现政治文明、物质文明、精神文明三者之间相互依存、相互作用的内在规律。

（二）完善自治

就是要坚持和完善村党组织领导的充满活力的村民自治制度。其核心是三点，一是坚持和完善党的领导，二是尊重农民的主体地位，三是建立和完善充满活力的村民自治制度。

1. 坚持和完善党的领导，必须弄清楚怎样才是体现了“党的领导”

一些地方的同志认为村党组织遇事说了算，才是体现了党的领导。为此有的村党组织包揽应当由村委会管理的事务，忽视村民自治；有的村委会则片面认为村民自治就是村委会说了算，不能正确处理坚持党的领导与村民自治的关系。更有甚者，个别地方甚至演变为谁是村里的“一把手”，村里的事情究竟是村支书说了算还是村委会主任说了算，变成了个人之间

的权力之争，矛盾比较尖锐的地方，已经影响到当地农村的经济发展和社会稳定。

针对这种认识和行为，中办发〔2004〕7 号文件从四个方面对民主决策机制进行了规范：一是民主决策的内容；二是民主决策的形式；三是民主决策的程序；四是违反民主决策程序的责任追究制度。因此，认真学习贯彻中办发〔2004〕7 号文件，依靠制度来规范村党支部和村委会的职责是关键所在。

同时，还要在思想上认识清楚如何坚持党的领导。党章明确指出："党的领导主要是政治、思想和组织的领导。"为此，党的领导在基层直接面对群众的情况下，主要不是依靠权力和行政手段，而是要发扬我们党在还没有取得执政地位时所形成的优良传统，即依靠党的组织性、纪律性和基层党组织的战斗堡垒作用，通过对党员，尤其是党员干部进行教育、管理、监督，发挥党员的先锋模范作用；通过党组织的强有力的政治宣传工作，深入的群众工作，来增进党和政府与人民群众的血肉联系，密切党群干群关系；通过在党组织领导下的村民依法"自治"来保证党的路线方针，国家的法律、法规和政策在农村基层的贯彻落实，巩固和发展党的执政基础，维护社会稳定。

也就是说，党的路线方针，国家的法律、法规和政策在农村基层是否得到贯彻落实、党员的先锋模范作用发挥得是否好、党群关系是否融洽、村里的各项事业是否健康发展、群众对党组织和党员是否满意，才是检验是否坚持了党的领导的标准和内在要求。

2. 尊重农民的主体地位

就是要把着力点放在"以保证人民当家做主为根本，以增强党和国家活力、调动人民积极性为目标，扩大社会主义民主，建设社会主义法治国家，发展社会主义政治文明"和"依法实行民主选举、民主决策、民主管理、民主监督，保障人民的知情权、参与权、表达权、监督权，让人民群众直接行使民主权利，管理基层公共事务和公益事业，实行自我管理、自我服务、自我教育、自我监督，对干部实行民主监督"上来。

要让农民真正成为建设自己幸福家园的主体力量，还必须要认识到群众中蕴藏着极大的创造性和能动性，还需要运用恰当的方法把农民群众的创造性和能动性充分调动起来。这个恰当的方法就是乡镇党委政府加强指导，村党组织和村委会加强领导，以“利益为杠杆”来组织动员农村居民积极参与农村社区建设，且所提倡和所做的事情，符合农村群众的现实和长远利益，并大胆放手让他们在农村社区这个平台上去发挥作用。那么，农民群众的积极性、创造性和能动性就能充分表现出来，江西省和很多地方的实践经验都充分证明了这一点。

3. 建立和完善充满活力的村民自治制度，首先必须明确村委会的职责

村委会是村民自治的群众性组织，它的主要任务应当是组织村民对本村的公益事业、公共事务进行自我管理、自我教育、自我服务，对干部进行民主监督。其次才是协助乡镇人民政府做好有关行政事务工作。

但从村委会建立以来，政府就给予了村委会太多太多的行政事务和职能，使其性质发生了异变，成了政府的“腿”和“二政府”。

因此，建立和完善充满活力的村民自治制度，核心是“村民自治”，就是要将广大农民的积极性、主动性充分调动起来，自觉参与农村社区建设。为此，村民委员会应当把主要精力放在动员和组织村民积极参与农村社区建设和村民自治各项活动上来。

我们在开展农村社区建设过程中，不要把农村社区当作一个无所不能的东西。下达太多的政府的行政工作，农村社区的工作是在党和政府领导下，依靠村民的自我管理、自我教育、自我服务、民主监督来维护农村基层社会的稳定，为促进农村的经济和社会发展服务。实际上它应该是新时代农村文化建设的承担者，不是政府工作的承担者，也不是经济生产的承担者。不能把农村社区的功能泛化，不能走村委会“行政化”的覆辙。“行政化”已经使“村民自治”名存实亡，再也不能让农村社区建设重蹈覆辙。

这也是农村社区建设与社会主义新农村建设的区别所在。农村社区是建设社会主义新农村的一个重要平台，但它不能承担社会主义新农村建设的所有任务。它就是抓“自治、服务、管理”，而且这些事情很重要。但是在一些地方，企图把农村社区建设成为一个全能性的组织，指望这样一个全能性的组织，解决所有的问题。这不仅不会让“村民自治制度”充满活力，而且是有害的，会与村党组织和村委会的功能和作用发生冲突。这

都是应当在实践工作中要十分重视和注意的问题!

二、党政主导，社会协同

（一）党政主导

农村社区建设是一项涉及面广、综合性强、推进难度大的创新性工作，必须坚持党政主导。完善的领导体制和工作机制是农村社区建设工作深入开展的根本保障。为形成强有力的推进机制，党委政府必须始终注重发挥总揽全局、协调各方、统筹规划作用，全面引领农村社区建设。只有在党和政府的领导下，在党委、政府有关部门的共同参与和支持下，把农村社区建设工作纳入各级党委、政府的重要议事日程，纳入各级政府年度财政预算，纳入领导干部目标考核，保证把农村社区建设工作的领导责任落到实处；并重点提高县（市、区）协调整合能力，逐步建立乡和社区（村）的协商机制，提高具体落实能力，农村社区建设才能有效推进和取得成效。

《指导意见》明确了各级党委、政府在深入推进农村社区试点工作的四项职责：组织领导、统筹协调、规划建设、资源投入。

党中央、国务院对各级党委、政府就一项工作提出这样具体明确的要求，这是以往非常少见的，必将引起各级党委、政府高度重视。有了党政主导，农村社区建设试点工作势必比以往的推动力度更大，政府各部门和社会力量参与度更加广泛、政府和社会资源投入更加多、社区建设规划更加完美、更加符合群众利益，实际工作中遇到的各种矛盾也更加容易协调和妥善解决。

（二）社会协同

社会协同则要求农村基层党组织、自治组织要发挥核心和基础作用，调动农村集体经济组织、农村合作经济组织、农村群团组织和社会组织的积极性、主动性和创造性，这对充分调动农村社会各种社会组织形成合力来开展农村社区建设试点工作将起到很好的基础性作用。

我们说，农村社区建设的主体是农村群众，农村社区建设的主旨是服务农村群众，农村群众的参与度和满意度是农村社区建设的出发点和落脚点，是衡量社区建设试点成功与否的关键。要把满足农村群众需求，引导和组织农村群众广泛参与作为社区建设的主要任务。

但实践证明，开展农村社区建设，仅仅依赖村民自身的力量是远远不够的。农村社区建设离不开党委、政府的重视和支持，离不开财政的投入、城市的支援、企业和社会各界的广泛参与。

现在，有了党委、政府的直接领导，各级财政必将加大投入，党委、政府各部门必将结合村级组织场所建设、广播电视村村通工程、乡镇综合文化站和村文化室工程、文化信息资源共享工程、农村党员干部现代远程教育、农家书屋等项目，建立健全农村社区文化设施；结合农村义务教育、村级卫生室、农村警务、邮政建设、社会福利事业建设等项目，建立健全农村基本公共服务设施；结合农村安全饮水工程建设、乡村公路建设、农村能源建设、农村清洁工程等项目，解决社区饮水、行路、能源、垃圾处理等设施。

但是，要把这种可能变成现实，各级民政部门一定要履行牵头职责，发挥业务主管部门的参谋和协调作用，在党委、政府领导下，通过规划引导、社区建设领导小组统筹安排等方式，吸引各部门的项目集中建设在社区，各项服务设置在社区，形成资金、资源合力，共同推进农村社区建设。还要通过探索调动社会力量，吸引社会资源的方式，积极开展城乡社区对接互动、机关企业事业单位与农村社区结对、富村与穷村结对等活动，把社区内外各单位、组织和个人的可用财力、物力、人力资源组织起来，加快农村社区的建设进度。

三、城乡衔接，突出特色

（一）城乡衔接

城乡衔接很重要的一个内容，就是开展城乡社区对接互动活动，把城市社区建设与农村社区建设有机地融合到一起。城乡社区通过在社区管理经验、文化教育、劳动就业、扶贫帮困和经营社区等多方面开展对接互动，实现城市与农村优势互补，良性互动，促进城乡政治、经济、文化、社会事业的协调发展，突破传统的就城市论城市、就农村论农村的社区建设思路，搭起一座城乡“连心桥”，不仅可以丰富和发展城乡社区建设的内容和方法，而且可以走出一条通过城市和农村的双向互动了解对方实际需求，有针对性地开展城市支援农村、城乡共同发展的新途径。既为城乡社区建设持续、健康发展探索出了一条新的有效途径，也为逐步建立平等和谐的城乡关系，构建和谐平安社会提供了一条崭新的思路，还为实现社会主义新农村建设提出的“生产发展、生活宽裕、乡风文明、村容整洁、管理民主”总目标开创了一条新路径，有效强化了农村社区建设对新农村建设的重要支撑作用。

（二）突出特色

《指导意见》要求在农村社区建设试点工作中，加强农村社区建设与新型城镇化建设配套衔接，强化农村社区建设对新农村建设的有力支撑。做到既注意以城带乡、以乡促城、优势互补、共同提高，又重视乡土味道、体现农村特点、保留乡村风貌。

《指导意见》强调这点，意义十分重大。是对一些地方在开展农村社区建设中，在非城中村、城边村和农村居民集中移居点以外的其他农村地区推广“合村建新社区”，把农村社区建成城市社区模式，侵害农民利益让农民上楼住“洋房”，使农村社区没有乡土味道和农村特点，没有农村风貌的做法的否定。建设农村社区，一定要注重保护乡村风貌，传承乡土文化，突出地方特色，不要“千村一面”，要让农村居民“望得见山、看得到水、记得住乡愁”。

我国农村幅员辽阔，人口众多，自然条件差异性大，经济社会发展不平衡，农民需求具有多样性，这就决定了农村社区建设比城市社区建设面临的问题更多、情况更复杂、任务更艰巨。这一客观现实要求我们，必须把社区建设的一般规律、基本要求与各地具体实际相结合，以求真务实的精神推进农村社区建设。要按照地域相近、规模适度、群众自愿、便于管理服务、优化资源配置的原则，合理规划设置农村社区，并注重体现不同地方的区域特色、民族特色、文化特色。在农村社区建设的推进途径、步骤、方式和工作重点上，要考虑当地条件和农民承受能力，不能强求一律。要区分轻重缓急、突出工作重点，从最想办、最能办到的事情做起，有计划、有步骤、有重点地逐步推进农村社区建设。

四、科学谋划，分类施策

（一）科学谋划

强调建设农村社区必须把握农村经济社会发展规律，做好农村社区建设的顶层设计和整体谋划，提高试点工作的科学性、前瞻性和可行性、有效性。就是针对以往有的地区在开展农村社区建设中，缺乏整体考量，各自为政，干得啥样是啥样；以及不顾及农村居民的需求和利益，在农村社区建设过程中，搞“长官意志”“政绩工程”，更不考虑防灾避灾、方便农村居民生产、生活，以及农村居民的长远利益，图地方虚名而不图百姓实惠，扰民、损民、害民，造成巨大的经济浪费，影响社会稳定的做法的批评和否定。要求农村社区建设试点工作，要以科学的精神，精心策划，要与本地区的长远发展规划相衔接，使建成的农村社区农村居民满意，领导满意、社会群众满意，经得起历史的检验。

（二）分类施策

分类施策就是要求在农村社区建设试点工作中，要统筹考虑各地农村社区的经济发展条件、人口状况及变动趋势、自然地理状况、历史文化传统等因素，合理确定试点目标和工作重点，因地制宜开展试点探索，形成各类农村社区协调发展的良好局面。

但分类施策，绝不是没有统一的检验标准。

总体说，农村社区建设的出发点和落脚点都要放在为改善农村居民生产生活条件，提高他们的幸福指数，促进科学发展，构建和谐社会上来。其检验标准就是“政府、社会、群众”三结合的农村社区管理体制是否不断完善，农村社区服务体系是否更加健全，农村社区精神文明和生态文明建设是否卓有成效，农村居民“办事难”“看病难”“购物难”“参与难”、人居环境脏乱差等现实问题是否得到有效解决，全体农村居民特别是老年人、留守妇女、留守儿童、残疾人、外来人口等群体是否切实分享到了改革发展的成果。

这里要强调的是，衡量“幸福指数”是否提高了，不仅要看“硬件”，即基础设施建得好不好，环境美不美，还要看“软件”，即村“两委”班子是否进行了民主选举，村务是否实行了民主管理、民主决策、民主监督；村民的精神状态、文化生活、人际关系、人的整体素质及物质生活等是否好。在一些经济不发达地区，农村社区可能没有钱建漂亮的社区服务中心和社区活动中心，只是依托祠堂、生产队原有的仓库，或者是外出打工者的民居设立了社区服务中心和活动中心，但社区的公共事务、公益事业都是民主协商、民主管理，实行了党务、政务、村务三公开，党群、政群关系和谐，村民的精神状态、文化生活、人际关系、人的整体素质和物质生活等方面都很好，农民群众感到心情舒畅，有很强的幸福感。

所以评判一个地方社区建设是否搞得好，群众的“幸福指数”高不高，一定要坚持“物质文明、精神文明、政治文明”三个方面综合考评，否则就会在“导向”上出现问题。

五、改革创新，依法治理

（一）改革创新

改革创新就是要巩固和完善村民自治制度，改革创新农村基层社会的管理方式。要深入贯彻党的十八大和十八届三中、四中全会精神，发展基层民主，畅通民主渠道，开展形式多样的基层协商，推进城乡社区协商制度化、规范化和程序化。

1. 基层群众自治制度

城乡居民自治是党和国家对新时期城乡基层管理架构的一种制度性设计，实现城乡居民自治就是实现我国城乡基层管理体制的改革目标。“城乡居民自治”的关键在于人民群众的广泛参与，人民群众的广泛参与，又基于人民群众的民主意识和参与意识。因此，在推进基层民主政治建设过程中，尤其是推进基层民主政治建设制度化、规范化、程序化工作中，必须紧紧围绕有利于“调动人民的积极性”这个目标和相关的法律法规去规范设计制度和程序。结合本地实际，通过建章立制、规范程序，把民主选举、民主决策、民主管理、民主监督相关制度建立和健全起来，保障人民的知情权、决策权、参与权、监督权落到实处。

2. 制度化、程序化的重要性

随着全球化进程的不断深入，标准竞争已成为继产品竞争、品牌竞争之后的一种层次更深、水平更高、影响更大的竞争方式。一些发达国家先后提出了“技术专利化、专利标准化、标准全球化”的标准发展对策。标准已构成国家核心竞争力的基本要素，是规范经济和社会发展的重要技术制度，不仅在指导工农业生产、保障产品质量、促进商品流通、规范市场秩序方面发挥着重要作用，而且在规范社会服务行为、提高管理效率、保护消费者权益等方面也有着独特的作用。在一定意义上讲，标准将是社会物质生产、社会服务和社会管理的行为准则和规范，是检验产品质量、服务质量和管理质量的标尺。

制度化、程序化，通俗讲就是立规矩，古人说，没有规矩就没有方圆。有了制度和程序就是有了行为的标准。

规范化，就是制度和程序的标准要统一，不能各行其是，也不能随意变通。而且必须具有很好的可操作性，便于群众参与，便于群众监督。

所以党的十八届四中全会才指出：“制度化、规范化、程序化是社会主义民主政治的根本保障。”

3. 如何保证制度和程序得到有效落实

这么多年来，民政部和各地在推进基层民主政治建设中对居（村）委会的制度建设都出台了很多具体的法规和政策性文件，如《居（村）民委员会选举规程》《村民委员会选举投票程序》《村民委员会选举场地和投票站设置通用要求》《换届选举后工作交接制度》《村民选举档案管理规范》《居（村）务公开规范》《健全和完善村级民主监督制度的意见》《居（村）民评议居（村）委会干部制度》《村委会向村民报告工作制度》等。但在实际工作中，我们时常发现制度和程序都有，也具有很好的可操作性，可是在不少地方却得不到很好的落实。比如村务公开，有的村里确实按程序公开了，但公开的内容却让人看不懂。这说明什么？

说明再好的制度和程序都是要靠人去执行。而人的认识和行为决定着制度和程序能否真正落到实处。基层民主政治的各项制度和程序能否有效执行，在于基层政府官员的执政观念是否正确，执政能力是否强。

对于如何提高制度和程序的执行力，在于两点：一是基层政府要解决好转变执政观念和执政方式的问题。因为，执政观念和执政方式不转变，基层政府就还会自觉或不自觉地将基层群众自治组织当作“基层政权组织”来建设，把基层群众自治组织变成自己的“腿”和“二政府”，使基层民主没有发展的空间，阻碍基层民主制度落到实处。二是讲方法问题，即用什么方法来把人民群众的积极性、主动性调动起来的问题。

实践证明，用制度和规范的程序来调动人民的积极性，还需要用正确的方法来保证。

调动人民的积极性，要把功夫下在培育人民群众的民主意识和参与意识上来。要通过宣传教育、制度建设和民主实践活动，保证人民群众的知情权、决策权、参与权和监督权得到有效落实，让人民群众在民主的实践中不断养成民主意识和参与意识，自觉主动地参与到社区基层事务和公益事业的管理中去。使民主成为人们的一种习惯、一种生活和工作的方式、一种行为准则和制度，形成良好的社会氛围，促使社区居民自治功能不断完善和发展。

（二）依法治理

依法治理就是要依据村民委员会组织法和与其配套的相关法规政策来治理。为此，我们必须认真学好用好村民委员会组织法和相关配套法规政策。

建设和完善“村民自治制度”，其核心是“扩大人民民主，保证人民当家做主”，要求充分调动广大农民群众的积极性和主动性，努力使广大农民群众真正成为建设社会主义新农村和管理农村基层社会的主体力量。

因此，我们要深刻认识发展人民民主，让人民在党的领导下依法行使当家做主的权利，是巩固党的执政地位、落实科学发展观、构建社会主义和谐社会、促进我国经济与社会健康发展的根本条件，从而进一步解放思想，转变观念，自觉纠正和克服思想中存在的对村民自治工作的片面认识，不断建设和完善村民自治制度。

1983 年 10 月，中共中央、国务院发出关于政社分开建立乡政府的通知、1987 年颁布的村民委员会组织法（试行）和 1998 年施行的村民委员会组织法都明确规定“村民委员会要积极办理本村的公共事务和公益事业，协助乡人民政府搞好本村的行政工作和生产建设工作。村民委员会主任、副主任和委员由村民选举产生。”

这些法律政策规定使得村民委员会，作为农民群众的自治组织，它要积极办理本村的公共事务和公益事业；作为基层政权组织的组成部分，它要协助乡人民政府搞好本村的行政工作和生产建设工作，是乡级政府管理农村基层社会的重要组织力量。这就是村民委员会在后来的发展过程中逐步“行政化”的制度根源和法律根源。

而“村民委员会主任、副主任和委员由村民选举产生”的规定，又使乡镇政府失去了对村委会干部的任免权，这让不少乡镇党委政府的干部很不满意。为此，这个规定一开始就遭到不少地方基层干部的反对，他们认为只有由党委政府任命村委会干部，才能保证党对农村工作的领导。

由于不少党政干部存在这种思想认识，许多地方的乡镇党委政府在村委会换届选举时进行组织干预，为了实现“组织意图”采用了许多办法，导致村民难以真正行使民主选举的权利，让他们感到“谁当村委会干部不是村民说了算，还是乡里党委政府说了算”，从而严重阻碍了村民自治制度的健康发展，也严重影响了广大农民群众参与村委会选举的积极性和主动性，还为一些人在村委会换届选举时进行“贿选”创造了机会和空间。

村民委员会之所以会出现两种身份的局面，这既是两种执政理念和不同利益群体对新事物“村民委员会”如何定位博弈的结果，也是村民委员会组织法的一个缺陷。是当时为了能让村民委员会组织法尽快出台，正方力量对反方力量的一个无奈让步的结果。

虽然正方力量为了消除这个缺陷的不利影响，不顾反方坚持“民族乡、镇的人民政府与村民委员会是领导与被领导关系”的意见，在村民委员会组织法中坚持写上了“乡、民族乡、镇的人民政府对村民委员会的工作给予指导、支持和帮助，但是不得干预依法属于村民自治范围内的事项”的内容，但在实际工作中，强势的乡镇政府早就将这个“紧箍咒”抛到九霄云外去了。

所以，认真贯彻执行村民委员会组织法，还必须认真坚持和落实这条规定。否则依法治理就会成为一句空话。村民委员会行政化和“二政府”的问题就无法从根本上解决。

（三）认真贯彻落实中办、国办印发的《关于加强城乡社区协商的意见》

2015 年 7 月，中办、国办印发了《关于加强城乡社区协商的意见》，明确“城乡社区协商是基层群众自治的生动实践，是社会主义协商民主建设的重要组成部分和有效实现形式”。为此，我们在推进农村社区建设的过程中要认真贯彻落实。

社区是社会的单元，加强城乡社区协商，有利于解决群众的实际困难和问题、化解矛盾纠纷，维护社会和谐稳定；有利于在基层群众中宣传党和政府的方针政策，努力达成共识，汇聚力量，推动各项政策落实；有利于找到群众意愿和要求的最大公约数，促进基层民主健康发展。

“社区协商”，这是实现基层民主的一个十分重要的工作方法和路径。

民主和专制是对立的。

民主体现的是公正、公平、公开的精神，要求所有相关的人和团体对涉及他们利益的事情共同参与，有知情权、参与权、选择权、监督权。

民主又是一种管理体制，以少数服从多数为基本原则，这意味着不能“议而不决”。而“议而有决”就意味着协商中要有妥协。按照少数服从多数的原则，有时少数人的利益要为大多数人的利益作出牺牲和让步，而少数人的让步和牺牲必须是以少数人能够承受并接受为限度，必要和可能时，对利益受到损害者，还应给予必要的补偿或救助，以体现公平和感谢。所以民主就是要通过协商而不是强制，寻找到一个大家都能接受的利益平衡点。

民主必须以制度来保证，如所有成员大会制度、议事协商制度、公决制度、民主监督制度等；民主不是无政府主义，民主必须坚持党的领导和依法办事，不能违法，不能以少数服从多数为幌子强行侵害少数人的合法权益。

民主作为一种管理模式，就是民众自己的事让民众自我管理，国家的事让民众参与管理（直接民主和间接民主），让民众在党的领导下依法行使当家做主的权利。

民主又是创新的基础。民主要求集思广益，集思广益的基础是鼓励人们思考。思考则是创新的基本前提。一个善于思考的民族才是最有发展前途的民族，才能不断打破常规推动发展。

民主还是稳定的基础。民主让民众的诉求有表达的渠道，矛盾和问题容易被及时发现和解决。小矛盾小问题不能及时解决，积累下来就会生出怨气，就会形成大矛盾和大问题，势必影响稳定。

同时，我们还必须认识民主协商是人民群众直接行使民主权利的有效途径，是以城乡经济社会发展中涉及城乡居民利益的公共事务、公益事业为重点协商内容，切实解决城乡居民生产生活中的实际困难和问题。目的是尊重城乡居民在协商中的主体地位，引导城乡居民广泛参与协商，自由表达真实意见，充分保障人民群众的知情权、参与权、表达权、监督权。核心是使人民群众的“公共利益”和城乡居民合法的“个人利益”能够得到有效保障，使决策更加科学化、更加合法化、更加人性化，防止决策不当造成的利益纠纷和矛盾发生。

在农村社区建设工作中，就是要按照上述有关民主的论断，建立和完善城乡社区协商制度，“按照协商于民，协商为民的要求，以健全基层党组织领导的充满活力的基层群众自治机制为目标，以扩大有序参与、推进信息公开、加强议事协商、强化权力监督为重点，拓宽协商范围和渠道。丰富协商内容和形式，保障人民群众享有更多更切实的民主权利”。坚持做到凡是涉及人民群众利益的事情都要进行民主协商；凡是利益受到影响的单位和个人都可以参与民主协商；凡是民主协商都要做到“议而有决”。

对于通过协商无法解决或存在重大争议的问题或事项，可以按照“少数服从多数”的原则作出决定。或提交居（村）民会议或居（村）民代表会议决定，实现发扬民主与讲求效率的有机统一。

第三节　加强组织领导，狠抓工作落实

《指导意见》对深入推进农村社区试点工作提出了“完善在村党组织领导下、以村民自治为基础的农村社区治理机制；促进流动人口有效参与农村社区服务管理；畅通多元主体参与农村社区建设渠道；推进农村社区法制建设；提升农村社区公共服务供给水平；推动农村社区公益性服务、市场化服务创新发展；强化农村社区文化认同；改善农村社区人居环境”八项工作任务。

有效落实这八项工作任务，必须找到工作的目标是什么。只有这样，

我们才能紧紧围绕这个目标去抓落实，看效果。

我们可以从《指导意见》提出“农村社区建设要在党和政府的领导下，在行政村范围内，依靠全体居民，整合各类资源，强化社区自治和服务功能，促进农村社区经济、政治、文化、社会、生态全面协调可持续发展，不断提升农村居民生活质量和文明素养，努力构建新型乡村治理体制机制”的完整要求中，发现农村社区建设的工作重心就是“强化社区自治和强化社区服务”两个功能。所以，在认真落实这“八项工作任务”过程中，我们必须始终围绕强化“社区自治和社区服务”这两个功能去做好工作。

如何才能“强化社区自治和服务功能”呢？

一、要加强组织领导，各方形成合力

“八项任务”是五项基本原则的具体化，每项工作任务都有详细的要求，只要认真按照这些具体要求去做就容易见成效。但农村社区建设涉及方方面面，如果仅靠民政部门的一己之力，肯定会有困难。因此必须从中央到地方都要按照《指导意见》所提出的“工作要求”，加强组织领导，在党委政府的领导下，各地区、各部门都要做到各司其职，形成合力 。

对此，《指导意见》在第四部分“工作要求”中规定得十分明确，概括起来就是以下五点：

一是各省（自治区、直辖市）要结合本地实际，确定一定数量具备条件的试点县，选择不同类型的行政村开展试点，土地集体所有权在村民小组的，可根据群众意愿和实际需要，将试点工作延伸到自然村层面，并制订切实可行的试点实施方案。

二是中央和国家机关有关部门要加强对地方试点工作的指导，及时制定完善相关配套政策。

三是地方党委和政府要把农村社区建设试点工作纳入重要议事日程，建立农村社区建设统筹协调和绩效评估机制。农村社区建设要在维护农民土地承包经营权和宅基地用益物权前提下开展，与当地国民经济和社会发展总体规划、土地利用规划、村庄规划和社会主义新农村建设规划等相衔接，与统筹城乡基层党的建设同步考虑。严禁强制推行大拆大建、撤村并居，严禁违反土地利用规划擅自改变农地用途，严禁用“管委会”等机构取代村党组织和村民委员会。

四是各级民政部门要切实履行牵头职责，会同有关部门加强对试点工作的协调督导，适时组织专项督察。

五是要因地制宜，加强指导和扶持力度。要根据不同地区经济社会发展水平和农村社区实际情况，突出重点、分类施策，稳步推进试点工作。各试点地区要认真落实扶持政策，加大资金投入；选优配强村“两委”领导班子，强化人才支撑；加强对农村社区建设的理论政策研究，及时总结推广好的经验和做法，稳步扩大试点范围。

这里，要强调注意的是，政府的积极倡导和必要的经济扶持和检查督促是引导和调动农民群众积极性和主动性的重要条件；而政府过于包揽和理想化的设计规划，财政拼命给钱，则会不给农民群众自我表现的空间，让农民群众成为看客，认为改变乡村落后面貌完全是政府的责任，是你要我干。那么，要我干，请拿钱来买，导致群众中的创造力和聪明才智没有办法充分发挥出来。

二、努力“强化社区自治功能”

改革开放之前，我国对基层社会的管理是依靠单位来实现的。在计划经济时期，单位掌握着几乎所有的生产和生活资源，因此也就具有很强的社会控制功能。改革开放之后，在农村随着实施家庭联产承包责任制以后，以及税费改革和取消农业税等一系列经济体制改革，引发了农村社会管理体制的改革。以生产队为基础的人民公社解体了，代之成立乡政府、村民委员会、村民小组。但由于农村基层政权组织不再控制农民的生产和生活资源，农村基层政权组织的社会动员和社会控制的功能基本丧失殆尽。在城市，深化企业改革，用工制度改革、住房、医疗、保险等各项与居民切身利益相关的制度改革，以及国家在坚持国有经济为主导的基础上，允许多种经济成分并存，建立资本和劳动力市场，单位管理城市居民的功能也大大弱化，并且将进一步弱化。

在“单位制”解体之后，它们曾经承担的社会动员和社会控制功能将以什么载体来实现，特别是在市场经济条件下，应当建立什么样的社会管理体系，这是我们必须面对和必须解决的问题。在党中央、国务院的领导下，全国各地对建立社会主义市场经济条件下的基层社会管理体系进行了有益的探索，确立了在农村实行村民自治、在城市实行居民自治来对城乡基层社会进行管理的社会管理体系。而城乡社区就是承担城乡已经解体的“单位制”曾经承担的社会动员和社会控制功能的有效载体。因此，城乡社区建设就是要以城乡居民自治为方向，认真研究基层社会管理规律，整合社会管理资源，在党委领导下，建立起“政府负责、社会协同、居民参与”的政府、社会、群众三结合的基层社会管理格局，来推动建立政府调控机制同社会协调机制互联、政府行政功能同社会自治功能互补、政府管理力量同社会调节力量互动的社会管理网络，形成对全国基层社会进行有效覆盖和全面管理的体系。

农村社区自治的主体是农村居民群众。要强化社区自治功能，核心就是要动员和组织农村居民群众广泛参与。

组织和动员农民群众参与农村社区建设，变“要我干”为“我要干”这也是一件相当困难的事。因为农民是最讲现实的群体，如果看不到“具备干”的条件，也看不到“好处和实利”，是很难把他们的参与热情和积极性、主动性调动起来的。这就要求做到以下几个方面。

（一）推进农村社区建设必须转变乡镇政府职能和乡村组织的工作方式

要完善村党组织领导下、以村民自治为基础的农村社区治理机制，必须转变乡镇政府职能和乡村组织的工作方式。首先，必须要抓乡镇党政干部执政观念的转变。要教育帮助乡镇党政干部从计划经济体制的执政理念转变到市场经济体制的执政理念；从全能的大政府的执政方式转变到有限职能的小政府的执政方式，坚持“简政放权”，积极推进基层民主建设。充分认识社会主义民主的核心要义是人民当家做主。在农村，就是要通过村务公开和民主管理，尊重和保障农民群众的民主权利，让村民对村级公共事务和公益事业进行自我管理、自我教育、自我服务，对干部实行民主监督。同时，必须精简乡镇政府机构，减少乡镇政府工作任务，转变乡镇政府工作职能，由管理型向服务型政府转变，有效解决乡镇政府把大量工作压给村委会去做，使村委会变成乡镇政府的“腿”的现状。其次，要注意建立有效的利益协调机制。在我国社会深刻变动、党和国家的各项事业快速发展的历史进程中，妥善处理各方面的利益关系，把一切积极因素充分调动和凝聚起来，是我们事业成功的重要保证。只有把各种利益关系调整好、处理好，才能巩固和扩大党的群众基础，才能使改革开放和现代化建设获得最广泛最可靠的力量源泉。为此，凡村民自治的事项，乡镇党委政府都应按照“党的领导、人民当家做主、依法治国”和“四个民主”的原则，指导村委会依法依制度办事，确保农民群众的“四权”落实，实现“四个自我一个民主监督”，真正由村民依法行使当家做主的权利。再次，要明确县、乡党委、政府和有关部门指导村民自治的工作职责，将村民自治工作作为有关单位年终目标考评、干部政绩考核和提拔任用的重要内容，并进行定期或不定期检查、督促，做到乡镇政府要为村民办理各项公益事业、公共事务、发展生产提供支持和服务。乡镇政府不向村委会下硬性目标任务，更不能硬行摊派和强迫命令，只能指导村委会引导和帮助村民发展生产，建设美好家园。最后，乡镇政府和村委会都要转变依靠行政命令工作的老办法，学会用民主协商的方式来发动村民广泛参与管理村务，注重依法自治和以德自治相结合，充分调动村民依法参与管理、办理各项村务的积极性和主动性，实现在农村社区建设过程中，政府行政功能同村民自治功能的互补。

只有实现了执政观念和执政方式的转变，党委政府真正做到“简政放权”，改变过去“压力型体制”下形成的乡镇党委政府对村民委员会严格掌控，使村民自治组织基本行政化，变异成“二政府”的现状，形成一种宽松和谐的政治环境，在村党组织的领导和村委会的指导下，依托农村志愿者协会等农村社会组织动员和发动农民群众积极、自愿地参与农村基层社会事务和公益事业的建设和管理，以农村基层民主政治建设为本质要求的农村社区建设才会有更大的发展空间，更好的发展条件。

政府简政放权，转变职能，就是给社会力量和人民群众释放发展的空间，用老百姓的话讲就是松绑，让社会力量和人民群众的聪明才智在党的领导下在法律的框架内能够得到更好的发挥。

应当肯定，无论是上届中央政府还是本届中央政府在这方面都做了大量有效的工作。

有关资料显示，2001—2011 年 10 年来，上届中央政府各部门和各级政府认真贯彻落实中央的部署和要求，加快转变政府职能，不断深化行政审批制度改革，取得明显成效。国务院分五批共取消和调整行政审批事项2183项，占原有总数的60.6%，各地区取消和调整的行政审批事项占原有总数的一半以上。市场在资源配置中的基础性作用和各级政府及其工作人员依法行政的意识明显增强，法治国家建设迈出重要步伐。

2013年3月17日，新任国务院总理李克强在记者见面会上表示，“现在国务院各部门行政审批事项还有1700多项，本届政府下决心要再削减1/3以上”。这意味着，在5年内至少削减567项。李克强在答记者问时还说：“不是说政府有错位的问题吗？那就把错装在政府身上的手换成市场的手。这是削权，是自我革命，会很痛，甚至有割腕的感觉，但这是发展的需要，是人民的愿望。我们要有壮士断腕的决心，言出必行，说到做到，绝不明放暗不放、避重就轻，更不能搞变相游戏。”

2013年11月1日，李克强在地方政府职能转变和机构改革工作电视电话会议要求，地方政府职能转变要重点抓好“接、放、管”。接，就是接好中央下放的审批事项。中央明令取消的，要不折不扣地放给市场、社会，不得截留。放，就是把地方本级该放的权力切实放下去、放到位，特别是对不符合法律规定、利用“红头文件”设定的管理、收费、罚款项目应一律取消，绝不能打“小算盘”、搞“小九九”，防止“上动下不动、头转身不转”。管，就是把该管的管起来、管到位。在减少事前审批的同时，加强事中事后监管，规范监管行为，克服随意性，着力构建统一开放、公平竞争的市场环境，让创业“火”起来。对假冒伪劣、坑蒙拐骗尤其是损害人民生命健康的食品安全等领域违法违规行为，要严惩不贷。建立健全“黑名单”制度，让违法者付出承受不起的代价。要加强保障民生的基本公共服务，保住基本、补上短板、兜好底线，促进社会公正。

2014年3月5日，在作政府工作报告时，李克强总理提到，“国务院机构改革有序实施，分批取消和下放了416项行政审批等事项”。从数据上看，本届政府的任务在第一年已完成七成。李克强在政府工作报告中还说，今年要再取消和下放行政审批事项200项以上。深化投资审批制度改革，取消或简化前置性审批，充分落实企业投资自主权，推进投资创业便利化。确需设置的行政审批事项，要建立权力清单制度，一律向社会公开。清单之外的一律不得实施审批。全面清理非行政审批事项。

但是由于权力会带来利益，虽然中央三令五申要求各级政府要以“壮士断腕”的决心进行简政放权，但仍有不少政府部门为了一己利益明放暗不放、避重就轻，搞变相游戏，使简政放权在一些地方进展并不顺利。再就是一些政府部门工作循规蹈矩，害怕承担变革所带来的政治风险和工作压力，故不愿意或不敢创新发展，这都使基层民主政治建设遇到重重阻力。

就拿农村社区的定位问题来说，“村民委员会”已经从原先的“基层群众自治组织”异化成了“基层政权组织”，成了政府的“腿”；江西省将农村社区定位在自然村，使村民自治落到了实处，完善和发展了村民自治，“村落社区建设”是制度创新。正如詹成付司长在看了江西省的《关于我省农村100个村落社区建设试点情况的报告》所作的批示中就明确认定“江西的村落社区建设严格意义上讲就是村落社区自治，是对村民自治在村落的具体化、细化和落实。村落社区建设是贯彻村委会组织法，实施村民自治的一条具体途径和措施”。也认识到“过去，我们比较注重用程序来帮助群众讨论问题、办事，这是不对的。今后要在注重程序、制度建设的同时，也要发挥村级各种组织包括老龄协会、志愿者协会等社区组织的作用，更好地为村民服务”。

（二）推进农村社区建设必须建立完善对乡镇和村级组织干部的监督和惩治制度

在一些地方，村党支部和村委会干部与乡镇党委政府干部建立利益联盟后，乡镇党委政府就成了他们的“保护伞”，这就使一些农村党支部书记或村委会主任，成了农村的特殊利益阶层，他们中一些人无视法纪，无法无天，利用手中所掌握的权力和资源，谋取私利、欺压农民、掠夺财富，严重破坏了党的群众路线和党群关系，毁灭着我们党的执政基础。由于村党支部和村委会干部是党和政府与农民群众连接的中间层，是直接面对农民群众的，他们的所作所为是广大农民认识党和政府的直接感受，如果不能建立完善的制度来约束乡镇和农村基层组织的权力和加大惩治乡镇党委政府和农村基层组织中的腐败分子，那不仅无法调动农村居民参与农村社区建设的积极性，还必将导致中国共产党失去民心，失去政权。

为此，要建立健全乡村干部违纪违法问题信访受理、立案查处等工作制度，坚持有案必查，努力消除对乡村干部，尤其是对村干部的监管“真空”，认真做好乡村干部违纪违法案件的查处工作；加强对工程发包，山林拍卖，土地、水面、山林承租，资源开采等重点环节的监督检查，有效防止乡村干部违纪违法行为。

要建立健全村“两委”干部工作考核制度，对村“两委”干部的德、能、勤、绩、廉等进行全方位的考核，让群众参与评议，以各种形式公布，使村“两委”干部明确自己存在的不足，不断发扬优点，改进工作。

总之，要建立健全乡村干部廉政建设制度，强化民主监督，规范乡村干部行为，从源头上预防乡村干部违纪违法问题的发生，促进乡村干部进一步加强自身建设，提高政治素质和工作水平，才能更好地深入推进农村社区建设试点工作。

（三）必须建立动员农民群众参与的新机制

随着社会经济的快速发展，村民自治工作也面临着新的发展机遇和挑战，在现行村委会设置体制下，要通过农村社区建设进一步完善村民自治工作，实现基层政府行政管理和社区自我管理有效衔接、政府依法行政和村民依法自治良性互动，必须创新工作思路，积极探索动员村民参与的新机制。为此，大力培育和发展以志愿者为主体的农村社区社会组织，依托社区社会组织来动员和组织农村居民群众积极参与农村社区建设是一个重要的方法和途径。

社区社会组织主要指村党组织、村委会以外的，社区内部由社区居民组成、经社区批准成立、在社区内部活动的团体，以及由社区居民自发、自愿组成的健身、娱乐、互助、学习、教育等松散性群众性组织。由于其组成人员基本是本社区的居民，所以这些社区团体和组织与社区居民有着天然的联系；这些社区团体和组织的成员与其他社区居民，由于都在同一个社区环境中生活和工作，所以有着共同的利益和需求，也有着共同的语言，相互之间容易沟通和理解；他们与其他社区居民相比，由于是组织起来了的社区居民，具有组织性、纪律性和目的性的特质，所以他们在与其他社区居民沟通中，不需要依赖行政权力和行政命令，而是以社区居民的身份平等、民主协商的方式进行，使普通社区居民更容易接受，和过去由政府依靠行政科层式组织和行政权力对基层社会进行管理相比，少了许多强制性和群众的抵触性，多了许多平等性和民主协商性，使党和政府的政策法令得以更加顺畅的贯彻执行，并显得更加人性化、更加民主。同时，社区社会组织的有效活动，还会吸引社区居民不断加入这些社区组织中，所以这些社区团体所具有的宣传教育、组织动员和沟通协调功能，在扩大群众参与、反映群众诉求、推进基层群众自治方面能够发挥出积极的作用。

实践证明，以社区居民为主体的社区社会组织，在组织和动员农村居民广泛参与社区公益事业建设和公共事务管理，扶贫助残、整治环境、维护治安、开展文体活动、进行科技文化教育等方面确实发挥了很好的作用，激发、激活了农村居民的活力和潜力，极大地增强了农村居民对建设美好家园、创造幸福生活、实现社会和谐的认同感和向心力，参与农村社区事务管理的积极性空前高涨，民主政治意识不断增强，充分发挥了在村民自治过程中的主体作用，成了社区基层党组织和村委会与人民群众相互沟通、相互联系的桥梁和纽带。

（四）要按照地域相近、规模适度、群众自愿的原则，科学界定农村社区的区域范围，明确农村社区的定位

江西省这些年城乡社区建设之所以能取得长足发展，就是在城市将社区建设的着力点放在楼栋和院落上，农村则放在自然村（因为江西省一个村委会平均管辖约 11 个自然村，由于利益和需求不同，村委会难以组织协调）。楼栋和院落是现实，而自然村是历史形成的生活共同体。在楼栋、院落与自然村中由于利益需求相同，对共同需求容易达成共识和形成合力，更重要的是楼栋、院落、自然村是一个熟人社会。在熟人社会中，民主管理的本质是协商和妥协。在楼栋、院落范围和自然村这个熟人社会中，民主管理的协商和妥协的主体是少数人与多数人或者说是个人与集体之间的协商与妥协，而在现行的村（居）委会范围中，民主管理的协商和妥协的主体则是楼栋、院落与其他楼栋、院落之间，自然村与多数自然村之间的协商与妥协，是不同利益群体之间的协商与妥协，其难度绝对比楼栋、院落和自然村内部的协商和妥协要不知大多少，其成本也不知要高出多少。

（五）要继续加强社区基础设施建设、社区管理制度建设、社区信息化建设

这三个方面的建设，是社区建设的基础性工作，是开展社区活动，发挥社区作用的必要条件。

社区基础设施建设，包括村“两委”办公和服务用房建设，社区办公和服务的设施建设。抓好社区基础设施建设，这是建设“有形”社区，增强居民群众认同感、归属感的载体；也是进行农村基层管理、社区服务和社会工作的平台，必须紧紧扭住不放。要通过多方筹集资金，共建共享、资产置换、租赁等多种形式，切实把村“两委”办公用房、社区服务用房、社区活动用房，以及办公和服务必须的用品、器械，尤其是信息化管理所需的电脑等设施解决好，落实到位，改变目前还有一些地区社区基础设施落后的现状。逐步形成以县（市、区）服务中心为龙头、乡镇服务中心为主体、村（社区）服务站为基础、社区志愿者组织和义工为补充的服务网络。

社区管理制度建设，是推进农村社区管理民主化、规范化、法制化的重要保证，也是规范村“两委”工作职责、任务、工作程序的行为准则。加强社区管理制度建设，有利于理顺社区组织之间、社区组织与政府之间、社区组织与驻社区单位和居民之间的关系，有利于社区工作的制度化和程序化，推进基层民主政治建设。要通过建立各项制度、居民自治章程和自治公约，建立居民会议、居民代表会议制度及议事规则、财务管理制度、村务公开制度、居民评议社区干部制度等来规范村委会的工作职责，规范社区管理的工作程序，推进民主选举、民主决策、民主管理、民主监督，将社区事务逐步交由社区居民自主管理。特别是对社区的重大问题，必须通过居民代表大会或听证会等形式，广泛征求居民群众意见，保证尊重大多数居民群众的意愿，使基层民主政治建设、村民自治这个社区建设的根本目的落到实处。

社区信息化建设，是提高农村社区工作和服务效率的重要手段。主要目的是改革村委会的传统工作模式，减轻村委会干部的工作负担，不断提高社区服务水平和办事效率，改善社区居民的生活质量，使政府、村委会和社区居民、驻社区单位都能切实感受到社区信息化带来的效能和便利，增强社区的亲和力。

社区信息化在财政给予必要扶持资金的基础上，主要依靠社会多方合作筹集资金建设，重点在社区，依托统一的社区管理网络版软件，以村委会为主体采集、输入和变更信息数据为基础，建立人口和社区单位情况的数据库，以社区事务受理和公共服务为主干，以村委会和居民家庭为终端的，借用公网形成融经济发展、社区管理和公共服务为一体、国家、省、市、县、乡、村六级网络体系来运行，根据不同权限，为政府部门工作进社区、为社区管理、为社区居民和驻社区单位的生产、生活提供快捷、便利的服务。

（六）以文化活动为载体，积极开展丰富多彩的文体活动，以先进的文化教育人，不断提高农村居民的素质

“以文化活动为载体”开展农村社区建设，正是依靠农村居民自身力量发展社会主义先进文化、实施自我教育、自我完善、自我服务的具体体现，对于重建社会秩序和促进社会协调发展具有重要的作用。推动农村社区群众文化活动广泛开展，要重视抓好群众性文体活动组织的建设，注意发现和培养骨干艺术人才，并以他们为核心因地制宜地成立舞蹈队、合唱队、戏曲队、腰鼓队、秧歌队、晨练队、书画协会、棋牌艺社等文化活动队伍，引导、组织这些社区群众文化活动队伍活跃在社区的各个角落，为传播先进文化，宣传动员农村居民参与社区建设各项活动发挥积极作用。并适时地组织以农村社区为单位的会演、竞赛活动，鼓励和表彰先进集体和个人，以推动群众性文体活动持久深入开展。以及开展评选清洁户、文明户、好媳妇、好婆婆、好孩子等活动，提倡社会主义新风尚、新道德，改变落后的观念和陋习，使农村居民的思想道德素质不断提高，精神面貌明显变化，生活方式不断改进；通过创办阅览室、文化长廊、居民夜校、科技讲座等载体，使农村居民及时获取各种致富信息，学习各种科技知识，增长勤劳致富的本领，提高农村居民的生活水平和生活质量。

这既是组织动员农村居民积极参与农村社区建设的一种方法，也是强化社区服务功能的一个重要内容。各地必须十分重视！

三、努力“强化社区服务功能”

完善民主管理制度要在加强社会服务上下功夫，为密切党和政府同人民群众关系，建立平等友爱、和谐融洽的人际关系发挥作用。做好社区服务工作对于提高居民生活质量、扩大就业、化解社会矛盾、促进和谐社会建设都具有重要意义。这里讲的社会服务，其内涵是包括社区服务、社区教育、社区文化、社区卫生、社区环境、社区治安、社区救助、社区保障和居民的自我服务等内容在内的大服务。社会服务既体现了便利驻社区单位和社区居民生产生活的服务，又体现了政府、社会、群众相结合的对社区居民，尤其是困难群体的物质扶助和精神抚慰等全方位的服务。通过这种全方位的社会服务，做到在经济发展的基础上不断改善城乡人民生活，不断提高城乡居民的生活质量，改善城乡居民的生活环境，建立城乡居民相互关爱、守望相助、扶弱济贫、恭让谦和、遇事协商的平等友爱、和谐融洽的人际关系。

在城乡社区开展社会服务，应当坚持共驻共建的原则，充分调动驻社区单位和社区居民参与社区建设的积极性和主动性，最大限度地实现社区资源的有效利用和优势互补，做到资源共享，互惠互利，实现社会服务社会化、社会服务群众化。社会服务要坚持满足驻社区单位和社区居民的生产生活需求为主题，增强社会服务功能，拓展社会服务领域，提高社会服务水平，使社会服务在方便社区单位和社区居民的生产、生活需求的同时，在增强社区凝聚力上发挥积极作用。

城乡社区作为城乡居民的居住地，社会各阶层的利益需求，各种社会矛盾在这里集中反映出来，它们是社会政治稳定的晴雨表、感测器。因此，各级党委、政府不仅要在制定和贯彻党的方针政策时，要正确反映和兼顾不同阶层、不同方面群众的利益，使全体人民朝着共同富裕的方向稳步前进。还要充分发挥城乡社区作为维护社会秩序“稳定器”和维护社会稳定的第一道防线的作用，把维护社会政治稳定的工作落实到城乡基层。通过城乡社区建设，依靠城乡基层党的组织、自治组织和民间组织，依靠社会和人民群众的力量，切实掌握城市下岗待业人员、孤寡病残居民和进城务工的农民以及农村的返乡农民工、留守儿童、特困群众等困难群体存在的生产生活困难情况，在帮助政府按照公开、公平、公正的原则将社会保障的有关政策、资金准确落实到城乡社会困难群体的同时，依靠社会互助、邻里扶助，以及群众间的精神抚慰和思想政治工作，把一些人民内部矛盾和社会问题解决在萌芽状态，解决在基层，解决在当地，避免矛盾激化、引发群体事件和刑事犯罪。

维护社会稳定，还要依靠广大人民群众建立社会舆情汇集和分析机制，畅通社情民意反映渠道。各级政府不仅要建立健全社会预警体系，形成统一指挥、功能齐全、反应灵敏、运转高效的应急机制，提高保障公共安全和处置突发事件的能力。还要按照打防结合、预防为主、专群结合、依靠群众的工作方针，依托社区的各类组织和人民群众，加强和完善社会治安综合治理工作机制，依法打击各种犯罪活动，保障人民生命财产安全。

为此，要加快健全农村社区基本公共服务体系建设。在中央还没有形成“农村社区服务体系建设规划”的情况下，建议参照国务院办公厅印发的城市《社区服务体系建设规划（2011—2015 年）》（以下简称《规划》），到“十二五”期末，社区居民可以享受的基本公共服务大致可以分为四类的要求，结合农村的实际，加快健全农村社区基本公共服务体系建设。

《规划》要求实现的四类基本公共服务是：一是社区劳动就业、社会保险和社会服务。包括加强街道和社区劳动就业、社会保险和社会服务平台建设，配备标准化的设施设备，完善服务功能。大力发展以家政服务、养老服务、社区照料服务和病患陪护服务等为重点的家庭服务业，实施家庭服务业从业人员定向培训工程，社会保障卡、社会服务信息落到社区。

二是社区医疗卫生和计划生育服务。包括建立居民健康档案、健康教育、预防接种、儿童保健、孕产妇保健、老年人保健、慢性病管理、重性精神疾病管理、传染病及突发公共卫生事件报告和处理、卫生监督协管等国家基本公共卫生服务免费向社区居民提供。提供计划生育宣传教育、政策咨询、技术服务、优生优育指导、药具发放、随访服务、生殖保健、人员培训、流动人口计划生育服务及计划生育行政事务办理、实有人口动态信息采集等服务。

三是社区文化、教育、体育服务。包括广泛开展社会文化活动，全国所有建成的社区综合服务设施中都建立具备综合服务功能的文化中心，推进建立公共电子阅览室和未成年公益性上网场所。广泛开展社区教育，重点建设一批标准化、示范性的全民学习中心，普及科学文化知识，建设学习型社区。社区普遍建有体育场地、配有体育设施，50% 以上的城市、城区建有“全民健身活动中心”，50% 以上的街道、社区建有便捷、实用的体育健身设施。

四是社区法律、治安服务。包括推动人民调解、安置帮教、法制宣传教育、法律援助等服务进社区，实现法律服务在社区全覆盖。深入推进社区警务战略，加强群防群治队伍建设，全面提高社区治安综合治理水平。

各地可以根据本地的实际，制定本地“农村社区服务体系建设规划”，加快农村社区服务体系建设。

这里要强调一个关键性的问题，就是社区服务是包含政府的行政服务、企业的商业服务和村民的自我服务三个方面的内容。政府的行政服务到农村社区，是政府服务下沉到农村基层，它主要靠财政投入和政府行政人员到农村基层办公或政府购买服务的方式来实现。企业的商业服务到农村社区，它是靠市场的调节来实现。村民的自我服务除了生产生活的互助和物质扶持外，还包含精神抚慰、情感交流等非物质的扶助。为此，必须兼顾这些特点制定农村社区规划。在规划的实施过程中，民政部门要根据社区居民的需求和可能性，积极协调做好政府服务和商业服务进农村社区的布局设点工作，指导和组织社区居民开展一些村民有需求，而政府服务无法顾及，商业服务不愿顾及（无利可图）的村民自我服务工作。重点要以着力解决群众迫切需要解决的问题，做好群众看得见的实事为突破口，组织和依靠村民自己的力量，开展互助救济、扶贫济困，帮助农村困难群体排忧解难；整治村容村貌，绿化美化村庄，搞好环境卫生，改善村民的居住环境；普及科普知识，开展文体活动，丰富村民业余生活，改变陋习，提高生活质量；协助开展社会治安综合治理，调解邻里纠纷，维护社会治安；改水改厕、修桥铺路，发展公益事业，不断满足村民群众日益增长的物质文化生活需要。这个比做其他的活动可能更符合农村的实际情况。第一个是它的目标比较容易认同，因为这些内容惠及全体村民。第二个是它权利和义务的关系也比较明确，你尽了一份义务，就享受一份权利，关系非常明晰；另外，和搞其他活动相比，它没有什么风险。因为农民组织起来时，对自己的付出是有一个成本的预期的，对风险有一个预期的，自己会有一个盘算。我们搞这些事情，看得见，摸得着，投下去立刻见效。农村社区建设从这个地方起步容易组织农民参与，使一些农民形成对集体精神的一种承认，一种认同。所以，从这个角度来重新构建农民之间的新型合作关系，是应当格外重视和注意的！

第十一章　我对村民自治的新认识、新思考

我对村民自治的认识在实际工作中不断深化，特别是在2008年7月退休后，被民政部基层政权和社区建设司聘请到全国村务公开协调小组办公室，以办公室专家组副组长的身份参与了“难点村”的治理工作的调研和文件起草，有关会议及相关的政策研究，以及“村务监督委员会”有关文件的起草等工作，使我仍然接触到村民自治、村务公开民主管理工作，而且是站在全国这个工作平台接触和认识问题，加上我有时间、有兴趣、有平台，又爱思考和研究一些工作中遇到的问题，没有在职时的很多顾忌，所以退休后陆续写了不少这方面的文稿。下面是我选取的其中部分文稿内容，把我对村民自治的新认识、新思考展现给大家，供商榷。

第一节　村民自治的双重内涵

村民自治包含着双重内涵，即既是社会管理体制的重要组成部分，也是政治体制的重要组成部分。两者之间相互联系、相互支撑又相互区别，有着不同的工作重点和要求。

“村民自治”从政治体制方面讲，是基层群众自治制度的重要内容，其内涵和本质要求是以保证人民当家做主为根本，以增强党和国家活力、调动人民积极性为目标，扩大社会主义民主，建设社会主义法治国家，发展社会主义政治文明。而从行政管理体制方面讲，“村民自治”则是社会管理体制改革所要求形成的“党委领导、政府负责、社会协同、公众参与、法治保障的社会管理体制”的重要组成部分。

从政治体制改革方面抓村民自治，着力点主要放在通过“依法实行民主选举、民主决策、民主管理、民主监督，保障人民的知情权、参与权、表达权、监督权”，积极培养广大农民群众的主人翁意识、民主意识、参与意识，充分调动农民群众的积极性、主动性上面。

从社会管理体制改革方面抓村民自治，着力点则主要放在“让人民群众直接行使民主权利，管理基层公共事务和公益事业，实行自我管理、自我服务、自我教育、自我监督，对干部实行民主监督”上面。

“村民自治”所包含的上述两个方面的要求，其核心是“扩大人民民主，保证人民当家做主”，要求充分调动广大农民群众的积极性和主动性，努力使广大农民群众真正成为建设社会主义新农村和管理农村基层社会的主体力量。

因此，我们要深刻认识发展人民民主，让人民在党的领导下依法行使当家做主的权利，是巩固党的执政地位、落实科学发展观、构建社会主义和谐社会、促进我国经济与社会健康发展的根本条件，从而进一步解放思想，转变观念，自觉纠正克服思想中存在的对村民自治工作的片面认识，即把“村民自治”仅作为“社会管理体制”改革内容来抓，而忽视了从政治体制改革的内容来抓的现象。

第二节　实行村民自治的两个基本条件

我们也必须充分认识到，在权力可以带来利益且权力不能得到有效监督的情况下，要“扩大人民民主，保证人民当家做主”并不是一件很容易的事情。关键在于政府能否真正简政放权和农民能否积极主动参与，真正成为建设自己幸福家园的主体力量。

一、政府简政放权，关键是要实现两个转变，即实现执政观念的转变和政府职能的转变

要真正做到政府简政放权，就必须转变执政的观念和执政方式。我认为执政观念的转变主要要从三个方面下功夫。

一是由几千年封建社会以来长期形成的“为民做主”“替民做主”的执政观念，转变为在党的领导下依法让人民群众当家做主的执政观念。通过健全基层自治组织和民主管理制度，完善公开办事制度，保证人民群众依法直接行使民主权利，管理基层公共事务和公益事业，对干部实行民主监督。在农村，就是通过农村社区建设来完善村民自治，让村民对农村社区的公共事务和公益事业进行自我管理、自我教育、自我服务，对基层党组织、基层政权和基层自治组织的干部实行民主监督。“为民做主”“替民做主”的执政观念，核心是将党和政府官员当作“救世主”“父母官”，认为自己比群众高明，缺失的就是“民主意识”。是和党的十六大强调的“共产党执政就是领导和支持人民当家做主，最广泛地动员和组织人民群众依法管理国家和社会事务，管理经济和文化事业，维护和实现人民群众的根本利益”的精神背道而驰的，是阻碍基层民主建设向前顺利发展的重大思想障碍。

二是由“人治”和“特权”的执政观念，转变为“依法治国”的执政观念。依法治国是党领导人民治理国家的基本方略。必须严格依法办事，任何组织和个人都不允许有超越宪法和法律的特权。但是现实社会中，“以权代法”和“谁官大谁说了算”的现象在一些地方或单位还比较突出，有法不依、执法不严、违法难究的问题也时有发生。加上我国民间社会长期生活中形成的讲人情、讲关系的传统。致使人们遇事不是首先想到法律和政策，而是找关系、找人。社会上流传着“关系也是生产力”的说法，认为有关系就好办事、能办事，有时还能降低办事的成本，提高办事的效率。这些现象和问题，归根到底就是“法治意识”缺失，必然导致有法不依、执法不严，甚至贪赃枉法，成为推行“依法治国”基本方略的又一重大思想障碍。

三是由“害怕群众”和“群众落后”的执政观念，转变为“相信和依靠群众”的执政观念。群众是真正的英雄，得民心者得天下，失民心者失天下。我们党能够由小到大，从弱到强，根本的原因就是相信和依靠人民群众，通过动员、发动、组织人民群众，依靠人民群众的力量打江山、坐江山的。离开了人民群众的大力支持和拥护，我们党就失去了执政的基础和合法性。而在一些地方，由于民主意识和法治意识的缺失，致使少数地方的党委、政府的官员，不想也不愿意让群众知道更多的事情，更不敢放手让人民群众依法当家做主。在这些人看来，群众普遍觉悟低、认识水平不高，如果实行民主，让群众当家做主，势必会乱，会难以控制局面，会影响当地的“稳定”。究其原因，除了不切实际的“政绩观”导致的违背“实事求是”原则的行为外，还与少数干部“以权谋私”“以权代法”的行为，甚至贪污腐败的行为不敢见阳光有关。而民主政治建设的本质就是“公开、公平、公正”，就是阳光行为。可以说害怕群众的思想根子在于没有坚持党的“实事求是”的思想路线，在于我们党和政府的官员是否公道正派、廉洁执政、秉公执法。因此，要推进基层民主政治建设，让村民实行“自治”，就必须坚持党的实事求是思想路线，加强党风廉政建设，实行“政务公开”“村务公开”“法律、政策公开”“办事公开”。也只有实行了“四个公开”，才能做到敢于让村民群众对基层公共事务进行管理，对干部实行民主监督。

政府职能的转变，就是要实现从计划经济时期的全能政府，向市场经济时期的有限职能政府转变。正如党的十七届二中全会《关于深化行政管理体制改革的意见》所指出的“深化行政管理体制改革要以政府职能转变为核心。加快推进政企分开、政资分开、政事分开、政府与市场中介组织分开，把不该由政府管理的事项转移出去，把该由政府管理的事项切实管好，从制度上更好地发挥市场在资源配置中的基础性作用，更好地发挥公民和社会组织在社会公共事务管理中的作用，更加有效地提供公共产品”。在计划经济时期，由于政府基本掌握了全部的生产、生活资料，因此，政府不仅要管理经济、社会发展，管理社会秩序，甚至每个公民的生老病死、衣食住行都管起来了。改革开放以后，市场经济逐步打破了政府统管一切的“一元化”结构，逐步形成了政府、市场、企业、社会“多元化”结构。因此，政府必须适应这个变化，按照市场经济关于建立小政府大社会格局的要求，改革政府机构转变政府职能，由企业自主进行生产经营，由市场来对资源进行配置，由社会中介服务组织进行社会化服务，由城乡居民“自治”来进行基层社会管理。

政府职能转变，关键还是简政放权。但是实行起来难度很大，因为权力可以为部门带来利益，可以转化为金钱，转化为部门之间互相制约的手段。在计划经济的时期，是政府包揽一切，政府依靠单位来管理社会。市场经济则要求小政府大社会，构建小政府大社会，政府要退出许多管理领域，包括公益事业，公共事务等领域。这个权力的丧失，是很不容易的。我在任江西省民政厅社团管理处处长和江西省民间组织管理局局长的时候，就发现这个问题。我们很多政府部门不是把它要退出去的权力交出来，而是利用成立官办社团，通过社团来行使政府不便行使的权力。这说明政府部门是不会轻易把这个权力放下去的。另外，长期计划经济时期形成的观念和工作方法惯性仍很大，虽然改革开放已经30多年了，但还有不少地方的党政干部仍习惯于用行政命令的手段、习惯于依赖科层式的行政组织来推动工作。所以我们推动民主政治建设和开展农村社区建设最大的阻力就是我们的政府不能真正简政放权。

要真正推进基层民主政治建设，建立和完善社会主义市场经济体制，就必须坚持走以政府为主导，社会和群众参与的社会管理体制改革之路。执政方式上，在基层由于是直接面对人民群众，要改变过去主要依靠行政手段和科层式的行政组织体系来推动工作落实的方式，做到不仅要依靠行政手段来推动工作落实，而且还要依靠社会力量、志愿者协会等民间组织的力量来推动工作落实。

只有实现了执政观念和执政方式的转变，党委政府真正做到简政放权，改变过去“压力型体制”下形成的乡镇党委政府对村民委员会严格掌控，使村民自治组织基本行政化，变异成“二政府”的现状，形成一种宽松和谐的政治环境，依托农村志愿者协会等农村社会组织动员和发动农民群众积极、自愿地参与农村基层社会事务和公益事业的建设和管理，以农村基层民主政治建设为本质要求的农村社区建设才会有更大的发展空间，更好的发展条件。

二、要调动农民群众参与农村社区建设的积极性，使之真正成为建设自己幸福家园的主体力量，必须以“利益”为杠杆，才能把农民参与的热情和积极性、主动性调动起来

组织和动员农民参与村民自治，变“要我干”为“我要干”这也是一件相当困难的事。因为农民是最讲现实的群体，看不到好处和实利，是很难把他们参与的热情和积极性、主动性调动起来的。从江西省开展农村社区建设取得的经验中可以看出，“利益”才是调动农民积极性、

主动性的“杠杆”。

要让农民真正成为建设自己幸福家园的主体力量，还必须要认识到群众中蕴藏着极大的创造性和能动性，还需要运用恰当的方法把农民群众的创造性和能动性充分调动起来。我这里用两个案例来说明这个观点。

案例一：江西省在开展农村社区建设中，由于地方财政困难，拿不出很多钱来支持活动开展。开始抓试点时，只是由民政部门给每个试点村庄2000元的启动资金，结合农业部门的“沼气工程”、卫生部门的“改水改厕工程”、交通部门的“村村通公路工程”、电力部门的“农网改造工程”、文化部门的“村村通广播电视工程”等项目资金，以及村民自筹资金和投工投力来推动农村社区建设的。由于村民在以“五老”为主体的“志愿者协会”的组织引导下，认识到开展农村社区建设是对自己有利的事情，是功在眼前惠及后代的好事，参与的积极性、主动性空前高涨，变“要我干”为“我要干”，结果在政府投入不多的情况下，取得了明显的成效，据都昌县不完全统计，2003年和2004年两年全县争取社会个人力量，兴办村落社区公益事业800多件（次），捐款350多万元。其中汪墩乡古岭村委会黄家坂村落，原来是个“垃圾村”。在志愿者协会会长、老党员黄志坚带头捐款带动下，全村村民共捐款6多万元，义务投工1200多个，搬走了8座“垃圾山”，整修了下水道，改建了厕所，兴建了垃圾窖，不仅实现了村道全部硬化，建起了村落中心花园和村落社区活动中心，使村落环境大为改观，还成立了婆婆秧歌队和媳妇腰鼓队，在村落社区活动中心建了图书室、娱乐室和村民夜校，活跃了村民业余生活，使村民精神面貌焕然一新。永丰县瑶田镇梁坊桥村落社区发动村民集资、动员村民投劳，将各家各户房前屋后的巷道全部铺成了水泥路，并为家家户户装上了自来水、有线电视和程控电话。很多村落志愿者协会还抓住抗击“非典”和防控“禽流感”的时机，积极组织村民开展爱国卫生运动，彻底治理村庄的脏、乱、差，使村庄的环境变得整洁美丽。我曾经跟都昌县汪墩乡古岭村委会黄家坂村落志愿者协会会长、老党员黄志坚交流过，他说，其实农村中有好多像我一样关心家乡，愿意为改变家乡落后面貌出钱出力的人，但农村实行家庭承包责任制后，村民生产生活各顾各，没有人来组织，我们是有力无处使，现在政府提倡开展农村社区建设，成立了志愿者协会，就为我们报效家乡搭建了一个效力的平台。由于有农村社区这个平台，都昌县狮山乡曹家舍村落社区成立了关心下一代小组，开展对村落未成年人教育活动。志愿者协会会长曹俊铎70多岁，是一名老共产党员、退休干部，他自编教材，坚持每周六下午给村落里的孩子讲课，教育孩子先学会做人，再学会做事，并对村落社区的孩子开展评星活动，鼓励孩子们好好学习，好好做人，被孩子们亲切地称为“周六爷爷”。吉安县永和镇锦源村落社区志愿者协会，针对村落中部分村民赌博和封建迷信思想比较严重的情况，自编自演采茶戏《十劝农友莫赌博》、锣鼓说唱《扶贫开发就是好》、歌曲《锦源是个好地方》等群众喜闻乐见的节目，对村民进行宣传教育，有效遏制了村落部分村民赌博和搞封建迷信活动的现象。都昌县老屋村落社区，开展了评好媳妇活动，从176名媳妇中评出了3名好媳妇，志愿者协会给每人制作了两块匾，一块召开村民会议发给本人，一块组织腰鼓秧歌队敲锣打鼓送到该妇女娘家。据江西省收集各地的情况看，村落社区志愿者协会通过组织开展各种健康有益的文化体育活动，开展评选清洁户、文明户、好媳妇、好婆婆、好孩子等活动，提倡社会主义新风尚、新道德，改变落后的观念和陋习，使农民的思想道德素质不断提高，精神面貌明显变化，生活方式不断改进，生活水平和生活质量得到提高，农民群众非常满意。

实践证明，江西省在开展农村社区建设时，依托“五老”（生活在农村的老党员、老干部、老教师、老复退军人、有威望的老农民）和无职党员为主体的志愿者协会，在组织和动员村民广泛参与农村社区公益事业建设和公共事务管理，扶贫助残、整治环境、维护治安、开展文体活动、进行科技文化教育等方面确实发挥了很好的作用，成为村党组织和村委会与农民群众相互沟通、相互联系的桥梁和纽带。在农村广泛推广志愿者活动是在农村现行基层管理体制外的一个重要的机制创新和观念创新（江西省这个经验得到了中央的肯定，2006年2月20日中组部、中宣部、民政部等十三个部门以民发〔2006〕1号文件下发了《在农村基层广泛开展志愿服务活动的意见》，对在全国农村基层广泛开展志愿服务活动提出了具体意见。意见发出前，王金华副司长专门电话向我询问了江西省开展农村志愿者服务活动的情况）。志愿者组织和志愿者的参与，改变了过去党对农村基层社会的领导和控制主要是依靠科层化的行政组织，包括村委会的管理体制，形成了在党的领导下，“政府、社会、群众”三结合的基层社会管理格局。为建立政府调控机制同社会协调机制互联、政府行政功能同社会自治功能互补、政府管理力量同社会调节力量互动的社会管理网络走出了一条新路子；志愿者协会不是通过经济的，也不是完全通过政治的手段，重点是通过文化的纽带，建立起村民认同感，增强村民的凝聚力，使我们党对农村政策的传导机制在基层能够比较畅通，防止在基层社会长期出现管理上的盲点，这对我们整个政权的巩固，对于我们把党的方针政策、路线贯彻下去，起到了非常重要的作用。可以说这是能充分调动农民积极性的新机制，是对农村发展动力，对农村发展模式的一种探索。很多事情发展需要投入、需要成本。农村社区建设依托志愿者协会用民主化的机制、民主化的参与来唤醒社会的认同和社会的稳定，用共同利益来激发、激活民间的活力和潜力。这种制度设计，政府并没有出多少钱，但是把整个农村基层政府激活了，把农民的积极性和愿望调动起来了。

这个案例也充分说明，“农村社区建设”是实现“村民自治”所承担的政治体制和社会管理体制改革的重要载体，是完善和发展村民自治的根本途径。

案例二：20 世纪 70 年代韩国开展的新村运动。这是韩国当时的总统朴正熙在一次严重水灾后，从一个重灾村村民自救取得成效的案例受到启发，使他产生了振奋农民勤勉、自助、合作精神，发展农村的想法。1970 年 4 月 22 日，在全国地方行政长官参加的抗旱对策会议上，朴正熙首次提出了“新村运动”的构想：“如果我们全都以自助和自主的精神，努力工作，用我们自己的双手养育我们自己的村庄，我相信所有的村庄不久都将成为繁荣和整洁的社区。我们可以把这个运动称为新村促进运动。”

韩国的新村运动，实施的第一个项目便是动员农民参与村庄改造工作，重点改善农村生活的物质环境。政府于 1970 年 10 月首次向全国各村免费提供水泥，每村 300 袋至 500 袋，要求这些水泥不分发给个人，而必须用于村里的公共事业。同时，以地方行政区域为单位颁布了新村运动约 20 个建设项目，如扩展进出村庄的道路、修建小型桥梁、改良农家住房房顶、改良水井、建设公共浴池、修筑小河堤防、建立公用洗衣房。经过此后 10 余年的持续建设，韩国农村发生巨变。运动之初，全国 250 万户农民中 80% 住的是草房，到 1977 年已全部变成瓦房；村村都通了汽车；各地小河流堤防都得到改善和巩固；全国无处不通电；所有农户都安装了简易自来水设施；所有的村庄都建了村会馆。1967 年农户收入相当于城市居民收入的 60. 1%，1979 年提高到 84. 7%，城乡差距得以缩小。此后城乡经济同步发展，2004 年韩国人均 GDP 是 14000 美元，城乡收入差距是 1 : 0. 94。但并非一切都是政府所为。在具体实施过程中，农民自身的作用便凸显了出来。实际上，包括劳动力和其他物质贡献在内的投资中，2/3 以上还是来自各村庄自身，而不是政府。尤其是当各村庄在实现自立的目标时，政府的作用更趋于弱化。

韩国新村运动为什么能取得巨大的成就？关键在于它做到了两个相结合：

一是全方位建设目标与阶段性重点推进相结合。新村运动的目标分为三个方面：第一，开发精神，使农民的精神面貌发生变化。灌输正直诚实的价值观，培养自立、自助与合作的精神，确立牢固的国家认同观念，实现生活方式的理性化、科学化，培养健康的新生活态度。第二，社会发展，改善农民的居住环境，缩小城乡差别。如普及用电、修筑道路、建立完整的通信设施，建立及配备家庭和社区文化设施，创新社区结构，扩大社会保险和福利制度。第三，经济发展，提高农户收入。包括农业和渔业结构的创新，技术创新和生产的机械化，调整土地开发，扩大开发规模，加工农业和渔业产品等。

二是政府推动与社区参与相结合。在政府方面，建立起强有力的工作推动与落实机制，如自上而下层层组建新村运动机构，中央设立领导机构与组织机构，迅速有效地制订计划、执行项目、评估成果。为了谋求政府各部门间的密切合作，总统在每月的经济动向汇报会上，都要向全体阁僚和执政党领导人通报新村运动进展情况，协调步骤。在地方，新村运动在经过全体村民的自由讨论、达成完全一致意见的基础上来开展。新村运动成了所有地方行政机构的主要行动焦点，成百上千的官员被派往各地督察、指导。政府还为运动的各个项目提供必要的财政和物质投资，并承担信息沟通和技术培训等服务功能。

这个案例则告诉我们，政府的积极倡导和必要的经济扶持和检查督促是引导和调动农民群众积极性和主动性的重要条件；而政府过于包揽和理想化的设计规划，财政拼命给钱，则会不给农民群众自我表现的空间，让农民群众成为看客，认为改变乡村落后面貌完全是政府的责任，是你要我干。那么，要我干，请拿钱来买，导致群众中的创造力和聪明才智没有发挥的可能。

第三节　村民委员会具有两重身份

村委会具有两种身份，即农民群众的自治组织和基层政权组织的重要组成部分。

1983 年 10 月中共中央、国务院发出的关于政社分开建立乡政府的通知和 1987 年颁布的村民委员会组织法（试行）和 1998 年施行的村民委员会组织法都明确规定："村民委员会要积极办理本村的公共事务和公益事业，协助乡人民政府搞好本村的行政工作和生产建设工作。村民委员会主任、副主任和委员由村民选举产生。"

这些法律规定使村民委员会具有了上述的两种身份。作为农民群众的自治组织，村民委员会要积极办理本村的公共事务和公益事业；作为基层政权组织的组成部分，村民委员会要协助乡人民政府搞好本村的行政工作和生产建设工作，是乡级政府管理农村基层社会的重要组织力量。这就是村民委员会在后来的发展过程中逐步"行政化"的制度根源和思想根源。

也正是这些法律规定，使村民委员会这些基层群众自治组织，在县乡政府的强有力的掌控下，逐渐"有名无实"地向基层政权组织转变的支撑点。

而"村民委员会主任、副主任和委员由村民选举产生"的规定，又使乡镇政府失去了对村委会干部的任免权，不能像人民公社体制时对生产大队长和生产小队长具有任命和罢免的人事权。这让不少乡镇党委政府的干部很不满意。为此，这个规定一开始就遭到不少地方基层干部的反对，他们认为只有由党委政府任命村委会干部，才能保证党对农村工作的领导。

村民委员会之所以会出现两种身份的局面，这是两种执政理念和不同利益群体对新事物"村民委员会"如何定位博弈的结果。

下面我将用事实来证明我的这个结论。

1984 年上半年，民政部对各地村委会的状况进行了调研，起草了《中华人民共和国村民委员会组织条例》，并下发到各省、区、市及法学单位征求意见。在大多数同志认同“村民委员会是我国长期有效的重要组织形式”的同时，一些地方的基层干部则担心村民自治会对党的领导提出挑战，会造成农村社会的动荡和失序。在一次听取调研组情况汇报时，彭真同志针对有人提出：广西这两个县的村委会，原来的村党支部委员并没有都进入村委会。有的支部书记选进了，有的委员没选进；有的委员选进，支部书记落选了。有人对此很疑虑，担心这样会不会在农村丧失党的领导？彭真反问，谁告诉你的，党员一定要选进村委会？党员有的就是脱离群众，甚至欺压老百姓，人家不选你，不选就不选嘛。不管党内党外，只要办事公道，执行党的政策，执行法律，这就体现党的领导。

1987年3月10日，彭真主持召开全国人大常委会第二十次会议，对条例草案连续讨论了两天，大部分委员觉得修订稿已经比较成熟，但是对村委会和乡政府的关系依然意见分歧。有鉴于此，彭真提出一个建议。他说：“村民委员会组织条例，原来是准备提交本次人大常委会审议通过，我提议把它提交到六届人大五次会议审议，因为这是一个国家的基本法，是八亿农民的一件大事。”彭真的提议获得委员长会议的同意。3月16日，人大常委会第二十次会议举行联组会，彭冲副委员长郑重宣布了这个提议。彭真发表了即席讲话说：“旧中国留给我们的，没有什么民主传统。我国民主生活的习惯是不够的。这个问题怎么解决？还是要抓两头：上面，全国人大和地方各级人大认真执行宪法赋予的职责，发展社会主义民主，健全社会主义法治；下面，基层实行直接民主，凡是关系群众利益的，由群众自己当家，自己做主，自己决定。上下结合就会加快社会主义民主的进程。把村民委员会办好，等于办好八亿农民的民主训练班，使人人养成民主生活的习惯，这是发展社会主义民主的一项很重要的基础工作。”他的这番热情洋溢的讲话赢得了委员们的阵阵热烈掌声。这次会议同意将《中华人民共和国村民委员会组织条例（草案）》提请全国人大五次会议审议。

在六届全国人大五次会议审议《中华人民共和国村民委员会组织条例》时，不少代表仍提出了很多质疑和反对意见。主要有以下几点：让村民自己选举村委会干部，这样会不会在农村丧失党的领导？为什么村委会是群众性自治组织？乡政府和村委会的关系为什么是指导关系？这个问题争论最大。多数代表认为，乡政府和村委会应该是领导关系，而不是指导关系，否则的话，村委会不完成国家规定的任务怎么办？现在乡政府的工作就难做，比如计划生育工作，这样一规定，恐怕就更难贯彻落实了。全国人大常委会副主任王任重也坚持认为乡政府和村委会的关系应该是领导关系。

这些问题成了会议讨论的重点。

这次会议的争论也十分激烈，即使一个代表团中内部也常常出现针锋相对的意见，最突出的分歧点仍然是村委会和乡政府的关系问题。比如，河北代表团从团长、副团长到普通代表就存在两种意见。有的说从发展社会主义民主的角度来看，必须要建这种自治组织，乡政府和村委会的关系应该是指导关系，村委会可以协助乡政府的工作，但不是乡政府的"腿"。有的说，现在建立基层自治组织条件不具备，村委会应当是政府的"腿"。现在农村工作这么难，领导命令还行不通呢，一旦成立了自治组织，农村工作没法干。

鉴于这种情况，彭真决定亲自听一听大家的意见，于是4月6日上午在人民大会堂西大厅召开代表团团长座谈会，专门讨论乡政府和村委会的关系问题。因为代表团团长是省里的领导，而当时主要是省里的领导想法不一致。广西、黑龙江、陕西等14个省、自治区代表团召集人发表了意见。这次会议开得很民主，大家畅所欲言，把思想、看法敞开了。最后彭真讲了一段话，他说：民主自治问题，考虑了不止五年，多少年了。我们要恢复我们的民主传统，有了事要与群众商量，不要强迫命令。宪法中对村民自治专门写了一条。写村民自治这一条的目的，就是要恢复干部群众的鱼水关系，恢复我们群众路线的优良传统。村民自治就是要让群众看得见，摸得着。八亿农民和咱们一条心，那还不是安定团结？担心自治影响安定团结，不会的。担心自治会搞乱，不必。基本的东西要确定下来，就是农村基层要搞自治。希望大家都要认真研究。

4月6日下午，彭真主持召开党内委员长会议，再次就村民委员会的性质问题发表讲话，他说：村委会的性质不能变，这是坚持不坚持宪法规定的问题。坚持自治，凡是村里办的事由村办，不要乡政府插手，这样，一可以减轻政府的负担，二可以改变工作方法，不强迫命令。

彭真的这两次重要讲话，对统一大家的思想认识起了至关重要的作用。

最后，大会主席团作了一个具有妥协性的决议：因为意见分歧，会上对《中华人民共和国村民委员会组织法（草案）》暂不付表决，提请大会作一个授权的决定，即授权人大常委会进一步认真研究，总结经验，审定修改后颁布试行。4 月 11 日上午，六届人大五次会议闭幕大会上以 2661 票赞成、2 票反对、11 票弃权通过了这个决议。

1987 年 11 月 12—24 日，全国人大常委会第 23 次会议审议《中华人民共和国村民委员会组织法（草案）》。会议上还是有一些意见，但经过这么长时间的讨论和调查研究，总体上看法趋同。11 月 23 日下午，在举行联组会的时候，彭真作了语重心长的谈话，把村民委员会的意义讲得很透彻。他说：群众自治、村民委员会现在大部分地方搞得好，有些地方也有些问题。于是有些同志就说：咱们的基层群众根本就不懂得民主，怎么实行民主根本不懂，即使搞自治也搞不好。但是怎样才能让群众懂得，光有一点民主的说教还不行，要通过民主的实践来解决才行。我国几千年封建社会，说不上民主，新中国成立以后，我们又曾经走过一段弯路，就是长期以来我们自上而下的很多，自下而上的东西很少。那么现在我们实行这样一个村民自治的办法，是一个基层民主最广大的实践。这就是说，群众在一个村范围里面涉及公共事业、公益事业这个问题，要办什么不办什么，先办什么后办什么，完全交给群众自己去办。怎么提出问题，怎么讨论问题，怎么用民主的程序来决定问题，完全交给群众自己去办，这样群众自己就一步一步地学会了民主，养成民主意识、民主习惯，掌握民主的操作方法。从这个意义上来看，我看村委会是个最大的民主训练班。老百姓现在如果通过这种直接民主形式管理好一个村，将来就可能管好一个乡，管好一个乡以后，将来就可以管好一个县、一个省，真正地体现出我们的国家是人民当家做主。因此，我们各级党委和政府，对村委会要抱着一种热情支持的态度，都应该懂得它建立的意义，采取热情、支持、扶持的态度，做不好的应该帮一把，尤其不要像 1953 年那样硬布置，不应该由政府干的事情也让政府来干，要是那么弄就把村委会搞垮了。

但是为了慎重，彭真还是提出试行，即我们有些做法，还不是很成熟，需要继续在实践中总结经验，以便将来修订正式施行。

11 月 24 日下午，由于已经经过很长时间的讨论酝酿，闭幕会议以 113 票赞成、1 票反对、6 票弃权通过了《中华人民共和国村民委员会组织法（试行）》。

上述事实说明，从村民委员会和村民自治提到国家立法层面，将作为中国共产党治国理政的基本政治制度开始，两种执政观念和不同阶层的利益博弈就以“将村民委员会建设成乡政府的‘腿’，还是村民的自治组织”的外在形式贯穿在村民自治发展的全过程。可以说在很多地方，基层党委政府就是坚定地按“将村委会建设成乡政府的‘腿’”这种思路来运作的。对于这个论断，我在2010年12月24日撰写的《观念和利益博弈是认识村民自治发展规律和方向的钥匙——村民自治的历史回顾和思考》一文中作了详尽的论述。

我认为彭真同志的上述民主建政的重要讲话，只是在当时暂时遏制住了要将村民委员会建设成政府的“腿”的同志的思想认识，但并没有从根本上解决问题。直至今日，这种认识还很有市场。我在工作期间和退休后受全国村务公开协调小组办公室的委托，到一些省去调研“难点村”治理工作情况时，接触到这些省的组织部门和一些乡镇党委政府的同志，他们中的一些同志总会向我提出：你们民政部门在农村“让村民选举村委会干部”，还要不要党的领导？甚至有的人还说，你们这样做，已经让党在农村的领导丧失殆尽。

由于不少党政干部存在这种思想认识，为了使村委会成为乡政府的“腿”，许多地方的乡镇党委政府在村委会换届选举时进行组织干预，为了实现“组织意图”采用了许多办法，导致村民难以真正行使民主选举的权利，让他们感到“谁当村委会干部不是村民说了算，还是乡里党委政府说了算”，从而严重阻碍了村民自治制度的健康发展，也严重影响了广大农民群众参与村委会选举的积极性和主动性，还为一些人在村委会换届选举时进行“贿选”创造了机会和空间。

村委会具有的基层政权组织组成部分的身份，就使乡镇人民政府有了干预村委会工作的理由和借口。同时，村委会干部借此也获取了许多行政的权力，如对村集体的土地和资产的调整、处置权、宅基地的分配权、救灾救济款物的调度分配权、计划生育指标和违法处置权、困难群众的确定权等关系村民切身利益的处置权利，以及他们与政府的对话权。在现行压力型体制下，乡镇政府要完成上级政府交办的各项工作和社会经济发展任务，工作要出政绩，又必须依靠村委会等村级组织去完成，如果离开了村委会的配合和支持，乡镇政府根本无法单独去完成。为此，乡镇政府必须想方设法来控制村委会。同时，村委会干部也会为维护自己已取得的行政权力和个人利益，千方百计地与乡镇党委政府干部加强联系，甚至建立利益联盟。这也是在村委会选举中，“贿选”在一些地方愈演愈烈的根本原因。由于担任村委会干部能掌握一定的权力，可与乡镇党委政府和社会组织建立广泛的人脉关系，使自己在农村社会具有较好的社会地位，很多村民，尤其是一些先富起来或家族势力较大的村民，都极力企求担任村委会干部，以取得在农村社会生活和经济活动中的话语权和支配权。由于能否当选村委会干部，既取决于乡镇党委政府的是否支持，又取决于村民的选票多少。为了当选，这些村民使用了很多方法，其中“贿选”则是主要的手段。一些乡镇干部为了一己私利，一些村民为了图眼前的实惠，放弃原则，又助长了“贿选”风气的发展，导致“贿选”在一些地方的村委会换届选举中成为常态。

“贿选”成为常态，究其深层次原因，无一不与当地乡镇党委政府不作为有关。而乡镇党委政府不作为的原因则是与乡镇党委政府干部的利益攸关。因为查处“贿选”一会影响他们的政绩，二会影响他们的物质利益，甚至于政治前途。因为“贿选”者都十分清楚：只“贿赂”村民，不“贿赂”乡镇干部，他是很难当选的。可以说“贿选”没有乡镇干部的默许和遮掩，根本就无法生存。

当然，“贿选”也与农民群众民主意识差，只看眼前利益有关。我在担任江西省民政厅基层政权和社区建设处处长期间，在查处一次“贿选”案件时，一个村民就说：“一张选票给 100 元钱，我家 8 个选民，就得了 800 元钱，我家一年的口粮钱全解决了，真巴不得每年搞一次村委会换届选举。”而在查处另一起“贿选”案件时，在确凿的事实面前，由于市、县和乡镇三级领导的不支持，县、乡镇的领导说：“如果一桶食用油换一张选票就算贿选，那么我们全镇、全县的村委会选举都得重来。”市里的同志则说：“如果这么认真地查下去，势必影响社会的稳定，希望你们不要太认真。”无奈之下，我们只得不了了之。还有一个“贿选案件”，查处后，贿选者被开除党籍，取消了当选的副主任职务，但仍被村委会聘用，拿着副主任的补贴。他公然地说，由于我手中有一本账，镇里某某干部和某某干部在村委会拿了多少钱，占了多少地盖房子，我都有记载，如果他们敢不安排我工作，我就全部抖搂出来。

此外，农村税费改革有一个“意想不到的结果”：农村税费改革后，农民不仅种粮不需要交农业税，而且也不再承担各种统筹和提留款，这就使村委会干部与农民的经济关系彻底割断，由过去村民出钱供养而转变为完全由政府地方财政供养，村委会自此彻底完成了从“基层群众自治组织”向“基层政权组织”的蜕变。村民也完全失去了对村委会干部的批评监督的话语权，一些村委会干部也更加无视村民的意见和利益，一心只在乎乡镇党委政府对自己的看法和态度。

第四节　今后应如何深入推进村民自治

一、推进村民自治必须科学设置村委会

当年广西壮族自治区宜山县三岔公社合寨大队 12 个生产队中的果作村等 6 个生产队的 125 户中的 85 户农民，是以生产生活共同利益需求为纽带，以无记名投票的方式选举产生了我国历史上第一个村民委员会——果作村村民委员会。1983 年 10 月，中共中央、国务院下发《关于政社分开建立乡政府的通知》后，我分析一是受传统管理模式的影响，二是担心增加农民负担，全国基本上是按照公社改为乡，生产大队改为村民委员会，生产队改为村民小组的模式进行农村基层管理体制改革。广西壮族自治区和广东省由于认为按生产大队设置村委会不利于村民自治，分别于 1987 年和 1988 年改按生产队来设置村委会，致使村委会数量超过原有生产大队数，受到纠正，分别又于 1994 年和 1998 年重新按生产大队设置村委会。从此在农村税费改革之前，基本形成了按生产大队为基础设立村民委员会的格局。而在农村税费改革时，又怕增加财政转移支付负担，各地拼命撤乡并村，2—3 个村委会合并为一个村委会，由于缺乏利益纽带，合并后的村委会矛盾很多，不少存在明合实分的状态，非常不利于村民自治。

虽然村民委员会组织法规定：“村民委员会根据村民居住状况、人口多少，按照便于群众自治的原则设立。村民委员会的设立、撤销、范围调整，由乡、民族乡、镇的人民政府提出，经村民会议讨论同意后，报县级

人民政府批准。”但实际运作过程中，村委会的设立和撤销、范围调整，很少能按法律规定执行，都是依靠长官意志行政手段来办事的。因此，必须顺应村民自治的要求，以历史上长期发展形成的具有共同利益和共同文化、共同生产生活资源的社会生活共同体来确定村委会的范围，科学设置村委会。25 年人民公社的历史实践证明，对农村基层社会进行管理，以公社为单位不行，以生产大队为单位也不行，只有以生产队（具有一定规模的自然村）为基础才符合农村经济与社会发展的要求。因为生产队（具有一定规模的自然村）才是农村具有共同利益和共同文化、共同生产生活资源的社会生活共同体。当年广西壮族自治区改按生产队来设置村委会，就是认为“村委会设在大队一级，超越了环境制约（广西每个生产大队平均辖 12.6 个自然村），超越了村民的民主意识，超越了管理习惯（三级所有、队为基础、以队为主的管理习惯），超越了自治性质，超越了民族心理（以自然村为单位的民族居住）”；近 30 年村民自治的历史实践也证明，以大队设置的村委会与村民小组（自然村）出现断层的问题严重，税费改革并村形成的大村矛盾更加突出。可以说，共同利益和共同文化、共同生产生活资源才是村民自治的基础和内在动力，背离了这个原则设置村委会必然会对村民自治产生严重不利影响。

2014 年中央一号文件中共中央、国务院印发的《关于全面深化农村改革加快推进农业现代化的若干意见》第 32 款中明确提出要“探索不同情况下村民自治的有效实现形式，农村社区建设试点单位和集体土地所有权在村民小组的地方，可开展以社区、村民小组为基本单元的村民自治试点”。这表明党中央、国务院已经注意到这个问题，不仅充分体现了党的“实事求是”精神的回归，也充分体现了对我们江西省开展农村村落社区建设，完善和发展村民自治工作经验的肯定。这让我看到了希望，也增强了信心。

二、推进村民自治必须明确村委会的职责

村委会是村民自治的群众性组织，它的主要任务应当是组织村民对本村的公益事业、公共事务进行自我管理、自我教育、自我服务，对干部进行民主监督。其次才是协助乡镇人民政府做好有关行政事务工作。但从村委会建立以来，政府就给予了村委会太多太多的行政事务和职能，使其性

质发生了异变，成了政府的“腿”和“二政府”。因此必须明确村委会的职责，不能把增加县乡财税收入、计划生育罚款、招商引资、调整农业产业结构、组织农民规模化生产、带领农民闯市场、推广农业先进技术和良种化肥等都交由村委会干，把村委会变成一个“全能”组织。结果是政府有关部门工作人员悠闲舒适，村委会干部却违法办事忙得团团转，“耕了别人的地，荒了自己的田”，里外都不是人。

我认为，在社会主义市场经济条件下，在土地家庭承包责任制的经济制度下，村委会不应当也没有能力来承担带领农民闯市场、发展生产的责任的。引导农民发展生产，应当依靠农民专业合作经济组织。农民专业合作经济组织是我国农村改革开放、发展社会主义市场经济中涌现出来的新生事物，是广大农民群众适应市场经济的发展要求、满足发展经济的合作需求，在家庭承包经营基础上对农业经营体制的创新，是建设现代农业、增加农民收入、提高农民和农业组织化程度的有效形式，是新阶段党和政府指导农业和农村工作的重要渠道。据农业部孙政才部长2007年1月撰写的《努力提高依法促进农民专业合作社发展工作水平》一文中所说：“目前，全国农民专业合作经济组织有15万多个，加入的农户成员达到2363万户，占全国农户总数的9.8%；带动非成员农户3245万户，占农户总数的13.5%；两类农户合计占农户总数的23.3%。农民专业合作经济组织带动成员增收幅度比一般农户普遍高出20%—50%。总体上看，我国农民专业合作经济组织发展趋势良好，群众基础深厚，深受农民群众的欢迎和拥护。”中央一直高度重视农民专业合作经济组织建设与发展。2006年颁布了《中华人民共和国农民专业合作社法》，支持农民按照自愿、民主的原则，发展多种形式的农村专业合作组织，鼓励和引导农民发展各类专业合作经济组织，提高农业的组织化程度。自2003年以来，中央财政已累计安排专门资金2.9亿元，对1600多个农民专业合作经济组织给予了扶持补助。

三、推进村民自治必须正确处理好村党组织与村委会的关系

在加强村“两委”组织建设过程中，尤其要正确处理好村“两委”之间的关系。一些地方的同志认为村党组织遇事说了算，才是体现了党的领

导。为此有的村党组织包揽应当由村委会管理的事务，忽视村民自治；有的村委会则片面认为村民自治就是村委会说了算，不能正确处理坚持党的领导与村民自治的关系。更有甚者，个别地方甚至演变为谁是村里的“一把手”，村里的事情究竟是村支书说了算还是村委会主任说了算，变成了个人之间的权力之争，矛盾比较尖锐的地方，已经影响当地农村的经济发展和社会稳定。2002 年 6 月 24 日，胡锦涛同志在全国农村“三个代表”重要思想学习教育活动总结表彰会议上指出：“大量情况表明，村党支部、村委会之间出现不协调，绝大多数都出在村级重大事务的决策与管理上由谁说了算，按什么程序办。解决这个问题，关键在于依照法律和条例，明确村党支部和村委会的职责，规范村级重大事务决策和管理程序，建立健全党支部领导下的村民自治运行机制。要建立和完善村民会议和村民代表会议制度，完善村民自治章程和村规民约，规范村务公开特别是财务公开制度，加强民主监督，保障村民当家做主的权利。近年来，许多地方在实践中创造出由党支部召集、书记主持的村党支部和村委会联席会议制度，在民主协商基础上对村级重大事务进行决策，然后按照各自的职能组织实施，这样既保证了党支部的领导地位，又发挥了村委会的作用。建立了这一制度并认真坚持的村，党支部和村委会的关系一般都比较协调，各项工作也比较顺。”依据胡锦涛同志的重要讲话精神，中办发〔2004〕7 号文件从四个方面对民主决策机制进行了规范：一是民主决策的内容；二是民主决策的形式；三是民主决策的程序；四是违反民主决策程序的责任追究制度。因此，认真学习贯彻中办发〔2004〕号文件，依靠制度来规范村党支部和村委会的职责是关键所在。同时还要在思想上认识清楚如何坚持党的领导。党章明确指出：“党的领导主要是政治、思想和组织的领导。”为此，党的领导在基层在直接面对群众的情况下，主要不是依靠行政手段，而是要发扬我们党在还没有取得执政地位时所形成的优良传统，即依靠党的组织性、纪律性和基层党组织的战斗堡垒作用，通过对党员，尤其是党员干部进行教育、管理、监督，发挥党员的先锋模范作用；通过党组织的强有力的政治宣传工作，深入的群众工作，来增进党和政府与人民群众的血肉联系，密切党群干群关系；通过在党组织领导下的村民依法“自治”来保证党的路线方针，国家的法律、法规和政策在农村基层的贯彻落实，巩固和发展党的执政基础，维护社会稳定。也就是说，党的路线方针，国家的法律、法规和政策在农村基层是否得到贯彻落实、党员的先锋模范作用发挥得是否好、党群关系是否融洽、村里的各项事业是否健康发展、群众对党组织和党员是否满意才是检验是否坚持了党的领导的标准和内在要求。

四、推进村民自治必须转变乡镇政府职能和乡村组织的工作方式

要使村委会真正发挥自治组织的作用，必须转变乡镇政府职能和乡村组织的工作方式。一是必须精简乡镇政府机构，减少乡镇政府工作任务，转变乡镇政府工作职能，由管理型向服务型政府转变，有效解决乡镇政府把大量工作压给村委会去做，使村委会变成乡镇政府的“腿”的现状。二是做到凡村民自治的事项，乡镇政府都应按照“党的领导、人民当家做主、依法治国”和“四个民主”的原则，指导村委会依法依制度办事，确保农民群众的“四权”落实，实现“四个自我一个民主监督”，真正由村民依法行使当家做主的权利。三是做到乡镇政府仅为村民办理各项公益事业、公共事务、发展生产提供支持和服务。乡镇政府不能向村委会下硬性目标任务，更不能硬行摊派和强迫命令，只能指导村委会引导和帮助村民发展生产，建设美好家园。四是乡镇政府和村委会都要转变依靠行政命令工作的老办法，学会用民主的方式、依靠志愿者协会组织村民广泛参与的方式管理村务，注重依法自治和以德自治相结合，充分调动村民依法参与管理、办理各项村务的积极性和主动性。要明确县、乡党委、政府和有关部门指导村民自治的工作职责，将村民自治工作作为有关单位年终目标考评、干部政绩考核和提拔任用的重要内容，并进行定期或不定期检查、督促，实现政府行政功能同村民自治功能的互补。要建立健全村干部违纪违法问题信访受理、立案查处等工作制度，坚持有案必查，努力消除村干部监管“真空”，认真做好村干部违纪违法案件的查处工作；加强对工程发包、山林拍卖、土地承租等重点环节的监督检查，有效防止村干部违纪违法行为。要建立健全村干部工作考核制度，对村干部的德、能、勤、绩、廉等进行全方位的考核，让群众参与评议，以各种形式公布，使村级干部明确自己存在的不足，不断发扬优点，改进工作。要建立健全村干部廉政

建设制度，强化民主监督，规范村干部行为，从源头上预防村干部违纪违法问题的发生，促进村干部进一步加强自身建设，提高政治素质和工作水平。

五、推进村民自治必须建立动员农民群众参与的新机制

随着社会经济的快速发展，村民自治工作也面临着新的发展机遇和挑战，在现行村委会设置体制下，要进一步完善村民自治工作，实现基层政府行政管理和社区自我管理有效衔接、政府依法行政和村民依法自治良性互动，必须创新工作思路，积极探索动员村民参与的新机制。近年来，江西省积极探索的农村村落社区建设，有效地促进了农村的乡风文明、村容整洁、管理民主和生产发展，得到了农民群众的广泛认可和参与，赢得了省委、省政府、民政部和党中央的充分肯定。实践证明，村落居民以地缘、亲缘、血缘为纽带联结在一起，有着共同的生产生活环境和方式，认同感和归属感比较强。推进以村落为重点的农村社区建设，建立以农村“五老”和无职党员为主体的志愿者队伍，充分发挥村落社区志愿者协会的桥梁和纽带作用，有利于动员广大村民参与村民自治的各项事务，实行农民群众的自我管理、自我教育、自我服务、自我监督，能有效地促进村民自治各项工作的开展，是对村民自治工作的补充和深化。尤其是近年来在江西省都昌县开展的“四权进村落社区活动”，通过建立“五项制度”，一是事务通报制度，二是重要工作征询意见制度，三是重大事项票决制度，四是社区工作询问和质询制度，五是社区工作民主评议制度，有效落实了村民的知情权、参与权、表达权、监督权，更是进一步推动了村民自治工作的深入开展。近年来，江西省又探索出了城乡社区对接互动活动和“中心村＋村落”建立社区服务中心的农村社区建设新模式，创新了农村社区建设的内容和形式，进一步调动了村民参与的积极性和主动性，使农民群众在农村经济与社会发展中的主体作用得到了更加充分的发挥。

可以说，江西省的这些做法对各地建立动员农民群众参与的新机制具有很好的借鉴参考作用。

六、推进村民自治必须建立完善对乡镇和村级组织干部的监督和惩治制度

村党支部和村委会干部与乡镇党委政府干部建立利益联盟后，乡镇党委政府就成了他们的“保护伞”，这就使不少农村党支部书记或村委会主任，成了农村的特殊利益阶层，他们中一些人无视法纪，无法无天，利用手中所掌握的权力和资源，谋取私利、欺压农民、掠夺财富，严重破坏了党的群众路线和党群关系，毁灭着我们党的执政基础，由于村党支部和村委会干部是党和政府与农民群众连接的中间层，是直接面对农民群众的，他们的所作所为是广大农民认识党和政府的直接感受，如果不能建立完善的制度来约束乡镇和农村基层组织的权力和加大惩治乡镇党委政府和农村基层组织中的腐败分子，那必将导致中国共产党失去民心，失去政权。

这里有个问题必须引起格外重视和注意，就是村级组织的干部的身份问题，他们不是国家公务人员，但又行使了很多国家公务人员的权力，在他们违法乱纪后，如何处罚无法可依，顶多是撤职罢免，难以入刑。如不能尽快完善相关法律法规和政策，他们就有恃无恐，为所欲为。

写出以上思考，只是把我个人这几年来的研究思考告诉大家，希望大家能换个角度来认识村民自治，寻找出村民自治（实际也包括居民自治、企业职工自治）今后发展的正确方向和路径，使基层群众自治制度能在巩固党的领导，坚持社会主义基本政治制度，改革发展社会主义政治体制、社会管理体制和促进社会和谐方面发挥出更加积极有效的作用。

注：关于彭真同志在全国人大有关会议上的讲话引自白益华同志的《彭真与〈村民委员会组织法〉的制定》一文。

附 录

我在退休后撰写了几篇文稿。这几篇文稿的重点在于以下几点，现摘要如下：

一、利益是认识社会现象和社会问题的钥匙。利益是调动人们的积极性、主动性的杠杆。

二、中国是个农业大国。中国的问题主要是农民问题，什么时候顺应了农民的利益，中国的革命和建设事业就发展、就前进。反之，就倒退或停滞不前，甚至要丧失政权。

三、要以人民公社的发展过程中最终确定以生产队为基础和村委会刚开始建设定位时否定广东、广西两省（区）定位在生产队的正确做法而定位在生产大队的历史为镜，认清农村的利益共同体只能是自然村，农村社区定位在村民委员会是一种错误决策（如果村委会只由一个自然村构成的例外，这在北方多见）；城市社区建设由于没有像农村几百、几千年形成的自然村那样的生活共同体，就要坚持以生活小区、楼栋为单位开展社区建设活动，才能形成利益共同体，才能将生活小区或楼栋中的居民真正动员和组织起来，齐心协力建设自己和谐幸福的美好家园。

四、村（居）民自治和城乡社区建设的主体力量是城乡居民，因此在村委会和城乡社区的设置、村民自治活动和城乡社区建设的工作规划、任务要求都必须以城乡居民的利益需求为依据，不能脱离实际，更不能因为害怕群众的民主意识觉悟和组织起来，而制定出所谓“稳当”的政策规定，用行政力量强行要求城乡居民执行。

五、村委会的行政化，是将村委会建设成政府的“腿”还是建成真正的“基层群众自治组织”两种观念和不同利益需求博弈的结果。农村税费改革后，村两委干部的生活补贴不再由农民负担，转由财政负担后，是强势的县乡政府将村委会建设成政府的“腿”的完成式，从此彻底将村委会干部与村民之间的经济联系割断，也是村委会彻底由村民自治组织变异为基层政权组织的转折点。

六、政府“简政放权”才能给基层民主政治建设和城乡社区建设释放空间，而政府简政放权则必须转变执政理念和执政方式，必须相信人民群众中蕴藏着极大的创造力，否则就无法真正将亿万人民群众的积极性、主动性和创造性发挥出来，就会走入形式主义的误区。

观念和利益博弈是认识村民自治发展规律和方向的钥匙

——村民自治的历史回顾和思考（摘录）

（2010 年 12 月 24 日）

1987 年 11 月 24 日，《中华人民共和国村民委员会组织法（试行）》颁布，并决定自 1988 年 6 月 1 日起试行。这是我国有史以来第一部关于保障村民民主权利、在农村实行村民自治的法律。标志着村民自治由农民群众的首创活动步入了法制建设阶段。但两种执政理念的冲突已经展现出来，主要表现在是“保证人民群众依法直接行使民主权利，管理基层公共事务和公益事业，对干部实行民主监督”，还是“害怕人民群众直接行使民主权利，拒绝人民群众的民主监督，坚持替民做主，民可使由之，不可使知之”两种执政理念的冲突。而两种执政理念的冲突又有着深层次的利益冲突，既和现行的压力型政府体制有关，又和各级党政干部，尤其是县乡两级党政干部的利益相关。所以两种执政理念和中央与地方、县乡党委、政府与村委会、乡村干部与农民群众之间的观念和利益博弈就一直贯穿在村民自治运动的发展过程中。

中央与地方、县乡党委、政府与村委会、乡村干部与农民群众之间的观念和利益博弈历程。

1983 年 10 月，中共中央、国务院发出关于政社分开建立乡政府的通知和 1987 年颁布的村民委员会组织法（试行）都明确“村民委员会要积极办理本村的公共事务和公益事业，协助乡人民政府搞好本村的行政工作和生产建设工作。村民委员会主任、副主任和委员由村民选举产生”。并规定，乡镇政府不得干预依法属于村民自治范围内的事项，乡镇与村委会的关系仅是“指导、支持和帮助”。但在实际上，县乡党委政府并没有严格执行这些法律和政策的规定。这是因为，明确村民委员会协助乡人民政府搞好本村的行政工作和生产建设工作，就使村委会具有了两种身份：既是农民群众的自治组织，又是基层政权组织。这就使乡人民政府有了干预村委会工作的理由和借口。同时，村委会干部借此也获取了许多行政的权力，如对村集体的土地和资产的调整、处置权，宅基地的分配权，救灾救济款物的调度分配权，计划生育指标和违法处置权，困难群众的确定权等关系村民切身利益的处置权利，以及他们与政府的对话权。在现行体制下，乡镇政府的各项工作和社会经济发展任务，又必须依靠村委会等村级组织去完成，如果离开了村委会的配合和支持，乡镇政府根本无法单独去完成。为此，乡镇政府必须想方设法来控制村委会。同时，村委会干部也会为维护自己已取得的行政权力和个人利益，千方百计地与乡镇党委政府干部加强联系，甚至建立利益联盟。这也是在一些地方的村委会选举中“贿选”愈演愈烈的根本原因。概括各地的情况，乡镇控制村委会的方法有以下几种：一是通过掌控村委会选举来控制村委会。二是通过村党支部来间接控制村委会，因为村党支部是在乡镇党委直接领导下开展工作的，乡镇党委可以直接任免村党支部书记、副书记和委员。乡镇党委、政府强调“加强党的领导”，明确规定村委会在村党支部领导下工作，村党支部书记有对村务的最终决定权，从而达到间接控制村委会的目的。三是利用掌控各级财政资金拨款和宅基地审批、困难救济、计划生育指标控制和收缴社会抚养金、征兵等各种利益，采取听话的多给，不听话的少给或不给等经济手段来控制村委会。四是依靠行政权力，百般刁难民选的“不听话”的村委会干部，随意对他们停职、调整、撤换，甚至违法罢免民选的村委会干部或干脆不组织民主选举，直接任命村委会干部。五是利用“村财乡管”或“村财乡理”等措施，剥夺村委会对村财的管理权来控制村委会。六是由乡镇统一规定村干部的工资待遇以及奖惩、提干等手段来控制村委会等。其中突出地表现在掌控村委会选举和通过村党支部间接控制村委会两个方面，斗争尤为激烈。

一、掌控村委会选举的斗争

1983年至1985年撤销生产大队建立村委会期间，由于受过去已有选举方式的路径依赖影响，多数农村都沿用人民公社时期社员代表大会选举大队管委会、社员大会选举生产小队长的先例，由乡党委会同村党支部提名村委会主任、副主任和委员候选人，村民举手表决，采用的多为单一候补式的等额选举。这种选举方式更多地体现了上级党委和政府的意图，而较少考虑到村民的意愿。村委会干部的合法性，由村民认可又回到人民公社体制时期的上级政府认可的轨道上。村委会干部由对村民负责又回到向乡镇政府负责的轨道上。这种方式得以顺利推行，一是乡镇党委和政府以及村党支部等机构领导方式、思想观念、工作方法还没有发生根本性转变；二是村民因为刚刚推行家庭联产承包责任制而获得较大的收益，国家与农民的矛盾并不突出，农村社会经济发展势头很好，人民对国家和政府的满意度和信任感较强。

1988年村民委员会组织法（试行）开始试行后，由于在20世纪80年代中期，随着农村改革的边际收益出现递减，农村农民增收乏力，再加上整个国家的经济增长快速期结束，但国家对各项事业的投入却越来越大，农民的负担也越来越重，而村委会干部在协助乡政府收粮、收费、抓计划生育等工作中所扮演的角色，由此引发了农村干群矛盾增多，关系紧张。为此，农民群众对由乡镇党委政府任命村委会干部的做法意见大，为了缓和农村社会矛盾，转变政府职能，减少国家对乡村社会的管理成本，落实“村民委员会主任、副主任和委员由村民选举产生”的法律规定，让村民依法选择自己满意的村委会干部，1990年中央在山东莱西市召开全国村级组织建设工作座谈会，这次会议有力推进了村委会民主选举的进程，一些农村开始直接选举产生村委会成员。但总体来说，多数省份的多数地区在刚开始时对直选村委会基本上持一种观望、抵制的态度。到了90年代中期，随着国家与农村社会关系的日益紧张，村民普遍要求有对村务的知情权、决策权和监督权，各级政府也逐渐认识到，只有直选产生的村委会成员才更有合法性基础获得村民的普遍支持，也更有利于他们对各项村务的处理，缓和农村各种社会矛盾。这样一来，采用直选方式的农村也越来越多。部分省份甚至在本省颁布的村委会选举办法中明确规定了村民直接提名的原则，选举的民主性、规范性更加突出。但与此同时，直选产生的村委会与乡镇政府、村党支部的关系也日益复杂化。一些乡镇干部觉得大权旁落，担心以后无法驾驭村委会干部的自治行为，无法完成上级党委政府交办的各项任务；农村党支部尤其是支部书记也感到大权旁落。这样一来，乡镇党委政府和村委会的关系，以及村党支部书记与村委会主任的关系、村委会与村民的关系都出现了一些情况。

二、村“两委”之间的博弈

有些农村的党支部书记把党的领导简单地理解为村支部说了算，甚至理解为是党支部书记一个人说了算，对村委会的自治工作大加干预和包揽，从而导致了不少地方村委会在实际上的无权地位。由于党支部书记的实际权力来源于乡镇党委和政府的支持，同时也来源于传统农村治理模式的权力惯性，所以村党支部与村委会或村党支部书记与村委会主任（实际上也包含着村委会与乡镇党委政府）之间的博弈，多半都是村党支部或村党支部书记占上风。前些年一些地方出现了村委会主任因为实际上无权可使要求辞职甚至村委会主任联名提出辞职的情况，其中最典型的是2000年底山东省栖霞市4个镇57名村委会成员到北京向中央的有关部门递交了他们的辞职信事件。而另外也有一些农村则走向了事情的反面，即当选的村委会成员尤其是主任以为自己是村中大多数人选举出来的，有群众基础，腰杆子硬。因此，不把党支部放在眼里，重大事情不向党支部请示报告，有的民主选举出来的村委会主任也像党支部书记那样，喜欢自己说了算，渐渐背离了村民自治的民主管理、民主决策、民主监督的基本原则。

三、乡村组织与村民间的矛盾

由于强势的乡镇党委政府的干预和控制，村委会在发展过程中“行政化”色彩也越来越浓厚，基本成了乡镇政府的“腿”，农民群众自治组织的色彩则越来越淡。特别是有一些地方的乡镇政府与村委会结成了利益联盟后，村民与乡镇和村委会的对抗更加严重，个别地方甚至出现了农民聚众打砸乡镇政府和村委会的动荡局面。税费改革后，国家取消了农业税和各种提留款，种粮还给补贴，同时加大了对“三农”的支持力度，农村的基础设施建设、农村的社会保障制度建设、农村的文化教育和农民工的待遇等都得到了明显改善和提高，农民与国家的矛盾有了很大的缓和。但是，由于村委会干部的补贴由过去农民负担改为国家财政转移支付解决，乡镇政府对村委会干部的控制进一步得到加强，而在城镇化建设和开发区建设，以及房地产开发建设中，征地拆迁、土地补偿、失地农民的生产生活保障等方面的矛盾则日益突出，一些村委会干部在协助乡镇政府征购农民土地时，不能很好维护农民利益，甚至与乡镇干部一起在农民土地补偿、住房安置、社会保障和社会救助上优亲厚友、贪污受贿，也使村民对乡村干部充满了怨恨和不满。

为了推动村民自治工作健康发展，1991年起，民政部在全国范围内开展村民自治示范活动。1994年中共中央发出关于加强农村基层组织建设的通知，要求认真贯彻执行村民委员会组织法（试行），提出要抓好村民委员会选举制度，坚决反对和纠正选举中的违法、违章行为。1998年4月，为了保证人民群众直接行使民主权利，推进农村基层民主建设，密切党群干群关系，促进农村改革、发展和稳定，中共中央办公厅、国务院办公厅下发了《关于在农村普遍实行村务公开和民主管理制度的通知》（中办发〔1998〕9号文件）；同年10月，党的十三届五中全会作出《关于农业和农村工作若干重大问题的决定》，该决定把扩大农村基层民主，实行村民自治评价为9亿农民的伟大创造，向全党提出了全面推进村级民主选举，全面推进村级民主决策，全面推进村级民主管理，全面推进村级民主监督的要求；11月，村民委员会组织法经修订后正式颁布实施，这标志着村民自治制度全面推进阶段的开始。

但村民委员会组织法正式颁布实施后，一些地方政府尤其是县乡政府压力和抵触情绪就比较大，不少人认为1989年的政治风波和东欧剧变、苏联解体，以及台湾地区国民党丧失政权，都是推进“民主”的结果，现在中央在人口素质相对不高、经济落后的农村积极推进村民自治，大力发展基层民主，并且正式以法律的形式要求执行，县乡政府不执行违法，执行了则会动摇党在农村的执政基础，带来动荡。一些农村基层干部甚至认为实行村民自治，让村民直接选举村委会干部，不仅党在农村的领导权将丧失殆尽，而且将来农村工作更难做。为此，一些地方乡镇政府在中央和法律强势推动的压力下，“明顺暗抗”，采取了不少方法干预村委会的民主选举，千方百计地落实“组织意图”。同时在实际工作中钻村民委员会组织法不完善的空子，千方百计地不让村民参与民主管理、民主决策、民主监督。对此，农民群众意见很大，干群关系紧张，影响了农村的稳定和经济社会的发展。如村民委员会组织法规定“村民委员会向村民会议、村民代表会议负责并报告工作”，但又规定“村民会议由村民委员会召集”，也就是说村委会不召集，村民会议和村民代表会议就无法召开，“村民委员会向村民会议、村民代表会议负责并报告工作”就是一句空话。

四、中央的干预和强力推进

针对上述情况，2000年10月，党的十五届五中全会通过的《中共中央关于制定国民经济和社会发展第十个五年计划的建议》又进一步重申要“实行民主选举、民主决策、民主管理和民主监督，保证人民依法享有广泛的权利和自由，尊重和保障人权。加强城乡基层政权机关和群众自治组织建设，扩大公民有序的政治参与，引导人民群众依法管理自己的事情。完善村民自治，加强社区民主建设，坚持和完善以职工代表大会为基本形式的企业民主管理制度。进一步扩大基层民主，实行政务、厂务、村务公开。”2002 年 7 月，针对全国大部分省、市、区要组织新一届村委会换届选举工作，以及一些地方程度不同地存在着思想认识不足、依法办事不力、发扬民主不够等问题，个别地方甚至引发了群体性事件，影响了农村社会稳定的情况，为进一步做好当前和今后一段时间的村民委员会换届选举工作，依法维护农民群众的民主权利，为党的十六大召开创造良好的环境，中共中央办公厅、国务院办公厅下发了《关于进一步做好村民委员会换届选举工作的通知》(〔2002〕14 号文件)。为了贯彻落实通知要求，民政部加大了对各地村委会换届选举工作的指导和调研工作力度，2002 年、2005 年和 2008 年，分别在浙江宁波、广西桂林和云南昆明召开了“全国村委会换届选举工作分析会”，组织各省、自治区、直辖市民政厅（局）的同志们相互交流经验，探索解决村委会换届选举工作中所存在问题的办法。村委会选举中不断出现的问题引起了人们的思考，大家逐渐认识到，村民自治完整的要求是四个民主：民主选举、民主管理、民主决策、民主监督。民主选举是四个民主的基础，但只解决了选举什么人担任村委会干部的问题，却没有解决当选的村委会干部掌握权力后，如何防止他们滥用权力、贪污腐败、优亲厚友、欺压村民的问题，即如何对村干部进行权力制约的问题。而后三个民主正是对村干部进行权力制约的有力措施。只有四个民主同步抓，加大了对村干部权力的制约机制，才能有效遏制民主选举中出现的一些问题。

为此，2002 年 11 月，党的十六大政治报告强调要“健全民主制度，丰富民主形式，扩大公民有序的政治参与，保证人民依法实行民主选举、民主决策、民主管理和民主监督，享有广泛的权利和自由，尊重和保障人权”。指出：“扩大基层民主，是发展社会主义民主的基础性工作。”要求“健全基层自治组织和民主管理制度，完善公开办事制度，保证人民群众依法直接行使民主权利，管理基层公共事务和公益事业，对干部实行民主监督。完善村民自治，健全村党组织领导的充满活力的村民自治机制”。为认真贯彻落实党的十六大提出的要求，推动农村基层党风廉政建设，2003年，经中央领导同意，由中央书记处书记、中纪委副书记何勇同志领导，中央专门成立了以民政部李学举部长为组长，中纪委、中组部、中农办、民政部、农业部等11个有关部门领导为成员的全国村务公开协调小组，负责指导、督促各地抓好村务公开和民主管理工作。2004年6月，中共中央办公厅、国务院办公厅下发了《关于健全和完善村务公开和民主管理制度的意见》（中办发〔2004〕17号文件）。为了保证17号文件的贯彻执行，2004年以来，全国村务公开协调小组分别在江苏省太仓县、湖北省武汉市和北京市召开了三次工作会议，积极总结推广各地开展村务公开民主管理的成功经验；还组织开展了创建“全国村务公开民主管理示范县（市、区）活动”，使村务公开民主管理工作在全国得到有效推进。同时，针对一些地方愈演愈烈的村委会选举中出现的“贿选”问题，中央有关部门也下发了不少文件，要求各地认真加以解决。但在一些“贿选”已成“常态”的地方，根本无法得到治理。究其深层次原因，无一不与当地乡镇党委政府不作为有关。而乡镇党委不作为的原因则是与乡镇党委政府干部的利益攸关。因为查处“贿选”一会影响他们的政绩，二会影响他们的物质利益，甚至于政治前途。因为“贿选”者都十分清楚：只“贿赂”村民，不“贿赂”乡镇干部，他是很难当选的。可以说“贿选”没有乡镇干部的默许和遮掩，根本就无法生存。当然，“贿选”也与农民群众民主意识差，只看眼前利益有关。

2007年，党的十七大把“基层群众自治制度”纳入社会主义政治制度范畴，与人民代表大会制度、中国共产党领导的多党合作和政治协商制度、民族区域自治制度相提并论，提出要“扩大人民民主，保证人民当家做主。人民当家做主是社会主义民主政治的本质和核心。要健全民主制度，丰富民主形式，拓宽民主渠道，依法实行民主选举、民主决策、民主管理、民主监督，保障人民的知情权、参与权、表达权、监督权。发展基层民主，保障人民享有更多更切实的民主权利”。指出：“人民依法直接行使民主权利，管理基层公共事务和公益事业，实行自我管理、自我服务、自我教育、自我监督，对干部实行民主监督，是人民当家做主最有效、最广泛的途径，必须作为发展社会主义民主政治的基础性工程重点推进。”

并进一步向全党和全国人民明确表达了党中央对推进基层群众自治制度的态度和决心："人民民主是社会主义的生命。发展社会主义民主政治是我们党始终不渝的奋斗目标。"这也充分表明我们党对国家的治理，已经由过去依靠科层式的行政体系和行政权力单打独斗的模式，转变为依靠行政力量、社会力量和基层群众的力量相结合的模式。

为了进一步推进基层群众自治制度，根据党的十七大精神和各地推进村民自治的实践经验，针对存在的问题，民政部开始着手对1998年颁布实施的村民委员会组织法进行修订工作，进行了广泛的调查研究和征求地方和专家学者的意见，全国人大也专门召开了领衔建议的全国人大代表座谈会以及网上面向全国征询意见，经过民政部、国务院和全国人大有关部门的多次修改完善，2010年10月28日经第十一届全国人民代表大会常务委员会第十七次会议修订的村民委员会组织法正式颁布实行。这昭示着村民自治工作不仅纳入了国家政治体制范畴，而且村民自治理论和法规体系更加完备和成熟；标志着村民自治进入了一个新的重大的转折点，进入了作为发展社会主义民主政治的基础性工程重点推进的阶段。但我们也必须看到：党中央和中央人民政府对国家治理模式的转变要得到全面落实，由于涉及地方党委政府，尤其是县乡党委政府的利益，还需要不断进行观念和利益的博弈。

各级民政部门的推进和农民的维权斗争。在中央强有力推进的同时，各级民政部门在地方党委政府的领导下也在为推进村民自治积极工作，农民群众也在为维护自身的民主权利和物质利益进行博弈。

在民主选举方面：1986年，吉林省梨树县的北老壕村产生了村委会干部"海选"模式，现在，"海选"已经成为我国村委会直接选举的基本模式之一。20世纪80年代，辽宁省的铁法市、开原市，黑龙江省的青冈县等农村产生了村委会主任的"竞选"模式。自荐海选，是浙江省杭州市在2005年的村委会选举中创造的村委会选举模式。近几年来，安徽省创立了"一票制"选举和定岗选举模式，江西省实行了女性候选人"定位产生"制。这些制度创新，使村委会选举实现了由乡镇指定候选人到村民民主推举候选人，再到村民自荐选举的转变；由先进行候选人提名，再进行正式选举的两轮选举制到一轮选举制的转变；由不能确保妇女当选村委会干部到能确保妇女当选村委会干部的转变；由户代表或村民代表参加选举到村民直选的转变；由等额选举到差额选举的转变。尤其值得一提的是山西省河曲县的火山村和上炭水村的村民创造的“两推一选”制度，这种制度的产生，正是村民为了保护自身的合法权益，要求村党支部的人选也要经过村民推荐而形成的一种民主制度。他们说：“俺们就是对上面给的支书不满意!”“村支书是为俺们办事的，俺们咋就没权‘选’?”他们只是希望最终能由他们自己选出一个“能为俺们办事的好支书”。

在民主决策方面：在20世纪80年代中后期，河北省的正定县南楼村产生了村民代表会议制度。后来这一制度在全国得到普遍的发展。后来河北省青县又进行了村民代表会议制度的深化与创新，在农村走出了一条“党支部领导、村代会做主、村委会办事”的新型治理路子。近12年来，为了落实村民的知情权和决策权，涌现出了河南省邓州市的“四议两公开”工作法，得到了中央主要领导同志的肯定，并在全国推广。重庆、福建、浙江、江西、贵州等地方还建立了“八步工作法”“五步决策法”、村务决策听证制度、民主决策日制度、村民代表联系户制度、重大村务票决制、重大事项议事协商等制度。

在民主管理方面：为了畅通民意，对村务实行民主管理，浙江省温岭市在全国率先推行了村民民主恳谈制度。河南、新疆等地方探索实行了“村民说事制度”“村务质询制度”“村务民主管理议事卡”制度，形成了干部问事、群众说事、集中议事、及时办事、定期评事等议事管理制度，使村务管理民主化、规范化。

在民主监督方面：为了加强对权力的监督和制衡，防止村“两委”干部权力滥用和腐败，许多地方进行了有益的探索。广东、湖北等地方实行选举巡视员、观察员、信息员制度，引入并逐步完善竞争机制，实行村民选举委成员竞选承诺制度和回避制度，尝试引入选举司法公证程序，对保证村委会选举的“公开、公平、公正”发挥了积极有效的作用。2004年，浙江省武义县建立的“村务监督委员会”，创新了村务监督的载体，使村务监督由单纯财务监督向全面监督拓展，由事后监督向全程监督延伸，形成了一个能自主运作、自我化解矛盾的工作系统。由宁夏回族自治区中宁县民政局牵头，在该县各村推行的村级财务管理“五牙子章”制度，强化了村级财务管理。湖北、湖南、广东等许多地方还自觉把村民自治与农村基层党风廉政建设结合起来，积极推行“村务监事会”制度，建立村级纪检员制度，民主评议村两委干部制度，加强了村民对村级事务和村“两委”干部的监督。福建、广东等地方在传统的村务公开方式上，适应电子政务发展新形势的需要，普遍利用触摸屏、闭路电视、网络等现代化手段开展村务公开工作，形成政府、社会和村民的民主监督体系，使民主监督更加扎实有力。

在动员村民参与方面：江西省在这方面做了有益的探索。江西省在开展农村社区建设时，依托“五老”（生活在农村的老党员、老干部、老教师、老复退军人、有威望的老农民）和无职党员为主体的志愿者协会，在组织和动员村民广泛参与农村社区公益事业建设和公共事务管理，扶贫助残、整治环境、维护治安、开展文体活动、进行科技文化教育等方面确实发挥了很好的作用，成为村党组织和村委会与农民群众相互沟通、相互联系的桥梁和纽带。

在农村广泛推广志愿者活动是在农村现行基层管理体制外的一个重要的机制创新和观念创新。志愿者组织和志愿者的参与，改变了过去党对农村基层社会的领导和控制主要是依靠科层化的行政组织，包括村委会的管理体制，形成了在党的领导下，“政府、社会、群众”三结合的基层社会管理格局。志愿者协会不是通过经济的，也不是完全通过政治的手段，重点是通过文化的纽带，建立起村民认同感，增强村民的凝聚力，使我们党对农村政策的传导机制在基层能够比较畅通，防止在基层社会长期出现管理上的盲点，这对我们整个政权的巩固，对于我们把党的方针政策、路线贯彻下去，起到了非常重要的作用。

上述情况充分显示出在推进村民自治过程中，中央与地方、县乡与村委会、村党支部与村委会、乡村两级组织与村民之间始终存在着观念和利益博弈。而且这种博弈还将继续存在，我们必须正确认识。只有这样，才能正确把握村民自治的发展规律和发展方向。

新时期推进村务公开和民主管理工作的思路和途径

——结合开展村务公开和民主管理“难点村”治理工作的思考

（2011年6月21日）

在全国提出治理村务公开和民主管理“难点村”的工作任务，就是在村务公开和民主管理新的重要发展阶段，按照党的十七大和十七届三中、四中全会精神，以及深入学习实践科学发展观，提高党的执政能力、不断推进改革开放、推动经济社会又好又快发展、促进社会和谐稳定的要求，根据当前我国发展形势总体是好的，但也面临着不少突出矛盾和问题，如果不抓紧采取措施解决，必将对我国经济社会发展特别是长远发展产生重大影响的现实需要，在全国推进村务公开和民主管理工作取得重大成绩的基础上，提出的一项旨在“破解村务公开和民主管理工作难题，进一步完善农村基层群众自治制度，推进农村政治体制改革，促进农村社会稳定和经济与社会全面发展”的战略性任务。其意义十分重大和深远。

一、全国推进村务公开和民主管理工作取得重大成绩

在党中央、国务院的正确领导下，党的十六大以来，我国的村务公开和民主管理工作得到了有效推进，村务公开和民主管理制度在农村已经基本建立起来，各项工作已经逐步纳入法制化轨道，村民自治观念深入人心，对加快我国民主政治建设进程，维护农村社会稳定，推动农村物质文明和精神文明建设发挥了极其重要的作用。一是推进了农村基层民主政治建设。通过开展民主选举和村务公开民主管理，培养了广大农民群众的民主习惯，增强了民主法制观念，构筑了以民主选举、民主决策、民主管理、民主监督为基本内容的农村基层民主制度的框架，开辟了一条在党的领导下建设农村社会主义民主政治的成功之路，从而加快了农村基层民主制度建设的进程，有力地推动了农村政治体制改革与经济体制改革的相互配合、相互促进。二是促进了农村的社会稳定。通过开展民主选举和村务公开民主管理，把选人、议事、监督的权力真正掌握在广大农民群众手中，依法管理自己的事情，创造自己的幸福生活，从根本上促进了农村党风廉政建设和社会风气的好转，找到了一条化解农村社会矛盾、解决农村社会问题的有效途径。尤其是党务、村务、财务三公开的推进，把村党组织和村委会工作置于广大农民群众的监督之下，密切了党群、干群关系，和谐了人际关系，促进了农村和谐社会的建设。三是调动了广大农民群众的积极性。通过开展民主选举和村务公开民主管理，实现了农民群众的自我管理、自我教育、自我服务，大大激发了农民群众的主动性、创造性和当家做主的责任感，对进一步发展农村生产力，促进农村经济和社会发展，发挥了重要作用。四是推动了农村基层党组织建设。广大农村基层党组织在领导村民民主选举和村务公开民主管理的实践中，经受了考验，得到了锻炼，积累了做好新形势下群众工作和处理复杂矛盾的经验，提高了战斗力。越来越多的党员被选进村委会班子，党员在村委会中的比例逐届增加。许多民选的村委会干部，经过党组织的考察培养，及时吸收进党组织，为基层党组织提供了新鲜血液，进一步增强了农村基层党组织的凝聚力、战斗力。

当前，全国90%以上的村的村委会干部由村民“直选”，实行了民主选举；80%的村建立了村民代表会议制度，实行了民主决策村中重大事项；80%以上的村建立了以村务公开栏为主的多种公开形式，实行了民主监督制度；70%以上的村制定了村民自治章程和村规民约，实行了民主管理村中事务。实践证明，在农村实行村务公开和民主管理，有利于化解农村社会矛盾，密切党群、干群关系，维护农村社会稳定；有利于激发农民群众当家做主的热情，调动他们的积极性和创造性，促进农村经济发展和社会进步；有利于增加工作透明度，堵塞管理漏洞，强化对农村基层干部的监督和约束，从源头上遏制腐败行为，促进农村党风廉政建设。

二、村务公开民主管理工作还存在一些突出矛盾和问题

其中一些村务公开民主管理工作长期落实不下去的“难点村”不容忽视。“难点村”的问题，从推进村民自治工作的全局来看，是一个局部问题。据不完全统计，“难点村”数量占全国60万个村委会总数的6%左右，个别地方达10%左右，约有4万个。“难点村”数量虽然不多，但按每个村委会平均管辖1500人计算，影响人口数量则达6000万，对农村基层的稳定与发展负面影响是非常大的。

这些村的共同问题是民主选举难以进行，领导班子涣散甚至瘫痪，干群关系紧张；村务公开民主管理不落实，集体财务管理混乱，村民利益受到严重损害，群众反映强烈的问题长期得不到解决，村民意见大。村内矛盾叠加，造成了群众上访不断，严重影响了社会稳定，村庄各方面的工作长期处于落后状态，成为阻碍当地经济与社会全面协调发展的顽疾。相对而言，“难点村”是整个农村发展的薄弱环节。把“难点村”治理好了，让它们走上健康发展的康庄大道，对推动和引领整个农村加速发展都具有表率和教育作用；对促进城乡协调发展，缩小城乡差距和城乡居民收入差距，加快农村消费市场的建立也有着重大的积极作用。

三、治理“难点村”是一项艰巨复杂任务

20世纪80年代初发端于安徽省凤阳县小岗村的家庭承包经营集体土地的制度，揭开了我国农村改革的序幕。随着农村经济和政治体制改革的不断深化，引发了农村经济利益和社会关系格局不断调整变化。“难点村”所反映出来的问题，正是在我国处于工业化、城市化快速发展和深化农村改革的新旧体制转换过程中，农村经济利益和社会关系格局不断调整并发生深刻变化所引发的各种社会矛盾的集中表现。

根据调查的情况归纳，“难点村”形成的主要原因如下。

（一）部分地方党政干部执政观念和执政方式滞后

一些干部尤其是部分乡镇党政主要负责人，由于对实行村务公开民主管理目的意义缺乏正确认识，尤其是随着农村改革不断深化，感到其用于调控村民的权力和手段正逐渐在丧失，产生了“失控感”。从而认为给农民民主会影响基层的稳定，会影响对农村社会的控制。因此，把村民自治与加强党的领导对立起来，认为推行基层民主会丧失党在农村的权力，因而不赞成现在在农村推行村务公开和民主管理。另外，一些乡镇及县级以上地方政府，仍按计划经济时期的做法，对村委会进行“领导”而不是“指导”，习惯于用行政命令方式指挥村委会工作。但面对党和国家坚定不移地推进基层民主政治建设的态势，无奈之下，一些地方的乡镇干部只有依赖行政权力干预和阻挠村务公开和民主管理。在民主选举方面，有的乡镇既不征得农民群众的同意，又无上级机关的批准，几年甚至十几年都不进行村委会选举，或将村委会改为管理处等名称，强行任命村委会成员，致使农民群众无法行使民主权利；有的乡镇选举工作机构或其领导成员，在选举过程中滥用职权，造成违法选举；有的乡镇党委政府违反法定程序，撤换任期未满的村委会成员，侵犯农民的罢免权。在民主决策方面，一些乡镇为了自身的政绩，不顾各村的实际情况，强行向村委会下达“硬性任务”，干预村民对村级事务的决策权；在民主监督方面，有的乡镇直接插手干预村级财务，不经民主程序借助于“村财乡管”来强化对村委会的控制。以上种种对村务公开民主管理的违法干预，直接影响村委会的正常选举，严重干扰了村务公开民主管理的开展。

（二）部分乡村干部不能廉洁自律甚至贪污腐败

部分地方乡镇领导与村“两委”干部在长期工作中已结成了一种利益共同体。实行民主选举，乡镇干部不仅担心选出来的村“两委”干部不听自己的话，上级交代的工作任务将难以完成，影响自己的工作业绩；甚至担心打破这种业已建立起来的利益关系，落选的村“两委”干部被查出经济问题而牵累自己，危及自己的政治安全。故而有的乡镇领导对民主选举和村务公开民主管理不仅不支持、不主动，反而想方设法保证现任村“两委”干部的连任，阻碍民意的实现。有的村干部贪污腐败，害怕问题暴露，也竭力阻挠破坏民主选举和村务公开和民主管理。这是一些地方难以真正做到直选村“两委”干部和村务真实公开的问题所在。

（三）村级组织班子软弱涣散缺乏战斗力和凝聚力

目前，我国绝大多数村级组织都能够发挥较好的作用，但也存在少数软弱涣散村级组织，它们的比例虽小却不容忽视，它们的存在严重影响了农村的稳定与发展。

（四）部分村民缺乏主人翁和民主意识

少数村民不珍惜自己的民主权利，尤其是一些经济薄弱村的村民，对村委会的选举始终持一种无所谓甚至漠不关心的态度，他们的选举意向很容易被一顿饭或一包香烟等眼前小利所左右，甚至不给补贴就不到会场参加投票选举，或者很随意地请别人代为写票投票。在他们自身的民主权利受到侵害的时候，因怕得罪人，也不会坚持不懈地去抗争。一些村民还有“贿选”期待心理，希望从“贿选”中获取眼前的实利，如金钱、实物、吃喝等。

（五）村委会行政化倾向严重

由于乡镇始终把村委会作为自己完成上级政府任务的主要帮手，使村委会这个群众自治组织变成了行政化色彩非常浓的“二政府”，离村民自治的初衷越来越远，与村民的关系越来越紧张。特别是取消农业税后，村干部误工补贴由财政转移支付发放，不再由群众出钱供养，也就割断了村干部和村民之间的经济联系，强化了村干部与乡镇的关系。随着乡镇对村干部的控制力强化，村委会的独立性和自主性则进一步降低，自治组织的性质也逐步朝着乡镇政府的派出机构方向变化，最终影响了村民对乡村事务的有效参与，影响了村务公开民主管理制度落到实处。

（六）村务公开民主管理的经济基础不牢

我国绝大多数省份农村经济相对比较落后。取消农业税后，许多地方的村委会主要依赖财政转移支付资金维持运行，而财政转移支付资金明显不足，且多数村负债严重。由于支付不起村民参加村委会选举、村民代表会议及村民理财工作的人员误工补贴，导致村委会选举难以按法定程序进行、村民代表会议难召开，村民民主理财也流于形式；由于缺乏为村民办实事、做好事、解难事的财力和物力，导致村级组织没有号召力，不能凝聚民心；由于多数地方村干部误工补贴每月只有300多元，导致乡村“精英”“能人”均不愿意当村干部，现有的一些村干部也人心思走，加上大量青壮年农民大量外出务工，致使村“两委”班子后继无人，素质也难以提高。

（七）村民自治特别是村务公开民主管理法律法规滞后于形势的发展

随着社会经济和民主实践的不断发展，现行的法律法规对村民民主选举有关事项规定不够明确、不够具体，可操作性不强等缺陷日益显现。尤其是纠错机制不完善，处罚措施难到位，违法乱纪行为难查处和纠正。也没有适应形势的变化及时将村务公开与民主管理和“村改居”等方面内容在法律中作出具体的规定。

（八）农村土地纠纷和集体资产管理矛盾日益突出

随着我国工业化、城镇化进程加快，大量农用地转为非农用地。而大量失地农民的权益得不到保障、一些地方农村土地承包经营权落实不到位、土地承包经营权流转不规范，以及一些地方仍然存在农村集体资产管理混乱、处置不规范造成集体资产大量流失等情况，引发了大量的矛盾和冲突。

（九）政府行政管理和公共服务不到位

在市场经济条件下，乡镇政府在管理公共事务、促进基层组织建设、搞好基础设施建设、改进农民生产生活环境、健全农业社会服务体系、发展农村文化教育等方面，仍然存在很大的不足。农村基本公共服务的短缺，直接导致了农村经济社会发展的全面滞后。不少事关群众切身利益的问题得不到有效解决，往往容易引发干群之间的冲突和对抗。

从上述分析中我们可以看到，“难点村”的形成有其历史的和现实的原因，有其内在的也有外在的原因。就历史原因来讲，有人文历史的积淀、有长期矛盾的积累等；就现实原因来讲，有农村改革所带来的利益格局的变化、管理方式的变革等；就内在原因来讲，有“两委”班子的不和谐、宗族派性和黑恶势力的影响等；就外在原因来讲，有法律法规滞后、一些地方基层党政干部执政理念和执政方式滞后、村委会体制不完善，以及法律法规和政策制度不能严格执行又缺乏监督纠错机制的问题等。因此治理“难点村”不仅仅是简单的、微观层面的一个个难点村庄的治理，而且涉及复杂的、宏观层面的法律法规政策的修改和调整、涉及县乡党委政府执政理念和执政方式的转变、涉及乡镇政府与村委会关系和村党组织与村委会关系的调整、涉及村委会体制的改革、涉及建立严格有效的监督纠错机制等多方面的因素，是一个涉及方方面面的系统工程。这充分说明“难点村”的治理任务是非常艰巨复杂的。

四、治理“难点村”的核心是发展和完善基层群众自治制度，调动农民群众政治参与的积极性，夯实和巩固党的执政基础

治理“难点村”不仅仅是落实“抓两头带中间”的工作方法来推动村民自治工作深入开展的问题，更主要的是推进国家政治体制改革，密切党群干群关系，夯实和巩固党的执政基础。党的十七大政治报告首次把“基层群众自治制度”纳入了我国社会主义政治制度建设范畴，指出：“政治体制改革作为我国全面改革的重要组成部分，必须随着经济社会发展而不断深化，与人民政治参与积极性不断提高相适应。要坚持中国特色社会主义政治发展道路，坚持党的领导、人民当家做主、依法治国有机统一，坚持和完善人民代表大会制度、中国共产党领导的多党合作和政治协商制度、民族区域自治制度以及基层群众自治制度，不断推进社会主义政治制度自我完善和发展。”“扩大人民民主，保证人民当家做主。人民当家做主是社会主义民主政治的本质和核心。要健全民主制度，丰富民主形式，拓宽民主渠道，依法实行民主选举、民主决策、民主管理、民主监督，保障人民的知情权、参与权、表达权、监督权。发展基层民主，保障人民享有更多更切实的民主权利。人民依法直接行使民主权利，管理基层公共事务和公益事业，实行自我管理、自我服务、自我教育、自我监督，对干部实行民主监督，是人民当家做主最有效、最广泛的途径，必须作为发展社会主义民主政治的基础性工程重点推进。"并强调"人民民主是社会主义的生命。发展社会主义民主政治是我们党始终不渝的奋斗目标"。上述论述，使我油然想起60多年前，黄炎培与毛泽东同志在延安关于"兴亡周期律"的重要谈话。

1945年7月1日，黄炎培与褚辅成、左舜生、傅斯年、章伯钧等6人从重庆启程，乘飞机赴延安。在访问延安期间，黄炎培与毛泽东之间有多次谈话，其中最为重要的一次谈话，是在毛泽东居住的窑洞中，关于历史上兴亡周期律的畅谈。

在这次谈话中，黄炎培着重谈了周期律。他说："我生六十多年，耳闻的不说，所亲眼看到的，真所谓'其兴也勃焉'，'其亡也忽焉'，一人，一家，一团体，一地方，乃至一国，不少单位都没有能跳出这周期律的支配力，大凡初时聚精会神，没有一事不用心，没有一人不卖力，也许那时艰难困苦，只有从万死中觅取一生。既而环境渐渐好转了，精神也就渐渐放下了。有的因为历时长久，自然地惰性发作，由少数演为多数，到风气养成，虽有大力，无法扭转，并且无法补救。也有为了区域一步步扩大了，它的扩大，有的出于自然发展，有的为功业欲所驱使，强求发展，到干部人才渐见竭蹶、艰于应付的时候，环境倒越加复杂起来了。控制力不免趋于薄弱了。一部历史，'政怠宦成'的也有，'人亡政息'的也有，'求荣取辱'的也有。总之没有能跳出这周期律。中共诸君从过去到现在，我略略了解的了，就是希望找出一条新路，来跳出这周期律的支配。"

黄炎培当时似已料到，在未来的国共对抗中，中共会取得最后胜利，在全国执掌政权。他以朋友的身份向毛泽东进言，希望中共在得到天下以后，能找到一条新路，跳出兴亡周期律的支配，避免历史上"人亡政息"和"因为历时长久，自然地惰性发作，由少数演为多数，到风气养成，虽有大力，无法扭转，并且无法补救"的覆辙，保持政权，用好政权。他因为对中共寄予厚望，故有上述建言。毛泽东听了黄炎培的一番讲话，当即自信地回答："我们已经找到新路，我们能跳出这周期律。这条新路，就是民主。只有让人民来监督政府，政府才不敢松懈。只有人人起来负责，才不会人亡政息。"

毛泽东同志的回答，就是告诉全党，中国共产党和人民政府要跳出这周期律，必须建立和完善人民民主制度，依靠人民，让人民来监督党和政府，监督党和政府的干部，党和政府才不会松懈。只有人民在党的领导下，人人起来负责，依法行使当家做主的权利，才不会"人亡政息"，也不会出现"因为历时长久，自然地惰性发作，由少数演为多数，到风气养成，虽有大力，无法扭转，并且无法补救"的局面。所以党的十七大庄严地向全党和全国人民宣布"人民民主是社会主义的生命。发展社会主义民主政治是我们党始终不渝的奋斗目标"。

五、在改革发展不断深入，社会矛盾和社会冲突日益凸显的关键时期，必须把"难点村"治理工作放在经济社会发展全局中去谋划、去推进

农村的改革发展需要和谐稳定的社会环境，需要充分发挥农民的主体作用，不断解放和发展农村社会生产力。推行村务公开和民主管理是保障农民物质利益和民主权利的重要举措。坚持保障农民物质利益和民主权利，是维护农村社会和谐稳定、不断解放和发展农村社会生产力，推动农村经济社会全面发展的必要条件。纵观近年来各地出现的那些群体性事件，无一不是基层社会矛盾迟迟得不到有效解决，最后以带有破坏性的方式暴露出来。因此，在全面建设小康社会的进程中，尤其是在当前世界金融危机对我国经济与社会发展带来重大影响的形势下，我们正视问题，主动采取行动，集中力量解决村务公开和民主管理中的突出矛盾和问题，重点治理"难点村"，就是要把矛盾化解在萌芽状态，最大限度地减少不和谐因素，这对推进农村改革发展，对建立完善农村市场扩大内需，对构建社会主义和谐社会都有着极其重要的作用。

为此，我们必须牢固树立为经济社会发展服务的思想，坚持把村务公开和民主管理工作放到经济社会发展全局中去谋划、去推进，着力解决村务公开和民主管理领域影响和制约科学发展的突出问题；必须努力满足人民群众日益增长的民主需求，坚持把以人为本的理念贯彻落实到村务公开和民主管理工作的各个环节，紧紧围绕人民群众最关心、最直接、最现实的物质利益和民主权利问题，最大限度地减少不稳定、不和谐因素，最大限度地协调和平衡利益关系，最大限度地保障人民群众的民主权利；必须按照全面协调可持续的基本要求，坚持把管理与服务、当前与长远、局部与全局、治标与治本更好地结合起来，准确把握、正确运用村务公开和民主管理的政策制度，进一步健全以领导责任制、部门责任制、责任追究制为基本框架的村务公开和民主管理工作责任体系，完善工作运行机制、奖惩激励机制和保障机制，建立科学合理、简便易行的考核评价体系，不断提高村务公开和民主管理工作制度化、规范化、法制化水平。

六、治理工作中要突出重点，抓好关键，注重核心，搞好根本

“难点村”表现形式多种多样，形成原因错综复杂，治理工作千头万绪。在治理工作中要突出重点，抓好关键，注重核心，搞好根本。这样，治理“难点村”的工作才会比较好开展，容易见成效。

（一）重点是加强村党组织为核心的村“两委”班子建设

推进农村改革发展，关键在党。“难点村”产生的重要根源是村党组织凝聚力不够、战斗力不强、影响力不广，不能发挥领导核心作用，导致村“两委”班子不团结、不协调，形不成合力。因此，治理“难点村”要把党的执政能力建设和先进性建设作为主线，以改革创新精神全面推进农村党的建设，重点是加强以村党组织为核心的村“两委”班子建设。要通过“两推一选”和“公推直选”等方法选好配强村“两委”班子。要健全村党组织领导的充满活力的村民自治机制。村党组织要充分发挥领导核心作用，一方面要加强对村务公开、民主管理的领导；另一方面，也要不断改进领导方式，支持和发挥群众性自治组织的作用，完善村民委员会的自治功能。要通过培训教育，不断提高村“两委”班子成员的综合素质，使其真正成为科学发展观的组织者、推动者和实践者，增强村“两委”班子的创造力、凝聚力和战斗力。

（二）关键是解决好农民群众反映最强烈的问题

农村改革30年的实践反复证明：什么时候调动了农民的积极性，农业和农村就快速发展；什么时候挫伤了农民的积极性，农业和农村就停滞甚至萎缩。“难点村”存在的问题表现各异，但核心是农民群众的物质利益受到侵害，民主诉求得不到有效表达，从而影响了农民群众生活水平的提高和改善，制约了农村经济社会的持续发展。导致这些村庄各方面的工作长期处于落后状态，群众反映强烈的问题长期得不到解决，党群干群关系紧张，矛盾尖锐复杂，群众上访不断，成为阻碍当地经济与社会全面协调发展的顽疾。治理“难点村”就是要把实现好、维护好和发展好农民群众的根本利益作为农村一切工作的出发点和落脚点，高度重视、认真对待农民群众的需求，着力解决好农民群众反映最强烈的问题，保障农民政治、经济、文化和社会权益。在“难点村”治理工作中，广大党员、干部要坚持权为民所用、情为民所系、利为民所谋，关心群众疾苦，倾听群众呼声，集中群众智慧，讲实话、办实事、求实效，坚决反对形式主义、官僚主义，努力创造实实在在的业绩。

（三）核心是发挥农民的主体作用，完善动员村民参与的机制

农民是建设社会主义新农村的主体力量，也是治理“难点村”的主体力量。离开了农民群众的广泛与自觉参与，“难点村”的治理就容易走过场，或治标不治本，容易出现反复。要保证农民广泛与自觉参与，就必须建立起与新形势相适应的动员村民参与的机制。在新中国成立初期，动员农民广泛参与依靠的是人民群众对党和政府的感恩和信任之情；人民公社时期，除了依靠人民群众对党和政府的感恩和信任之情外，还依靠工分、户籍二元制等经济和制度控制。改革开放以后，土地家庭承包责任制不仅使农民获得了生产自主权、经济独立权，也把大量农村劳动力从土地的束缚中解放出来，而且流入了城市，不仅破除了城乡二元体制，也弱化了基层政府和村委会与这些农民的联系；尤其是取消农业税后，农民与基层政权的联系更日益在弱化；另外，一度存在的三提五统和“要钱、要命、要粮”的过激行为中，基层政府与村委会的过度行政化倾向，也使农民群众与基层政府和村委会的对立情绪严重，导致基层政府和村委会在动员农民参与农村基层事务、公益事业管理的力量和能力弱化。因此，必须通过“难点村”的治理，针对这些新形势建立起一种新型的动员农民广泛与自觉参与的机制，这是保证农民主体作用充分发挥的关键环节，也是建立“难点村”治理长效机制的基础工程。

（四）根本是大力推进改革创新，加强农村制度建设

治理“难点村”，需要有一定的外部条件和经济基础。只有与推进农村改革发展相结合，才能达到标本兼治的目的。为此，各地都要以“难点村”治理为契机，采取有力措施，深化农村改革，大力推进农村经济社会

发展。首先，要深化乡镇机构改革，积极转变政府职能，建立服务型乡镇政府。同时，进一步推进医疗卫生、科技教育、社会保障等公共服务进入农村。其次，要通过进一步落实支农惠农政策，加大对村级资金投入，夯实农村基础设施建设，鼓励城市社区和强村、强企结对帮助“难点村”发展村级经济，增加村民收入。最后，要积极开展农村社区建设，培育发展农村社区群众性自治组织和各类民间组织，在村“两委”的领导下，充分发挥村民的主体作用，加强村庄整治规划，美化农村生活环境，大力发展农村公益事业，搞好农村社区服务，建立起以政府行政管理和农村社区自我管理有效衔接、政府依法行政和村民依法自治良性互动的农村社区管理体制，推动社会主义新农村建设，使农村群众真正享受到治理工作的有效成果。

制度建设更带有根本性、全局性、稳定性和长期性。治理好“难点村”既要靠立竿见影的得力措施，更要靠标本兼治的制度建设。一是稳定和完善农村基本经营制度，赋予农民更加充分而有保障的土地承包经营权，充分调动农民的生产积极性；二是健全严格的农村土地管理制度，依法保障农民对承包土地的占有、使用、收益等权利；三是完善农业支持保护制度，加大农业基础设施投入和农业补贴力度；四是建立现代农村金融制度，引导更多信贷资金和社会资金投向农村；五是建立城乡经济社会发展一体化制度，调整工农、城乡关系，统筹城乡发展，保障农民群众共享现代化建设的成果；六是健全农村民主管理制度，保障农民享有更多更切实的民主权利。

七、在开展“难点村”治理工作中要注意把握的几个问题

“难点村”的治理工作不能仅满足于村“两委”班子完成了调整充实、现有村民反映强烈的问题得到了有效解决、村务公开和民主管理的各项制度已建立完善并上了墙等看得见的实效，应当从深层次、内在的、长远的内涵上下功夫，建立起长效发展机制。为此要在治理过程中注意把握好以下几个问题。

（一）治理“难点村”要以促进农村改革发展为目的

这次在全国组织开展“难点村”的治理，其根本目的是要通过加强村务公开民主管理，推动农村的改革发展。为此，各地在治理“难点村”的进程中，必须始终紧紧围绕这个根本目的做好工作。通过治理，不仅要化解矛盾、促进和谐，发展农村基层民主，更要帮助农民增收、促进农村经济社会全面和谐发展。

（二）治理“难点村”要以转变观念和建立有效利益协调机制为突破口

“难点村”形成的原因和类型有很多，但归根结底都是由于观念冲突和利益博弈而导致矛盾和问题的。为此，治理“难点村”首先必须要抓党政干部执政观念的转变。要教育帮助党政干部从计划经济体制的执政理念转变到市场经济体制的执政理念；从全能的大政府的执政方式转变到有限职能的小政府的执政方式，坚持“简政放权”，积极推进基层民主建设。充分认识社会主义民主的核心要义是人民当家做主。在农村，就是要通过村务公开和民主管理，尊重和保障农民群众的民主权利，让村民对村级公共事务和公益事业进行自我管理、自我教育、自我服务，对干部实行民主监督。其次，要注意建立有效的利益协调机制。在我国社会深刻变动、党和国家的各项事业快速发展的历史进程中，妥善处理各方面的利益关系，把一切积极因素充分调动和凝聚起来，是我们事业成功的重要保证。只有把各种利益关系调整好、处理好，才能巩固和扩大党的群众基础，才能使改革开放和现代化建设获得最广泛最可靠的力量源泉。因此，各地在治理“难点村”时，要注意建立有效的利益协调机制。在制定和贯彻党的方针政策时，要正确反映和兼顾不同阶层、不同方面群众的利益，使全体人民朝着共同富裕的方向稳步前进。要充分依靠农村基层党的组织、自治组织和民间组织，依靠社会和人民群众的力量，切实掌握农民群众尤其是困难群众的需求，搞好生产生活服务和社会保障。同时，要依靠社会关爱、邻里扶助以及群众间的精神抚慰和思想疏导、说和调解，把一些人民内部矛盾和社会问题解决在萌芽状态，解决在基层，解决在当地，避免矛盾激化、引发群体事件和刑事犯罪。

（三）治理“难点村”要以加强党对农村工作的领导和提高党的执政能力为重点

“难点村”的存在，反映出一些地方党的执政能力与新形势新任务的要求还不完全适应、不完全符合；一些党员、干部的思想观念、能力素质与党的先进性要求还不完全适应、不完全符合；一些基层党组织的管理手段和创新能力与经济社会发展任务还不完全适应、不完全符合；一些地方的党组织、领导班子、领导干部党性党风党纪方面还存在这样或那样的问题。为此，在“难点村”治理过程中，要把党的执政能力建设和先进性建设作为主线，针对“两委”班子不协调、软弱涣散等问题，加强党组织的自身建设，加强党员素质教育，实行党内民主，认真探索党对村民自治工作领导的实现方式。

（四）治理“难点村”要以建立完善对村务公开民主管理制度的监督机制和长效防治机制为保证

中办发〔2004〕17号文件下发以来，各地依据文件精神加强了民主选举和村务公开民主管理的各项制度建设。这些制度，在大多数乡村都能得到有效落实，但也确有少数乡村难以贯彻执行。原因就是对这些制度缺乏监督措施和手段，还受到乡村基层干部素质和执政能力，以及少数地方干部作风粗暴，贪污腐败和黑恶势力存在的影响。为此，各地在完善村级权力制衡和民主监督机制方面都进行了一些有益的探索。在“难点村”治理过程中，要注意总结各地在完善村级权力制衡和民主监督机制方面创造的好经验好做法，尽快建立完善对村务公开民主管理制度的监督机制；要加强农村基层组织党风廉政建设，加大打击农村基层干部违法乱纪行为的力度；加强农村治安管理体制建设，加大对农村社会黑恶势力的打击力度，努力形成“难点村”治理工作的综合治理和长效保障机制。

“难点村”的治理是一个动态性的工作，随着改革的深化和发展，还会出现新的矛盾形成新的“难点村”，甚至一些经过治理的“难点村”出现反复。因此不能仅满足于对现有“难点村”的治理，治理中也不能仅满足于对村“两委”班子进行调整充实，反映出来的突出问题得到了基本解决，规章制度进行了完善并上了墙等外在看得见的方面，更应在如何提高村“两委”班子素质和能力建设上、在解决造成问题的深层次原因上、在如何保证建立了的上了墙的规章制度落实上。同时，要建立对“难点村”的动态管理制度，对经过治理的“难点村”要跟踪服务，对新形成的“难点村”要及时发现、及时治理，做到在“难点村”治理长效机制建设上等内在的、带有根本性的工作上下功夫。这是我们在深入进行“难点村”治理工作时，要尤为注意的。

治理“难点村”的工作是一项长期的战略性任务，是坚持和完善基层群众自治制度，推进我国政治体制改革的重要内容。2006年11月30日胡锦涛同志《在中央政治局第三十六次集体学习时的讲话》中要求全党“要适应城乡基层形势的深刻变化，统筹安排，因地制宜，分类指导，切实把中央的方针政策同本地的具体实际紧密结合起来，把发展基层民主政治同加强基层党组织建设、基层政权建设、基层干部队伍建设紧密结合起来，同在基层形成有效的利益协调机制、诉求表达机制、矛盾调处机制、权益保障机制紧密结合起来，推动改革发展稳定各项工作的落实。要从理论与实践相结合的高度，深入分析研究社会主义基层民主政治建设中出现的新情况新问题，深入把握新形势下发展社会主义基层民主政治的规律和特点，推动社会主义基层民主政治建设的理论创新、制度创新、工作创新。要尊重人民群众的首创精神，善于把人民群众在社会主义基层民主政治实践中创造的好经验好做法上升为政策、把成熟的政策上升为法律法规，不断提高社会主义基层民主政治建设的水平。对基层在实践中出现的不足和问题，要满腔热情地进行指导和引导，及时加以解决。对违反法律法规的现象，要坚决予以纠正。对敌对势力在我国基层民主政治领域的渗透破坏活动，要依法严加防范”。我们一定要认真落实胡锦涛总书记的重要讲话精神，以高度的政治责任感和强烈的革命事业心，不畏艰难，努力完成这次全面治理“难点村”工作任务，为积极稳妥地推进政治体制改革，坚定不移地发展社会主义民主政治，建设社会主义法治国家，巩固和发展民主团结、生动活泼、安定和谐的政治局面作出新的贡献！

构建城乡社区建设的创新机制

2013 年 10 月 26 日

提要： 构建城乡社区建设的创新机制，必须充分了解城乡社区建设的发展的历程，把城乡社区建设的历史、现状弄清楚，才能把握城乡社区的发展方向；必须紧紧围绕当前党和国家的中心任务来思考，才能站在全局的高度找到城乡社区建设工作的切入点；必须紧紧围绕城乡社区建设过程中反映出来的问题来探索，寻找解决问题的方法和途径，才能推动城乡社区建设不断向前发展。

一、城乡社区的发展历程

（一）城市社区建设的发展历程

城市社区建设是在社区服务的基础上发展起来的。1986 年，民政部从探索建立社会保障制度的高度，在国家财力不足的情况下，动员社会和群众力量来为城市贫困群体提供帮助的思路下，提出了社区服务的任务和建立、完善社区服务体系，第一次把社区的概念引入实际生活。1987 年 9 月，适应当时城市经济体制改革的要求，面对城市企业改制，大批职工下岗失业的新情况，民政部在武汉市召开了全国城市社区服务工作座谈会，揭开了中国发展社区服务的序幕，公开倡导并全面发动在全国城市开展社区服务试点。1989 年 9 月，民政部又在杭州市召开了全国城市社区服务工作会议，推广交流了试点经验，进一步推动了社区服务在全国更大范围的开展。到 1992 年年底，全国已有 70% 以上的街道开展了社区服务工作。

1991 年 5 月 31 日，民政部部长崔乃夫在听取了基层政权建设司关于城市基层组织建设工作情况和今后设想的汇报时指出，城市居委会与农村村委会虽然都是群众性自治组织。但在功能方面有很大区别。其中最关键的一条就是农村的村既是生活单位又是生产单位，而城市的居民区，只是居民的生活单位，绝大多数人不是工作在这里，这就决定了居民对城市基层组织的依赖程度要低于农村。但是，城市居民仍有很多事情希望居委会解决。这些事情解决得好就会增加活力，增加凝聚力。你们搞基层政权和基层建设可以抓总，抓社区建设，调动各方面的积极性，共同搞好社区建设。如社区文化由文化部门来抓，社区医疗由卫生部门来抓，社区服务由民政部门来抓等。社区建设的思路提出后，民政部专门下发了《关于听取对“社区建设”思路的意见的通知》，征求各地对开展社区建设的意见和建议。同时确定天津市河北区、杭州市下城区为全国社区建设试验点。1994 年 4 月，杭州市下城区成立了“社区建设研究会”，这是全国各个层面第一家成立的研究社区建设的社会团体。1995 年 8 月，下城区委书记吴德隆和谷迎春同志主编的《中国城市社区建设》一书公开出版，这也是我国第一本专门研究中国社区建设的专著。下城区因此成为全国社区建设的开拓者。接着，上海市委在 1995 年第四季度到 1996 年第一季度期间，组织了一次规模空前的社区管理和基层政权建设调研。在调研的基础上，市委、市政府联合下发了《关于进一步完善“两级政府、三级管理”体制的政策意见》和《关于加强街道、居委会建设和社区管理的若干政策意见》。1996 年 6 月 25 日，石家庄市委、市政府制定《关于进一步加强社区工作的意见》，明确提出紧紧建立“两级政府（市、区）、三级管理（市、区、街）、四级落实（市、区、街、居）”的新体制，以改革的精神，理顺市、区、街之间的关系，全面增强社区的功能，大力促进社区经济和社会事业全面发展，把城市建设和管理提高到一个新水平。随后，相当一些城市也开始建立“两级政府、三级管理”的新体制。1998 年 3 月，九届全国人大一次会议通过了国务院机构改革方案。7 月，国务院“三定”方案确定民政部在原基层政权建设司的基础上建立基层政权和社区建设司，将原来由社会福利司分管的社区服务工作职能划归该司。这表明，社区建设已经成为一项专门的政府行政管理职能，从此，社区服务由单纯地为城市民政工作对象（孤寡残疾人员和特困户）建立完善社会保障服务的社会福利工作，拓展成了为全体城市居民提供社会服务和建立新的社会管理制度的基层政权和基层民主政治建设工作的社区建设，这是一个重要的质的变化。

1999 年，民政部在全国选择北京市西城区、青岛市市南区和四方区、重庆市江北区、南京市鼓楼区、杭州市下城区、石家庄市长安区、海口市振东区、沈阳市沈河区 8 个城市的 9 个区为探索城市社区建设的内容和形式在实践中的运行机制和模式的试验区。这是民政部在继全国农村全面推进基层民主政治建设后，对城市基层社会服务和基层管理体制进行改革的重要举措。随后一年多近两年的时间里，除了这9个试验区外，其他17个城市也主动开展了“试验区”活动。为了在全国范围内积极推进城市社区建设，2000年11月3日，民政部在总结全国26个城市社区建设试验区试点经验的基础上，形成了《关于在全国推进城市社区建设的意见》报送中央。经党中央、国务院同意，中办、国办下发了转发《民政部关于在全国推进城市社区建设的意见》的通知（中办发〔2000〕23号）。通知指出：“大力推进城市社区建设，是新形势下坚持党的群众路线，做好群众工作和加强基层政权建设的重要内容，是面向新世纪我国城市现代化建设的重要途径。切实加强城市社区建设，对于促进经济和社会协调发展，提高人民的生活水平和生活质量，扩大基层民主，维护社会稳定，推动城市改革与发展，具有十分重要的意义。”

中办发〔2000〕23号文件下发后，全国的社区建设就进入了一个新的历史阶段，呈现出蓬勃发展的大好形势。

2001年7月12日，筹备已久的全国社区建设工作会议在青岛召开。这次会议拉开了全面推进全国城市社区建设的序幕。会议提出了全面推进社区建设的指导思想和目标任务，部署了全面推进社区建设的方法和步骤。要求注重构建新的社区管理体制，建立新的社区建设工作运行机制，丰富社区建设的内容，提高社区的管理、服务水平；在工作中要以示范活动为重要措施推进，以大中城市率先推进为先导，带动中小城市和城镇，以求真务实、分类指导的原则，因地制宜地推动城市社区建设。

2002年9月8日到9日，民政部在吉林省四平市召开了全国城市社区建设现场会议。会议总结交流了青岛会议一年来城市社区建设的新经验；命名了27个全国社区建设示范市、148个全国社区建设示范区；现场参观了四平市社区建设成果；研究探索了进一步深化社区建设和加强城市民政工作问题。会议提出了社区建设总的要求和主要任务，并要求民政部门作为指导社区建设职能部门，要把抓好社区建设，作为重点推进城市民政工作的抓手，按照“以社区为平台、社区组织为依托、信息技术为手段整合城市民政工作”的工作思路，整合城市基层民政包括社会救助、社会福利、优抚安置、民间组织管理等各项工作任务，实现城市民政工作整体推进。

2003 年 9 月，中组部、民政部在北京召开全国优秀社区工作者表彰会议，表彰了 500 名全国优秀社区工作者。

2004 年，民政部着手对城市居民委员会组织法进行修订。

2005 年，民政部组织全国百城区社区建设抽样调查，开展一系列专题调研，并出台社区组织工作用房与服务用房、未成年人公益性服务设施、加强社区志愿服务工作等文件。

2005 年 8 月，全国社区建设工作会议在吉林省长春市隆重召开。会议传达了回良玉副总理的重要批示，提出了“建设和谐社区，为构建和谐社会奠定基础”的新任务。指出社区是社会的基本单元，是居民群众的社会生活共同体。和谐社会与和谐社区紧密相连，构建社会主义和谐社会绝不能忽视社区的作用。只有社区日趋和谐，构建和谐社会才有坚实基础。明确了建设和谐社区的指导原则和主要任务。指出，建设和谐社区必须遵循以下原则：必须坚持以“三个代表”重要思想为指导，用科学发展观统领建设和谐社区的各项工作；必须坚持以人为本、服务居民、始终把广大居民群众的根本利益作为各项工作的出发点和落脚点，不断满足居民群众日益增长的物质文化和生活需要；必须坚持党委领导、政府负责、社会协同、居民参与的工作机制，形成不断推进的整体合力；必须坚持整体推进、分类指导，与时俱进、创新发展，在构建社会主义和谐社会的历程中不断发挥基础作用。

2009 年 10 月，在江苏省苏州市召开了全国和谐社区建设工作会议。此次会议的主要任务是深入学习贯彻党的十七大和十七届三中、四中全会精神，研究部署进一步推进和谐社区建设的任务。会议认为，目前城市和谐社区建设取得明显成效，积累了宝贵经验，社区建设进入新的发展阶段，主要体现在以下五个方面：一是以党组织为领导核心的社区组织体系不断完善，基层社会管理有序格局进一步形成，有力密切了党群干群关系；二是社区服务体系不断健全，小社区大服务格局进一步形成，有效满足了社区居民群众日益增长的物质文化生活需要；三是社区工作者队伍不断壮大，专兼结合、功能互补的队伍格局进一步形成，有力提升了社区工作者的综合素质和服务能力；四是社区建设保障机制基本建立，齐抓共建的格局进一步形成，有力保证了和谐社区建设持续发展；五是和谐社区建设示范单位创建活动全面展开，多样化格局进一步形成，有力促进了经济社会协调发展。会议要求要全面把握党的十七大以来中央关于社区建设工作的重要决策和部署，进一步增强推进和谐社区建设的自觉性。应该联系我国经济社会发展的新要求和人民群众过上更好生活的新期待来理解，应该站在党的十七大以来中央关于社区建设的一系列重要决策和部署的高度上来认识，进一步推进和谐社区建设是深入贯彻落实科学发展观的必然要求，是实现全面建设小康社会奋斗目标的必然要求，是构建社会主义和谐社会的必然要求，是扩大党的群众基础的必然要求。

会议提出要深入持久地推进和谐社区建设，为改革发展稳定营造良好社会环境。要求在新的起点上深入持久地推进和谐社区建设，力争用5年的时间，把全国80%以上的城乡社区建设成为管理有序、服务完善、文明祥和的社会生活共同体，到我们党成立100年时，把所有城乡社区全面建设成为管理有序、服务完善、文明祥和的社会生活共同体。当前和今后一个时期，要健全社区管理体制机制，在提高社区治理水平上取得新进展；要完善社区服务体系，在满足居民群众生活需求上取得新进展；要繁荣社区文化，在提高社区居民文明素质上取得新进展；要切实改善人居环境，在促进人与自然和谐发展上取得新进展；要积极推进农村社区建设，在统筹城乡社区建设上取得新进展；要推进社区党建全覆盖，在增强城乡基层党组织的生机活力上取得新进展。会议强调要切实加强组织领导，做到思想上高度重视、工作上强力推进、政策上大力支持，扎扎实实地把和谐社区建设的各项工作任务落到实处，努力开创和谐社区建设工作新局面。

概括起来，城市社区建设是从探索建立社会保障制度的高度，动员和组织社会力量与政府力量相结合，对社会困难群体进行社区服务，建立、完善社区服务体系开始，进而在经济体制改革后从加强社会管理、社会服务和基层民主政治建设的高度，调动各方面的积极性，共同搞好社区建设，再发展到从构建和谐社区的高度，要求把所有城乡社区全面建设成为管理有序、服务完善、文明祥和的社会生活共同体。

（二）农村社区建设的发展历程

开展农村社区建设，在全国，江西省是首创。这是2001年5月江西省委书记孟建柱给省民政厅的一个课题任务。2001年10月，孟建柱书记又在“全省社区建设工作暨社区建设学习观摩培训班”上进一步作了强调：“农村社区建设是个新课题，需要认真研究和探索。江西是个农业省份，农村人口占全省总人口的80%，农村发展了，整个江西才有跨越式发展的可能。农村稳定了，全省才有稳定的基础。要通过抓好农村社区建设，努力改善农村环境，提高农民素质，树立农村新风，保障农民当家做主的民主政治权利，促进农村经济发展，政治稳定和社会各项事业的全面进步，努力把我省农村建设成为富裕、民主、文明的社会主义新农村。”

根据孟建柱书记的要求，江西省民政部门的同志积极开展了农村社区建设的探索。在省、市、县（市、区）各级党委政府的领导和大力支持下，经过近7年的艰苦探索，江西省农村社区建设经历了从开始的“一级政府、二级管理、三个层次”的农村社区建设模式，到把农村社区建设的重点转移到村落社区建设上来，到城乡社区对接互动，再到与社会主义新农村建设结合起来四个发展阶段，取得了突出的成效，得到了中央的充分肯定，已经从江西省走向了全国。党的十六届五中全会提出的“社会主义新农村建设”是在总结江西省赣州市农村村落社区建设经验的基础上提出来的，党的十六届六中全会提出的“农村社区建设”则是对江西省开展的农村社区建设工作的进一步肯定。正如民政部基层政权和社区建设司王金华副司长2007年10月14日在江西省城乡社区对接互动活动现场经验交流会上的发言中所讲的：“可以说，没有江西的探索和试验，就不可能有农村社区建设的今天，也不可能在这么短的时间内就把农村社区建设写到中央的文件中，并且作为推进新农村建设和构建和谐社会的一项重大举措。”

自从党的十六届六中全会决定提出积极推进农村社区建设的要求后，党的十七大报告又从统筹城乡社区发展的角度作出了“把城乡社区建设成为管理有序、服务完善、文明祥和的社会生活共同体”的战略部署。党的十七届三中全会决定又作出了“我国总体上已进入以工促农、以城带乡的发展阶段，进入加快改造传统农业、走中国特色农业现代化道路的关键时刻，进入着力破除城乡二元结构、形成城乡经济社会一体化新格局的重要时期”的重大判断，要求把建设社会主义新农村作为重大战略任务，把走中国特色农业现代化道路作为基本方向，把加快形成城乡经济社会发展一体化新格局作为根本要求，并作出了“坚持服务农民、依靠农民，完善农村社会管理体制机制，加强农村社区建设，保持农村社会和谐稳定”的重要部署。2008 年的中央经济工作会议，深入分析了国际金融危机对我国经济发展的多重影响，提出要以扩大内需拉动经济持续较快增长，着力解决涉及群众切身利益的难点热点问题，把保民生作为保增长的出发点和落脚点，要问政于民、问需于民、问计于民，加强和完善社会管理，加快发展社会事业，全力维护社会稳定。民政部依据党的十六届六中全会、十七大、十七届三中全会和2008 年中央经济工作会议的要求，2007 年在山东省青岛市专门召开会议部署在全国开展农村社区建设试验县（市、区）活动，并确定了近 300 个全国农村社区建设试验县（市、区），农村社区建设在全国全面展开。在开展农村社区建设实验工作的基础上，为巩固农村社区建设实验工作的阶段性成果，扩大受益面，促进农村经济社会又好又快发展。2009 年 3 月，下发了《关于开展“农村社区建设实验全覆盖”创建活动的通知》，决定开展“农村社区建设实验全覆盖”创建活动。2009 年 10 月，在江苏省苏州市召开的全国和谐社区建设工作会议上，民政部再次强调进一步推进农村社区建设工作，不断扩大农村社区建设的覆盖面和受益面，并要求城乡社区建设要统筹规划。按照城乡一体化发展要求，选择不同类型的农村地区开展农村社区建设实验工作。统筹土地利用和城乡规划，合理安排市县域城镇建设、农田保护、产业聚集、社区分布、生态涵养等空间布局。统筹城乡社区干部培训，引导城市人才向农村流动。统筹城乡基础设施建设和公共服务，全面提高财政保障农村公共事业水平，逐步建立城乡统一的公共服务制度。统筹城乡劳动就业，加快建立城乡统一的人力资源市场。统筹城乡社会管理，推动流动人口服务和管理体制创新。加快农村社区公共服务设施建设，每个社区应有一个统一标识的综合性社区服务中心，具备办公、管理、服务、活动等多种功能。坚持服务农民、依靠农民，创新农村社会管理体制机制，推行社区化管理，初步具备农村社区利益协调、诉求表达、矛盾化解等功能。拓展村民自治范围，探索农村社区建设与村民自治衔接配套的有效方法。大力推进政府公共服务向农村社区延伸，开展农村社区志愿服务，积极扶持和发展农村社区商业服务，构筑政府基本公共服务、农民志愿服务和互助性服务、市场商业性服务相衔接的新型农村社区服务体系。在城乡单位、城市社区与农村社区之间开展结对帮扶活动，鼓励社会各类组织和个人以资金、技术、信息、智力、技能等方式参与农村社区建设，努力形成全社会关心、支持、参与农村社区建设的良好氛围。

概括起来，农村社区建设是从改善农村环境，提高农民素质，树立农村新风，保障农民当家做主的民主政治权利，促进农村经济发展、政治稳定和社会各项事业的全面进步，到按照城乡一体化发展要求，坚持服务农民、依靠农民，创新农村社会管理体制机制，推行社区化管理，在城乡单位、城市社区与农村社区之间开展结对帮扶活动，鼓励社会各类组织和个人以资金、技术、信息、智力、技能等方式参与农村社区建设，再发展到从构建和谐社区的高度，要求把所有城乡社区全面建设成为管理有序、服务完善、文明祥和的社会生活共同体。

综上所述，民政部是根据我国国情并借鉴了国外的经验提出社区建设这一概念，并通过20多年的探索，不断规范、完善城市社区建设的工作思路、内容和实现的方法。加强城市社区建设，适应了我国城市现代化建设的需要和我国政治、经济体制深化改革的要求，有利于解决计划经济体制及其在城市中的主要表现形式——单位体制的衰变产生的社会管理问题，有利于解决由政府的全能模式向“小政府大社会”模式转变产生的城市基层民主管理问题；有利于解决城市社会在现代化过程中出现的社会整合问题，其中包括城市建设中的小区管理问题；有利于解决社会转型过程中城市居民在生活中遇到的困难，以及社会进步过程中城市居民提高生活质量的要求；有利于密切党群、干群关系，巩固和扩大我们党的执政基础；有利于改革、开放和稳定。

对于农村社区建设，民政部从对江西省开展的农村社区的关注开始，认识不断深化，从质疑到支持，尤其是党的十六届六中全会决定提出积极推进农村社区建设的要求后，全力推进农村社区建设，引导各地开展农村社区建设的试验活动，总结经验，不断探索农村社区建设的工作思路、内容和实现的方法，在短短的7年时间里在全国范围使农村社区建设实验全覆盖，取得了非常可喜的成效。

城乡社区建设在党中央国务院的高度重视，民政部的正确领导和各级民政部门的积极努力下，从社区的基础设施建设、社区的组织建设、社区的服务和管理、社区的和谐和安全等诸多方面都取得了卓著的成效。但也存在一些值得重视和需要认真改进的问题。主要表现在：一是政府的积极性和群众的积极性相结合的问题上，城乡居民的参与程度还不高，主体作用发挥不够好；二是重硬件和有形的建设，抓软件和无形的精神建设不够；三是重视行政科层组织的力量，忽略社会组织的力量；四是党政部门给予城乡社区行政任务太多，协助变成了主办，导致村委会和居委会这两个基层群众自治组织行政化色彩太浓，性质产生了变异；五是上级统一要求太多，城乡社区个性和特色难以发展，抑制了基层群众的创造性和积极性；六是有关的政策法规跟不上社区建设的要求；七是社区建设，尤其是农村社区建设在不少地方缺乏经费保障和政府的支持。

二、当前党和国家的中心任务是什么

当前党和国家的中心任务是要深入进行五项体制改革。

一是经济体制改革，要求以科学发展为主题，以加快转变经济发展方式为主线，适应国内外经济形势新变化，加快形成新的经济发展方式，把推动发展的立足点转到提高质量和效益上来，着力激发各类市场主体发展新活力，着力增强创新驱动发展新动力，着力构建现代产业发展新体系，着力培育开放型经济发展新优势，使经济发展更多依靠内需特别是消费需求拉动，更多依靠现代服务业和战略性新兴产业带动，更多依靠科技进步、劳动者素质提高、管理创新驱动，更多依靠节约资源和循环经济推动，更多依靠城乡区域发展协调互动，不断增强长期发展后劲。

二是政治体制改革，要求必须坚持党的领导、人民当家做主、依法治国有机统一，以保证人民当家做主为根本，以增强党和国家活力、调动人民积极性为目标，扩大社会主义民主，加快建设社会主义法治国家，发展社会主义政治文明。要更加注重改进党的领导方式和执政方式，保证党领导人民有效治理国家；更加注重健全民主制度、丰富民主形式，保证人民依法实行民主选举、民主决策、民主管理、民主监督，更加注重发挥法治在国家治理和社会管理中的重要作用，维护国家法制统一、尊严、权威，保证人民依法享有广泛权利和自由。具体要求做到支持和保证人民通过人民代表大会行使国家权力；健全社会主义协商民主制度；完善基层民主制度；全面推进依法治国；深化行政体制改革；健全权力运行制约和监督体系；巩固和发展最广泛的爱国统一战线。

三是社会管理体制改革，要求必须从维护最广大人民根本利益的高度，加快健全基本公共服务体系，加强和创新社会管理，建立政府、社会和群众相结合的新的社会管理体制，推动社会主义和谐社会建设。必须以保障和改善民生为重点，提高人民物质文化生活水平，要多谋民生之利，多解民生之忧，解决好人民最关心最直接最现实的利益问题，在学有所教、劳有所得、病有所医、老有所养、住有所居上持续取得新进展，努力让人民过上更好生活。加快形成党委领导、政府负责、社会协同、公众参与、法治保障的社会管理体制，加快形成政府主导、覆盖城乡、可持续的基本公共服务体系，加快形成政社分开、权责明确、依法自治的现代社会组织体制，加快形成源头治理、动态管理、应急处置相结合的社会管理机制。

四是文化体制改革，要求深化文化体制改革，解放和发展文化生产力，发扬学术民主、艺术民主，为人民提供广阔文化舞台，让一切文化创造源泉充分涌流，开创全民族文化创造活力持续迸发、社会文化生活更加丰富多彩、人民基本文化权益得到更好保障、人民思想道德素质和科学文化素质全面提高、中华文化国际影响力不断增强的新局面。做到坚持推进社会主义核心价值体系建设，用马克思主义中国化最新成果武装全党、教育人民，用中国特色社会主义共同理想凝聚力量，用以爱国主义为核心的民族精神和以改革创新为核心的时代精神鼓舞斗志，用社会主义荣辱观引领风尚，巩固全党全国各族人民团结奋斗的共同思想道德基础。

五是环境保护体制改革，要求面对资源约束趋紧、环境污染严重、生态系统退化的严峻形势，必须树立尊重自然、顺应自然、保护自然的生态文明理念，把生态文明建设放在突出地位，融入经济建设、政治建设、文化建设、社会建设各方面和全过程，努力建设美丽中国，实现中华民族永续发展。

社区建设必须服务和服从这五个体制改革的要求并承载着重要的历史任务。

三、城乡社区建设必须服务和服从五项体制改革的要求，结合城乡社区的实际，寻找工作的切入点

（一）服务和服从经济体制改革方面的工作切入点

一是认真落实党和国家的社会保障制度，积极化解社会矛盾，促进社会和谐，为经济体制改革提供良好的社会环境；二是努力提高城乡居民的素质，重点帮助城乡居民中有劳动能力的人员就业和创业，为工农业生产提供充足和高素质的劳动力；三是通过建立完善的社会保障制度和充分的就业，不断提高城乡居民家庭收入，促进城乡居民的消费，尤其是提高农民的消费能力，使中央提出的“经济发展更多依靠内需特别是消费需求拉动”的目标得以实现。

（二）服务和服从政治体制改革方面的工作切入点

重点是健全民主制度、丰富民主形式，保证人民依法实行民主选举、民主决策、民主管理、民主监督，完善和发展基层群众自治制度。具体就是通过不断完善和发展村民自治和居民自治，来完善和发展基层群众自治制度，充分发挥城乡居民在城乡社区建设中的主体作用。

民主体现的是公平、公开、公正的精神，要求所有相关的人和团体对涉及他们利益的事情共同参与，有知情权、参与权、选择权、监督权。

民主是一种管理体制，以少数服从多数为基本原则，这意味着协商和妥协。按照少数服从多数的原则，有时少数人的利益要为大多数人的利益作出牺牲和让步，而少数人的让步和牺牲必须是少数人能够承受为限度，所以民主就是要通过协商而不是强制寻找到这个利益平衡点。

民主必须以制度来保证，如所有成员大会制度、议事协商制度、公决制度、民主监督制度等；民主不是无政府主义，民主必须坚持党的领导和依法办事，不能违法，不能以少数服从多数为幌子强行侵害少数人的合法权益。

民主是一种管理模式，就是民众自己的事让民众自我管理，国家的事让民众参与管理（直接民主和间接民主），让民众在党的领导下依法行使当家做主的权利。

民主是一种工作方式，在处理基层事务和国家事务过程中，集思广益，寻找一种符合大多数人利益（找到利益平衡点）的方法，把问题处理好，让绝大多数人满意。

民主是创新的基础。民主要求集思广益，集思广益的基础是鼓励人们思考。思考则是创新的基本前提。一个善于思考的民族才是最有发展前途的民族，才能不断打破常规推动发展。

民主是稳定的基础。民主让民众的诉求有表达的渠道，矛盾和问题容易被及时发现和解决。小矛盾小问题不能及时解决，积累下来就会生出怨气，就会形成大矛盾和大问题，势必影响稳定。

基层民主自治制度，就是要按照上述有关民主的论断，在党的领导下，让人民群众依法行使当家做主的权利，实现人民群众对基层公共事务和公益事业的自我管理、自我教育、自我服务、自我监督。

城乡社区是建设基层群众自治制度的重要平台。基层群众自治制度的核心是城乡居民的广泛和自觉参与，即城乡居民是城乡社区建设的主体。

政治体制改革。大家知道，我国原有的政治体制是脱胎于革命战争年代，初建于新中国诞生之际，形成于社会主义改造时期，与计划经济体制相适应，又在大规模的阶级斗争和群众运动中不断得到强化。这样一种政治体制，是一种党政不分、权责不明、过分集权的体制。到“文化大革命”期间，在党的“一元化”领导的口号下，更是把这种体制推向极端，使其弊端充分暴露，以致酿成对国家的空前浩劫和巨大灾难。“文化大革命”结束后，痛定思痛，中国共产党在提出经济体制改革任务的同时，也开始思考政治体制改革问题。邓小平 1980 年 8 月 18 日在中央政治局扩大会议上所作的《党和国家领导制度的改革》的重要讲话，就是思考政治体制改革的一个结晶。这篇讲话经过政治局讨论通过，发至全党，成为我国政治体制改革的一个纲领性文献。时至今日，仍然是指导我国政治体制改革的一个总的指导思想。其着眼点主要是如何从制度上防止“文化大革命”这类历史悲剧重演，从而实现国家的长治久安问题。这篇讲话敏锐而又深刻地分析了我国政治体制的主要弊端、产生根源、问题的实质以及改革的基本原则和方式方法。改革的锋芒所向，直指原有政治体制的“总病根”——“权力过分集中”，特别是“领导者个人高度集权”。从而为我国政治体制改革奠定了坚实的理论基础，指明了原则和方向。

1984 年 10 月，党的十二届三中全会作出了《关于经济体制改革的决定》。从此，我国经济体制改革的重点，从农村转向城市。随着经济体制改革的不断深入，遇到了政治体制的阻碍，政治体制改革与经济体制改革不相适应的问题突出出来。邓小平敏锐地感觉到了这个问题。从 1985 年下半年到 1987 年上半年间，他多次指出，现在经济体制改革每前进一步，都深深感到政治体制改革的必要性。必须把政治体制改革提到议事日程，并强调指出应该把政治体制改革“作为改革向前推进的一个标志”。他指出：“我们所有的改革最终能不能成功，还是决定于政治体制的改革。”邓小平一方面强调政治体制改革必须与经济体制改革相适应，另一方面又明确提出政治体制改革必须具体化，要进行总体设计，要有一个蓝图。他指出：“一九八〇年就提出政治体制改革，但没有具体化，现在应该提到日程上来。”“改革总要有一个期限，不能太迟，明年党的代表大会要有一个蓝图。”1986 年 9 月，中共中央成立中央政治体制改革研讨小组，开始了总体方案的酝酿和设计。1987 年 10 月，党的十二届七中全会原则同意了《政治体制改革总体设想》，决定将这一设想的基本内容写入十三大报告中。随后召开的党的十三大对我国的政治体制改革进行了全面部署。党的十三大报告认为，我国原有政治体制，存在着一些重大缺陷，主要是权力过分集中，官僚主义严重，封建主义影响远未肃清。进行政治体制改革的目的，就是要兴利除弊，清除官僚主义，发展社会主义民主，调动人民的积极性，建设有中国特色的社会主义民主政治。该报告把政治体制改革的近期目标概括为“建立有利于提高效率、增强活力和调动各方面积极性的领导体制”。依据这一思路，提出了近期政治体制改革的主要内容：实行党政分开，进一步下放权力，改革政府工作机构，改革干部人事制度，建立社会协商对话制度，完善社会主义民主政治的若干制度，加强社会主义法制建设。政治改革的长远目标，是建立高度民主、法制完备、富有效率、充满活力的社会主义政治体制。以党的十三大召开为标志，我国政治体制改革全面开始启动。这一时期，政治体制改革的内容涉及许多方面、许多领域，但改革的核心，还是直指我国政治体制的“总病根”，即权力过分集中，特别是领导者个人高度集权问题。

但不久，国际国内发生了震惊世界的重大事件，就是东欧剧变、苏联解体与国内的“六四”风波。还有台湾地区开放党禁，出现了民进党上台国民党下台的变局。如此严重的事件，对于我国的改革，尤其是政治体制改革，不能不产生重大影响和冲击。有人在总结东欧剧变、苏联解体和台湾地区的政权更替的原因和教训时，得出这样一个结论，即东欧剧变、苏联解体和台湾地区政权更替似乎是改革，特别是政治体制改革造成的，至少政治体制改革是原因之一。

邓小平以非凡的战略眼光和政治胆识，以彻底唯物主义者无所畏惧的大无畏气概，顶住了难以想象的压力和干扰，特别是来自“左”的方面的压力和干扰，坚持党的基本路线不动摇，坚持“三步走”发展战略不动摇。他强调，十三大报告一个字也不能改，要毫不动摇地坚持十一届三中全会以来的基本路线和一系列基本方针、基本政策。同时，又反复提醒全党，中国改革已经进行了10年，是总结经验的时候了。要认真总结经验，对的坚持，不足的加点劲，错的赶快改。正是因为有邓小平掌舵，在这样重大的事变面前，在来自各方面的重重压力下，中国改革开放的航程才没有改变。但在具体思路和做法上有所调整和改变。在政治体制改革方面，大致是这样一种状况：第一，从基本思路上看，原来政治体制改革是作为一项相对独立的任务提出和部署的，其必要性和紧迫性强调得比较多，政治体制改革的地位和分量比较突出，但后来调整为“积极推进政治体制改革，加强社会主义民主法制建设”。政治体制改革的地位和分量不那么突出了，有时只提民主法制建设，甚至干脆连政治体制改革也不提了。第二，政治体制改革的具体内容也发生了变化。原来着重解决权力过分集中，特别是领导者个人高度集权，强调党政分开，下放权力，改革干部制度等，后来变成了进一步完善人民代表大会制度，完善共产党领导的多党合作和政治协商制度，建立和健全民主的科学的决策机制，加强基层民主建设等。第三，与此相适应，在实践中，政治体制改革有所放缓，从而在整体上，使政治体制改革明显滞后于经济体制改革。有的学者曾这样论述这一时期的政治体制改革：从20世纪80年代末以来，中国的政治体制改革由“攻坚战”转入“外围战”。这种调整和变化意味着什么呢？这就意味着政治体制改革的重点和主要内容发生了转移。具体说，就是从着重解决原有体制的“总病根”——权力过分集中的“攻坚战”，转移到完善那些本来就比较好的原有体制如人民代表大会制度和政治协商制度等上来了。这些方面的制度，从总体上说是适合中国国情的，只是有些不完善之处，需要在改革过程中进一步加以完善。而作为原有政治体制“总病根”的权力过分集中，特别是领导者个人高度集权的体制，则是与社会主义制度的本性不相容的，也是与社会主义市场经济体制不相容的，必须加以变革，而且是“革命性的变革”。邓小平反复强调改革也是革命，其意义就在这里。

客观地说，当时国内外政治形势发生这么大的变化，对政治体制改革的思路和内容作一些调整，是必要的，甚至可以说是明智的。当时面临的紧迫问题，是继续坚持党的基本路线不动摇，不因国内外突发事件的发生致使改革开放发生逆转。邓小平南方谈话的真正意义就在这里。但是，应当清醒地认识到，这是迫于形势剧变不得不作的暂时调整，只能限于“一定时期”而不能把这种调整长久化。

历史经验证明，适时进行政治体制改革并非必然带来社会不稳定；相反，它是保持社会稳定的根本途径。不进行政治体制改革，不从体制上清除不稳定因素，社会安定只能是暂时的、表面的，迟早会因为诸多社会矛盾的积累而出现不稳定和社会动荡。只有及时进行政治体制改革，建立起灵活有效的社会控制体系，使社会矛盾及时解决，才能实现国家的长治久安。如果不从根本上触动权力过分集中这个政治体制的“总病根”，势必严重影响一系列经济、政治和社会问题的根本解决，最终影响社会稳定。

现在，党的十八大把政治体制改革再次提上了重要日程，但仍然不是从根本上触动权力过分集中这个政治体制的“总病根”，而是采取渐进式推动。目前，我国的政治体制改革主要在抓三个方面的工作：一是政府要深化行政审批制度改革，继续简政放权，推动政府职能向创造良好发展环境、提供优质公共服务、维护社会公平正义转变。自 2001 年行政审批制度改革工作全面启动以来，国务院已先后 6 批取消和调整共 2497 项行政审批项目，占原有总数的 69.3%。并要推进权力运行公开化、规范化，完善党务公开、政务公开、司法公开和各领域办事公开制度，健全质询、问责、经济责任审计、引咎辞职、罢免等制度，加强党内监督、民主监督、法律监督、舆论监督，让人民监督权力，让权力在阳光下运行。二是大力培育发展社会组织，自从 2004 年开始探索改革社会组织登记管理体制，就是要建立统一登记、各司其职、协调配合、分级负责、依法监管的社会组织登记管理体制。核心内容是对“双重负责管理体制”进行改革。三是建立和完善基层群众自治制度。其核心就是扩大人民民主，保证人民当家做主。在城乡社区治理、基层公共事务和公益事业中实行群众自我管理、自我服务、自我教育、自我监督，是人民依法直接行使民主权利的重要方式。要健全基层党组织领导的充满活力的基层群众自治机制，以扩大有序参与、推进信息公开、加强议事协商、强化权力监督为重点，拓宽范围和途径，丰富内容和形式，保障人民享有更多更切实的民主权利。

（三）服务和服从社会管理体制改革方面的工作切入点

一是加快健全基本公共服务体系，二是加强和创新社会管理，建立政府、社会和群众相结合的新的社会管理体制。

加快健全基本公共服务体系。按照国务院办公厅印发的《社区服务体系建设规划（2011—2015 年）》（以下简称《规划》），到“十二五”期末，社区居民可以享受的基本公共服务大致可以分为四类：

一是社区劳动就业、社会保险和社会服务。包括加强街道和社区劳动就业、社会保险和社会服务平台建设，配备标准化的设施设备，完善服务功能。大力发展以家政服务、养老服务、社区照料服务和病患陪护服务等为重点的家庭服务业，实施家庭服务业从业人员定向培训工程，社会保障卡、社会服务信息落到社区。

二是社区医疗卫生和计划生育服务。包括建立居民健康档案、健康教育、预防接种、儿童保健、孕产妇保健、老年人保健、慢性病管理、重性精神疾病管理、传染病及突发公共卫生事件报告和处理、卫生监督协管等国家基本公卫生服务免费向社区居民提供。提供计划生育宣传教育、政策咨询、技术服务、优生优育指导、药具发放、随访服务、生殖保健、人员培训、流动人口计划生育服务及计划生育行政事务办理、实有人口动态信息采集等服务。

三是社区文化、教育、体育服务。包括广泛开展社会文化活动，全国所有建成的社区综合服务设施中都建立具备综合服务功能的文化中心，推进建立公共电子阅览室和未成年公益性上网场所。广泛开展社区教育，重点建设一批标准化、示范性的全民学习中心，普及科学文化知识，建设学习型社区。社区普遍建有体育场地、配有体育设施，50% 以上的城市、城区建有“全民健身活动中心”，50% 以上的街道、社区建有便捷、实用的体育健身设施。

四是社区法律、治安服务。包括推动人民调解、安置帮教、法制宣传教育、法律援助等服务进社区，实现法律服务在社区全覆盖。深入推进社区警务战略，加强群防群治队伍建设，全面提高社区治安综合治理水平。

各地必须认真落实《规划》的要求，加快社区服务体系建设规划。

加强和创新社会管理，建立政府、社会和群众相结合的新的社会管理体制。党的十六届四中全会和六中全会分别从提高党的执政能力和构建社会主义和谐社会的高度，向各级党和政府明确提出了“深入研究社会管理规律，完善社会管理体系和政策法规，整合社会管理资源，建立健全党委领导、政府负责、社会协同、公众参与的社会管理格局”的要求。

这是因为市场化导向的经济改革和社会主义市场经济体制的确立导致了传统“单位制”的解体，长期高度集中的一元化传统社会体制也随之解体。“单位制”的解体导致社会成员对原有单位的依附性减弱，而转变成“社会人”，“社会人”的工作与生活分离开来，其职业和工作单位可能经常发生变化，工作单位与居住地分离；市场经济还将一部分人完全推向社会，他们要么下岗，要么游离于传统单位体制之外成为非公有经济从业人员；市场经济带来人员流动的加快，流动人口迅速增加，这些人既没有单位依靠也没有固定的居住地等。这样，原来“单位制”社会逐渐转向“非单位型”社会，这一转变彻底改变了国家管理的微观基础。“非单位型”社会中的社会成员有一个共同特点就是，他们不一定附着于某个单位，但都归属于所生活和居住的社区。这样，社区便取代原来的单位而成为国家与社会的连接点。

改革开放之前，我国对基层社会的管理是依靠单位来实现的。在计划经济时期，单位掌握着几乎所有的生产和生活资源，因此也就具有很强的社会控制功能。改革开放之后，在农村随着实施家庭联产承包责任制以后，以及税费改革和取消农业税等一系列经济体制改革，引发了农村社会管理体制的改革。由于农村基层政权组织不再控制农民的生产和生活资源，农村基层政权组织的社会动员和社会控制的功能基本丧失殆尽。在城市，深化企业改革，用工制度改革、住房、医疗、保险等各项与居民切身利益相关的制度改革，以及国家在坚持国有经济为主导的基础上，允许多种经济成分并存，建立资本和劳动力市场，单位管理城市居民的功能也大大弱化，并且将进一步弱化。

在“单位制”解体之后，它们曾经承担的社会动员和社会控制功能将以什么载体来实现，特别是在市场经济条件下，应当建立什么样的社会管理体系，这是我们必须面对和必须解决的问题。在党中央、国务院的领导下，全国各地对建立社会主义市场经济条件下的基层社会管理体系进行了有益的探索，确立了在农村实行村民自治、在城市实行居民自治来对城乡基层社会进行管理的社会管理体系。而城乡社区就是承担已经解体的“单位制”曾经承担的社会动员和社会控制功能的有效载体。在新的形势和历史条件下，要搞好城乡基层社会管理工作，就是要以城乡社区为单位和平台，以城乡居民自治为方向，在党委领导下，建立起“政府负责、社会协同、居民参与”的政府、社会、群众三结合的基层社会管理格局，认真研究基层社会管理规律，整合社会管理资源，来推动建立政府调控机制同社会协调机制互联、政府行政功能同社会自治功能互补、政府管理力量同社会调节力量互动的社会管理网络，形成对全国基层社会进行有效覆盖和全面管理的体系。

这标志着我国的人民民主由间接民主向直接民主又迈进了一大步。基层群众自治制度，让城市居民和农村村民在城乡社区通过居民自治和村民自治的形式，依法实行民主选举、民主决策、民主管理、民主监督，保障人民的知情权、参与权、表达权、监督权，让人民群众直接行使民主权利，管理基层公共事务和公益事业，实行自我管理、自我服务、自我教育、自我监督，对干部实行民主监督。这是推进人民民主的一个突破性的大进步，也是我国政治体制改革的重大进步。

（四）服务和服从文化体制改革方面的工作切入点

一是加强社会主义核心价值体系建设；二是全面提高公民道德素质；三是丰富人民精神文化生活。

中国经历了2000多年的封建社会，封建主义的文化根深蒂固，包括它的思想体系、风俗习惯，在我们国家、我们党内反映相当严重。官僚主义、权力过分集中、一言堂、家长制、人身依附、迎送吃喝、任人唯亲、任人为派、下级对上级阿谀奉承、无原则服从、“尽忠”、搞特权、等级观念、上下级关系和干群关系中在身份上的某些不平等现象等封建主义的残余影响，真是比比皆是。封建主义文化不仅严重阻碍着政治体制改革，也严重阻碍着经济体制改革，导致道德缺失和腐败滋生。坚持推进社会主义核心价值体系建设，用马克思主义中国化最新成果武装全党、教育人民，用中国特色社会主义共同理想凝聚力量，用以爱国主义为核心的民族精神和以改革创新为核心的时代精神鼓舞斗志，用社会主义荣辱观引领风尚，巩固了全党全国各族人民团结奋斗的共同思想道德基础为重要内容的文化体制改革已经势在必行，否则改革将无法深入进行，改革成果将毁于一旦。

加强社会主义核心价值体系建设。要深入开展社会主义核心价值体系学习教育，用社会主义核心价值体系引领社会思潮、凝聚社会共识。广泛开展理想信念教育，把广大人民团结凝聚在中国特色社会主义伟大旗帜之下。大力弘扬民族精神和时代精神，深入开展爱国主义、集体主义、社会主义教育，丰富人民精神世界，增强人民精神力量。倡导富强、民主、文明、和谐，倡导自由、平等、公正、法治，倡导爱国、敬业、诚信、友善，积极培育和践行社会主义核心价值观。

全面提高公民道德素质。这是社会主义道德建设的基本任务。要坚持依法治国和以德治国相结合，加强社会公德、职业道德、家庭美德、个人品德教育，弘扬中华传统美德，弘扬时代新风。推进公民道德建设工程，弘扬真善美、贬斥假恶丑，引导人们自觉履行法定义务、社会责任、家庭责任，营造劳动光荣、创造伟大的社会氛围，培育知荣辱、讲正气、作奉献、促和谐的良好风尚。深入开展道德领域突出问题专项教育和治理，加强政务诚信、商务诚信、社会诚信和司法公信建设。加强和改进思想政治工作，注重人文关怀和心理疏导，培育自尊自信、理性平和、积极向上的社会心态。深化群众性精神文明创建活动，广泛开展志愿服务，推动学雷锋活动、学习宣传道德模范常态化。

丰富人民精神文化生活。要坚持以人民为中心的创作导向，提高文化产品质量，为人民提供更好更多精神食粮。坚持面向基层、服务群众，加快推进重点文化惠民工程，加大对农村和欠发达地区文化建设的帮扶力度，继续推动公共文化服务设施向社会免费开放。建设优秀传统文化传承体系，弘扬中华优秀传统文化。开展群众性文化活动，引导群众在文化建设中自我表现、自我教育、自我服务。开展全民阅读活动。普及科学知识，弘扬科学精神，提高全民科学素养。广泛开展全民健身运动，促进群众体育和竞技体育全面发展。

党的十七届六中全会《决定》提出：社会主义先进文化是马克思主义政党思想精神上的旗帜，文化建设是中国特色社会主义事业总体布局的重要组成部分。没有文化的积极引领，没有人民精神世界的极大丰富，没有全民族精神力量的充分发挥，一个国家、一个民族不可能屹立于世界民族之林。物质贫乏不是社会主义，精神空虚也不是社会主义。没有社会主义文化繁荣发展，就没有社会主义现代化。在新的历史起点上深化文化体制改革、推动社会主义文化大发展大繁荣，关系实现全面建设小康社会奋斗目标，关系坚持和发展中国特色社会主义，关系实现中华民族伟大复兴。我们要准确把握我国经济社会发展新要求，准确把握当今时代文化发展新趋势，准确把握各族人民精神文化生活新期待，增强责任感和紧迫感，解放思想，转变观念，抓住机遇，乘势而上，在全面建设小康社会进程中、在科学发展道路上奋力开创社会主义文化建设新局面。

“坚持以人为本，贴近实际、贴近生活、贴近群众，发挥人民在文化建设中的主体作用，坚持文化发展为了人民、文化发展依靠人民、文化发展成果由人民共享，促进人的全面发展，培育有理想、有道德、有文化、有纪律的社会主义公民。”党的十七届六中全会《决定》的这个要求正是社区文化建设的方向和目标。

（五）服务和服从环境保护体制改革方面的工作切入点

一是全面促进资源节约，节约资源是保护生态环境的根本之策；二是加大自然生态系统和环境保护力度；三是要教育城乡居民一定要更加自觉地珍爱自然，更加积极地保护生态。

坚持节约资源和保护环境的基本国策，坚持节约优先、保护优先、自然恢复为主的方针，城乡社区要加强生态文明宣传教育，增强全民节约意识、环保意识、生态意识，从自己做起、从本社区做起、从小事做起、从点滴做起，开展节约一度电、一滴水、一粒米、一张纸活动，反对铺张浪费，反对污染和破坏环境的行为，形成合理消费的社会风尚、节约资源和保护环境的生产方式、生活方式，营造爱护生态环境的良好风气。

四、实现的途径和方法

（一）党委政府要转变执政理念，真正做到简政放权

执政观念的转变主要从三个方面下功夫，一是由几千年封建社会以来长期形成的“为民做主”“替民做主”的执政观念，转变为在党的领导下依法让人民群众当家做主的执政观念。“为民做主”“替民做主”的执政观念，核心是将党和政府官员当作“救世主”“父母官”，认为自己比群众高明，缺失的就是“民主意识”。是和党的十六大强调的“共产党执政就是领导和支持人民当家做主，最广泛地动员和组织人民群众依法管理国家和社会事务，管理经济和文化事业，维护和实现人民群众的根本利益”的精神背道而驰的，是阻碍基层民主建设向前顺利发展的重大思想障碍。二是由“人治”和“特权”的执政观念，转变为“依法治国”的执政观念。依法治国是党领导人民治理国家的基本方略。必须严格依法办事，任何组织和个人都不允许有超越宪法和法律的特权。但是现实社会中，“以权代

法”和“谁官大谁说了算”的现象在一些地方或单位还比较突出，有法不依、执法不严、违法难究的问题也时有发生。加上我国民间社会长期生活中形成的讲人情、讲关系的传统。致使人们遇事不是首先想到法律和政策，而是找关系、找人。社会上流传着“关系也是生产力”的说法，认为有关系就好办事、能办事，有时还能降低办事的成本，提高办事的效率。这些现象和问题，归根到底就是“法治意识”缺失，必然导致有法不依、执法不严，甚至贪赃枉法，成为推行“依法治国”基本方略的又一重大思想障碍。三是由“害怕群众”和“群众落后”的执政观念，转变为“相信和依靠群众”的执政观念。群众是真正的英雄，得民心者得天下，失民心者失天下。我们党能够从小到大，从弱到强，根本的原因就是相信和依靠人民群众，通过动员、发动、组织人民群众，依靠人民群众的力量打江山、坐江山的。离开了人民群众的大力支持和拥护，我们党就失去了执政的基础和合法性。而在一些地方，由于民主意识和法治意识的缺失，致使少数地方的党委、政府的官员，不想也不愿意让群众知道更多的事情，更不敢放手让人民群众依法当家做主。在这些人看来，群众普遍觉悟低、认识水平不高，如果实行民主，让群众当家做主，势必会乱，会难以控制局面，会影响当地的“稳定”。究其原因，除了不切实际的“政绩观”导致的违背“实事求是”原则的行为外，还与少数干部“以权谋私”“以权代法”的行为，甚至贪污腐败的行为不敢见阳光有关。而民主政治建设的本质就是“公开、公平、公正”，就是阳光行为。可以说害怕群众的思想根子在于没有坚持党的“实事求是”的思想路线，在于我们党和政府的官员是否公道正派、廉洁执政、秉公执法。因此，要推进基层民主政治建设，让城乡居民实行“自治”，就必须坚持党的实事求是思想路线，加强党风廉政建设，实行“政务公开”“村（居）务公开”“法律、政策公开”“办事公开”。也只有实行了“四个公开”，才能做到敢于让人民群众对基层公共事务进行管理，对干部实行民主监督。

简政放权，基层民主才有发展的空间和发展的可能。

（二）要继续加强社区组织建设、社区基础设施建设、社区管理制度建设、社区信息化建设

这四个方面的建设，是社区建设的基础性工作，是开展社区活动，发挥社区作用的必要条件。

1. 社区组织建设，包括社区党组织、社区居委会、社区志愿者组织和其他民间组织的建设

社区党组织是社区各类组织和各项工作的领导核心。社区党组织建设一是要做到在每个社区都必须建立党的组织。党员人数少的，应当建立社区党支部，党员人数比较多的社区按照党章的规定，经批准可以建立党总支部或党委；二是要指导帮助具备条件的社区内的中介服务机构、民间组织、民营企业等新经济组织和新社会组织建立党的组织，不断扩大党组织在社区内的覆盖面；三是要注意加强在社区各类新经济组织和新社会组织成员和社区居民中的党员发展工作，不断扩大党员在社区内的覆盖面。

社区村（居）委会是社区居民的群众性基层自治组织，要以村民委员会组织法和城市居民委员会组织法为依据，村委会干部通过民主选举产生，社区居委会干部通过公开招聘、竞争上岗、择优试用、民主选举等方式，在社区居民中选拔产生，进一步优化村（居）委会干部的年龄结构、知识结构；通过岗位实践、在职培训、群众评议、持证上岗等方式，进一步增强村（居）委会干部的群众观念、服务意识，不断提升村（居）委会干部的综合素质；逐步提高他们的社会地位和生活待遇，落实他们的养老和医疗保险，建立一支人员相对稳定，综合素质优良的村（居）委会干部队伍。

社区志愿者组织和其他社区民间组织，不仅是社区管理和社区服务的重要力量和主要载体，也是使村委会和社区居委会从繁杂事务和服务工作中解脱出来真正成为社区建设的具体领导者、组织者、管理者、监督者，使政府各职能部门的各项工作在社区得到很好落实的重要组织保证。因此，要积极培育和鼓励发展公益性、服务性的社会团体和民办非企业单位，使其逐步承接从政府转移出来的部分社会管理和社会服务的职能，满足社区成员多层次的需求。

2. 社区基础设施建设，包括村（居）委会办公和服务用房建设，社区办公和服务的设施建设

抓好社区基础设施建设，这是建设“有形”社区，增强居民群众认同感、归属感的载体；也是进行城乡基层管理、社区服务和社会工作的平台，必须紧紧扭住不放。要通过多方筹集资金，共建共享、资产置换、租赁等多种形式，切实把社区办公用房、社区服务用房、社区活动用房，以

及办公和服务必需的用品、器械，尤其是信息化管理所需的电脑等设施解决好，落实到位，改变目前还有一些地区社区基础设施落后，有的甚至无专门办公用房的现状。逐步形成以县（市、区）服务中心为龙头、街道（乡镇）服务中心为主体、社区服务站为基础、社区志愿者组织和义工为补充的服务网络。

3. 社区管理制度建设，是推进城乡社区管理民主化、规范化、法制化的重要保证，也是规范社区工作职责、任务、工作程序的行为准则

加强社区管理制度建设，有利于理顺社区组织之间、社区组织与政府之间、社区组织与驻社区单位和居民之间的关系，有利于社区工作的制度化和程序化，推进基层民主政治建设。要通过建立各项制度、村（居）民自治章程和自治公约，建立村（居）民会议、村（居）民代表会议制度及议事规则、财务管理制度、村（居）务公开制度、村（居）民评议社区干部制度等来规范村（居）委会等社区组织的工作职责，规范社区管理的工作程序，推进民主选举、民主决策、民主管理、民主监督，将社区事务逐步交由社区居民自主管理。特别是对社区的重大问题，必须通过村（居）民代表大会或听证会等形式，广泛征求村（居）民群众意见，保证尊重大多数村（居）民群众的意愿，使基层民主政治建设、城乡村（居）民自治这个社区建设的根本目的落到实处。

4. 社区信息化建设，是提高社区工作效率的重要手段

主要目的是改革村（居）委会等社区组织的传统工作模式，减轻社区干部的工作负担，不断提高社区服务水平和办事效率，改善社区居民的生活质量，使政府、社区组织和社区居民、驻社区单位都能切实感受到社区信息化带来的效能和便利，增强社区的亲和力。

社区信息化在财政给予必要扶持资金的基础上，主要依靠社会多方合作筹集资金建设，重点在社区，依托统一的社区管理网络版软件，以村（居）委会等社区组织为主体采集、输入和变更信息数据，建立人口和社区单位情况的数据库，以社区事务受理和公共服务为主干，以村（居）委会和居民家庭为终端的，借用公网形成融经济发展、社区管理和公共服务为一体，国家、省、市、县（区）、乡（镇、街道）、村（居）六级网络体系来运用，根据不同权限，为政府部门工作进社区、为社区管理、为社区居民和驻单位的生产、生活提供快捷、便利的服务。

（三）要坚持以人为本，努力培育社区的自治功能、服务功能、教育功能、稳定功能和可持续发展功能，走内涵发展之路

社区建设必须坚持以人为本。在社区建设中，坚持以人为本，把人民利益放在首位，重视和关心群众利益，认真解决好关系人民群众切身利益的问题，真正做到为群众办实事做好事解难事，让人民群众切实感受到社区建设给他们带来的好处，社区建设才会有生命力，才能经得起实践、群众和历史的检验。

社区建设坚持“以人为本”，包括三个方面内涵。第一，就是要尊重和敬畏人民群众，他们是国家的主人，是党和政府执政的基础，得罪了人民群众就是得罪了衣食父母，就是自毁共和国的长城；第二，社区建设要满足人民日益增长的物质文化需求，通过搞好社会服务，让人民群众生活便利、舒适、安全，精神愉快、幸福安康；第三，社区建设要在提升人的道德素质、文化素质和身体素质，促进人的全面发展上发挥积极作用。只有这样，才能真正体现“以人为本”的全部含义，体现政治文明、物质文明、精神文明三者之间相互依存、相互作用的内在规律。

社区是社会的细胞，政权的基础。随着我国经济和政治体制改革不断深化，社区将承接越来越多的职能。因此，社区建设坚持“以人为本”就必须着力提升社区的功能，以适应经济和政治、文化和社会管理体制改革的要求。社区需要培育和提升的功能是多方面的，也会随着形势的发展和社区建设的深入，提出新的任务和要求。目前，要着力提升五个方面的功能。

1. 社区自治功能

城乡居民自治是党和国家对新时期城乡基层管理架构的一种制度性设计，实现城乡居民自治就是实现我国城乡基层管理体制的改革目标。“城乡居民自治”的关键在于人民群众的广泛参与，人民群众的广泛参与，又基于人民群众的民主意识和参与意识。因此，提升社区自治功能，要把功夫下在培育人民群众的民主意识和参与意识上来。要通过宣传教育、制度建设和民主实践活动，保证人民群众的知情权、决策权、参与权和监督权得到有效落实，让人民群众在民主的实践中不断养成民主意识和参与意识，自觉主动地参与到社区基层事务和公益事业的管理中去。使民主成为人们的一种习惯、一种生活和工作的方式、一种行为准则和制度，形成良

好的社会氛围，促使社区的自治功能不断完善和发展。当然，在建立和完善“城乡居民自治”这个基层民主制度的过程中，党和政府还应加强领导和引导，保证城乡居民自治在宪法和法律的范围内进行。对违背宪法和法律的做法要加以制止和纠正，以保证社区自治沿着正确的方向健康发展。

2. 社区服务功能

提升社区服务功能，是社区建设坚持以人为本、服务居民的基本要求。社区建设的根本目的之一是要提高人民群众的生活水平和生活质量，因此，社区建设必须坚持以社区服务为龙头，根据人民群众日益增长的物质文化需要，不断加强社区服务设施建设，拓展社区服务内容，促进社区就业、发展社区卫生、繁荣社区文化、美化社区环境、加强社区治安、提供社区救助、落实社区保障，为社区居民提供全方位的优质服务，使人民安居乐业，生活便利、幸福祥和。社区服务的出发点和落脚点都要放在为改善城乡居民生产生活条件，提高他们的幸福指数，促进科学发展，构建和谐社会上来，使城乡居民切实分享到改革发展的成果。

这里要强调的是，衡量“幸福指数”是否提高了，不仅要看“硬件”，即基础设施建得好不好，环境美不美，还要看“软件”，即村（居）务是否实行了民主管理、民主决策、民主监督，村（居）民的精神状态、文化生活、人际关系、人的整体素质等是否好。如在一些经济不发达地区，农村社区可能没有钱建漂亮的社区服务中心和社区活动中心，只是依托祠堂、生产队原有的仓库，或者是外出打工者的民居设立了社区服务中心和活动中心，但社区的公共事务、公益事业都是民主协商、民主管理，实行了党务、政务、村务三公开，村民的精神状态、文化生活、人际关系、人的整体素质等都很好，农民群众的幸福感都很强。所以评判一个地方社区建设是否搞得好，群众的“幸福指数”高不高，一定要坚持“物质文明、精神文明、政治文明”三个方面综合考评，否则就会在“导向”上出现问题。

3. 社区教育功能

社区建设，既要重视抓好硬件建设，解决好社区的基础设施，更要重视抓好软件建设。软件建设的关键在于提高城乡居民的素质。城乡居民的文明素质是城乡现代化的标尺和基础，是城乡发展的动力源泉，是城乡的灵魂和生命力的外在标志，也是提升社区自治功能的内在需要，是体现社区建设是否具有生命力和是否卓有成效的具体表现。而要提高城乡居民的文明素质，就必须提升社区的教育功能。通过广泛开展“学习型社区”“文明社区”创建活动，进行党的理论教育和生动活泼的思想政治工作，开展群众性的文化体育活动，举办科技、历史、法律、道德和爱国主义教育活动，开展“文明家庭”“好媳妇好婆婆”“模范夫妻”“红花少年”“慈善捐助”和“见义勇为”的表彰活动，大力弘扬中华民族尊老爱幼、家庭和睦、邻里互助、乐善好施、扶贫济困、爱好和平和不畏强暴、见义勇为等传统美德，做到在抓好法制教育的同时，着力抓好德育教育，积极弘扬中华民族的传统美德，积极倡导健康、文明、科学的生活方式，使党和政府提出的“依法治国和以德治国”方略在城乡基层得到有效落实，努力营造社区安定祥和、文明礼貌、人际关系和谐、人人自尊自重、遵纪守法的生活氛围。当前，要紧紧围绕“八荣八耻”，以提高居民的道德素质为核心开展社区教育，从而不断全面提高人的素质，促进经济发展和社会进步。

4. 社区的稳定功能

在我国传统社会中，社区具有两个基本作用：一是社区居民守望相助、情感交流的作用；二是熟人社会的社会控制作用。过去有句老话“远亲不如近邻”，就是对传统社会里邻里之间守望相助、情感交流、亲密和谐的关系真实表述。而在熟人社会里，人们由于讲“脸面”、讲“名声”，害怕亲朋好友和街坊的舆论压力，在道德和羞耻心的指导下，一般都不会在居住区的熟人间干坏事、违法乱纪坏自己的名声，“兔子不吃窝边草”就是他们进行自我保护的思想反映。现在的城市，由于人口的流通加速、用工制度和住房制度改革，加之高楼大厦单元式结构的居住环境。每家每户关起门来自成一统，使传统社会里的邻里守望相助、情感交流的作用和熟人社会的社会控制作用基本丧失殆尽。现代科技可以使“天涯若比邻”，发生在其他国家的事情，通过电视、收音机、互联网等现代传播手段，人们可以很快知晓；而现在城市居民之间却“比邻若天涯”，同住一栋楼房、同住一个单元甚至同住一个楼层，相互之间却互不相识、互不了解、互不过问，可谓“鸡犬之声相闻，老死不相往来”。现代社会里人与人之间的这种陌生、这种隔阂，制造出了冷漠、无助和空虚。它不仅无法满足人与人之间的情感交流和相互关爱、互帮互助的需求，而且无法实现熟人社会中应有的社会控制功能。因此，要提升社区的稳定功能，就必须依托社区基层党组织、社区自治组织和社区民间组织动员和组织社区居民参与社区活动，参与社区管理，为社区居民提供相互认识、相互了解、相互沟通、相互理解的平台，重建和发展社区应当具有的邻里守望相处、情感交流作用和熟人社会里的社会控制作用。要发挥社区贴近群众、贴近生活的优势，加强对居民群众的宣传教育和思想教育工作，通过发展社区服务，增加就业渠道；通过组织邻里互助、扶贫帮困，落实政府的各项政策，为困难群体，尤其是对长期生活在城市，生活基础却在农村的“边缘人群”提供基本生活保障，以及组织开展邻里节、楼栋院落居民文体活动，组织群防群治，协助政府进行综合治理，把问题和矛盾化解在基层，使社区成为构建和谐社会，稳定基层的前沿阵地，为改革和发展创造一个安定祥和的社会环境。

5. 社区的可持续发展功能

社区建设必须按照科学发展观，依靠自身内在的力量建立和完善自我发展的机制，走可持续发展的道路。社区可持续发展包含两个方面的内容，一是生态平衡，二是物质基础。生态平衡，是对社区居民生存环境方面的要求。要通过社区教育，提高社区居民的素质，形成人人自觉讲究卫生、爱护环境，自觉关爱社区生存空间，处理好人与人之间、人与自然之间的关系，使我们生活的社区天是蓝的，地是绿的，水是清的，空气是新鲜的，人际关系是融洽的，真正做到政通人和、人与自然和谐相处。物质基础，是社区建设持续发展必不可少的基本条件。社区建设需要必要的财力支撑。除了政府加大必要的投入外，还应该通过社区服务来经营社区，充分利用社区现有资源，加以整合，让其发挥整体优势，做到社会效益和经济效益并重，在经营社区过程中不断发展和壮大社区自身的经济实力，形成社区自身的“造血”功能，为社区建设可持续发展奠定一定的物质基础。

实践证明，社区建设不仅需要政府的倡导和支持，更需要广大人民群众的广泛自觉地参与，只有政府的积极性和城乡居民的积极性相结合，城乡社区建设才能持久，才能保持旺盛的生命力。

五、建设和谐社区的着力点和切入点

社区建设千头万绪，但要抓住关键环节，按照中央领导同志提出的

“要坚持以服务群众为重点，以居民自治为方向，以文化活动为载体，以党的领导和党的建设为关键，努力把社区建设成为各种社会群体和谐相处的社会生活共同体，为构建和谐社会奠定坚实基础”的要求，从推进社区建设深化的整体思路上讲，今后应着力从“以党的领导和党的建设为关键，以建设有形社区为突破口，以减轻社区居委会负担为切入点，以培育发展社区社会组织为载体，以加强制度建设为保证，以建立激励机制为动力，以文化活动为载体，以深入开展示范市、区活动为手段，以城乡社区对接互动活动为新内容，以建立完善基层群众自治制度为主要发展方向”等10个方面下功夫，城市从构建和谐楼院、和谐街巷，农村从构建和谐村庄（自然村落）切入，全面推进城乡社区建设。

（一）以党的领导和党的建设为关键，充分发挥社区党组织在社区建设中的领导核心作用

社区基层党组织是社区各类组织和各项工作的领导核心，是党的基层组织建设和基层政权建设的重要基础，肩负着贯彻落实党的大政方针的重要职责。要结合开展社会主义科学发展观学习实践活动，进一步加强社区基层党组织建设，推动城乡和谐社区建设。一方面，要着力扩大社区党的组织和党的工作覆盖面。这些年，随着各种新的经济和社会组织大量出现，农村党员伴随着农民进城务工大量流入城市，新的经济和社会组织的党建工作不断增大，流动党员管理的难度不断增大。各地要把社区党组织建设纳入当地党建工作的整体布局，重点在城市新区、开发区、新建居民区以及新的经济和社会组织中建立党组织；调整社区设置时，要同步调整和健全社区党组织。同时，切实加强和改进对退休人员、下岗失业人员、流动人员中党员的教育管理，努力提高党的组织和党的工作覆盖面，真正做到哪里有群众，哪里就有党的工作；哪里有党员，哪里就有党的组织；哪里有党的组织，哪里就有健全的组织生活和坚强的战斗力。另一方面，要不断提高社区党组织领导和谐社区建设的能力。按照党中央提出的“六个本领”，把不断提高激发社会创造活力的本领、管理社会事务的本领、协调利益关系的本领、处理人民内部矛盾的本领、开展群众工作的本领、维护社会稳定的本领，落实到建设和谐社区的实践中，充分发挥社区党组织联系群众、宣传群众、组织群众、服务群众、团结群众的作用，千方百计把群众工作做深做细做实，最大限度地调动群众参与社区建设的积极

性，形成建设城乡和谐社区的强大动力。

这里重点要把握的是如何正确认识“党的领导”问题。

党的十六大政治报告中在论述改革和完善党的领导方式和执政方式时，明确指出：“党的领导主要是政治、思想和组织领导，通过制定大政方针，提出立法建议，推荐重要干部，进行思想宣传，发挥党组织和党员的作用，坚持依法执政，实施党对国家和社会的领导。”因此，要从我们党执政后长期形成的“以权力大小，谁说了算”为标准来确定是否体现了党的领导，转变为“以保证宪法和法律的实施”为标准来确定是否体现了党的领导。因为宪法和法律是党的主张和人民意志相统一的体现。保证宪法和法律得到正确实施，就是维护了党的领导，体现了党的领导。只有这样认识，才能正确处理城乡基层村（居）“两委”之间的关系。

（二）以建立“有形社区”为突破口，切实抓好社区基础设施建设，努力打造“三个平台”

通过多种途径抓好社区基础设施建设，这是建设“有形”社区，增强居民群众认同感、归属感的载体，也是进行城乡基层管理、社区服务和整合城乡民政工作的平台，必须紧紧扭住不放。要通过多方筹集资金，共建共享、资产置换、租赁等多种形式，切实把社区办公用房、社区服务用房、社区活动用房，以及办公和服务必需的用品、器械，尤其是信息化管理所需的电脑等设施解决好，落实到位，改变目前社区基础设施落后的现状。同时，要全力组织对社区单位和居民情况的调查，建立档案输入微机管理。并在这个基础上，按照政府职能部门工作要求和为社区单位、居民提供服务的要求，建立不同的资料网页：如民政工作对象网页、计划生育对象网页、老年人情况网页、解除劳教人员和流动人员情况网页、居民身体状况网页等，分别提供给对应的相关政府职能部门和社区服务机构，从而扎扎实实地打造起政府基层社会管理工作平台、社区服务平台和城市民政工作综合平台。

（三）以减轻村（居）委会干部的“负担”为切入点，努力理顺基层政府和政府各职能部门与村（居）委会的关系

目前，村（居）委会干部负担很重，就像不少村（居）委会干部所说：社区就像一只筐，什么东西都往里装。随着政府管理重心下移，许多政府部门都提出了本部门业务工作进社区的要求，如文化进社区、卫生进

社区、法律进社区、妇女工作进社区、计划生育进社区……多数部门不是把服务送进社区，而只是把工作任务送进社区，相应的职权和经费却没有给社区，将村（居）委会等社区组织当成部门的下属单位，造成了“上面千条线，下面一根针”，致使社区干部不堪重负，实在无精力、无时间去更多地想如何为社区居民服务，如何去组织发动社区居民参与社区建设，进行自我管理、自我服务、自我教育，对干部实行民主监督。因此，必须理顺基层政府和政府职能部门与村（居）委会的关系。要清理附加给村（居）委会的不合理任务，努力减轻村（居）委会的行政负担。

（四）以培育发展社区社会组织为载体，充分发挥社区社会组织的桥梁纽带作用

依靠社区社会组织动员和组织城乡居民参与社会管理，是在现行基层管理体制外的一个重要的机制创新和观念创新。社区社会组织的参与，改变了过去党对城乡基层社会的领导和控制主要是依靠科层化的行政组织，包括村（居）委会的管理体制，形成了在党的领导下，“政府、社会、群众”三结合的基层社会管理格局。为建立政府调控机制同社会协调机制互联、政府行政功能同社会自治功能互补、政府管理力量同社会调节力量互动的社会管理网络走出了一条新路子；社区社会组织动员和组织城乡居民参与社会管理，不是通过行政强制的方法和经济的手段，主要是通过文化的纽带和群众的自我教育，建立起村（居）民认同感，增强村（居）民的凝聚力，使我们党的方针政策的传导机制在基层能够比较畅通，防止在基层社会长期出现管理上的盲点，这对我们整个政权的巩固，对于我们把党的方针政策、路线贯彻下去，起到了非常重要的作用。这种制度设计，政府并没有出多少钱，但是把城乡居民的积极性充分调动起来了。

经各级人民政府民政部门登记注册的社会团体、基金会、民办非企业单位等社会组织是改革开放后形成的一个新的组织形态，它们的存在意义就在于它们在政府与企业之外提供了一个新的选择，在解决市场失灵和政府失灵的问题方面具有深厚的潜力。市场和国家机制是第二次世界大战以来支撑全球社会经济发展的主要制度工具和组织工具。市场机制是经济与社会发展的基础性机制，但市场机制是以利润驱动的，为追求最大利润推动了科学技术的进步和经济与社会发展，但由于市场竞争也导致了两极分化、社会不公和社会发展不平衡等问题的出现，这是市场机制无法克服

的。政府在社会经济生活中是不可缺少的，但政府也有无力做或做不好的事情。经各级人民政府民政部门登记注册的社会团体、基金会、民办非企业单位等社会组织是以从事社会公益、社会服务为宗旨的非营利性机构，是自愿的、没有等级的、不追求利润的。因此，它们能在解决政府和企业无法解决的一些问题方面，发挥平抑社会矛盾、维护社会公平，促进社会稳定的积极作用。如各种慈善机构、红十字会、青少年发展基金会、见义勇为奖励基金会，以及志愿者协会、社区服务性机构、民办福利机构等，都在救灾救济、扶弱济贫和满足人们日益增长的社会需求方面发挥了政府和企业无法发挥的作用。这些组织的兴起和发展，还吸收了大量闲散劳动力，调动了社会闲置资金和资源，从而又为解决下岗职工和机关分流人员再就业提供了机会，不仅促进了一方的社会稳定，而且成为当地经济发展的新的增长点，推动了社会的发展。

社区党组织、社区居委会和社区内部由社区居民组成、经社区批准成立、在社区内部活动的团体，以及由社区居民自发、自愿组成的健身、娱乐、互助、学习、教育等松散性群众性团体，由于其组成人员基本是本社区的居民，所以这些社区团体与社区居民有着天然的联系；这些社区团体的成员与其他社区居民，由于都在同一个社区环境中生活和工作，所以有着许多共同的利益和需求，也有着共同的语言，相互之间容易沟通和理解；这些社区团体的成员与其他社区居民相比，由于他们是组织起来了的社区居民，具有组织性、纪律性和目的性的特质，所以他们在与其他社区居民沟通中，不需要依赖行政权力和行政命令，而是以社区居民的身份平等、民主协商的方式进行，使其他社区居民更容易接受，和过去由政府和企业依靠行政科层式组织和行政权力对基层社会进行管理相比，少了许多强制性和群众的抵触性，多了许多平等性和民主协商性，使党和政府的政策法令得以更加顺畅的贯彻执行，并显得更加人性化、更加民主。同时，社区社会组织的有效活动，还会吸引社区居民不断加入这些社区组织中，所以这些社区团体所具有的宣传教育、组织动员和沟通协调功能，在扩大群众参与、反映群众诉求，推进基层群众自治等方面能够发挥出积极的作用。

实践证明，以社区居民为主体的社区社会组织，在组织和动员村（居）民广泛参与社区公益事业建设和公共事务管理，扶贫助残、整治环境、维护治安、开展文体活动、进行科技文化教育等方面确实发挥了很好的作用，成为社区基层党组织和村（居）委会与人民群众相互沟通、相互联系的桥梁和纽带。

由于社区社会组织不承担协助基层政府完成各项行政性事务的职能，所以更能得到村（居）民的认同，凝聚力和号召力更强，真正实现了村（居）民的自我管理、自我教育、自我服务、自我监督及对干部的民主监督。

（五）以加强社区管理制度建设为保证，努力推进城乡社区管理民主化、规范化、法制化进程

制度建设更带有根本性、全局性、稳定性和长期性。要通过建立社区管理的各项制度、居民自治章程和公约，尤其是对各项制度的监督机制，规范党支部和村（居）委会的工作职责，规范社区管理的工作程序，规范居民的行为，推进民主选举、民主决策、民主管理、民主监督，保证居民群众的民主权利有效落实，保障居民群众的合法权益不受侵害，依靠社区管理的民主化、规范化、法制化，来充分调动城乡居民群众参与社区建设的积极性、主动性，使城乡社区居民真正成为社区建设的主体力量。

（六）以建立利益和效能挂钩的激励机制为动力，积极引导村（居）委会充分利用城乡社区资源，走自我发展之路

村（居）委会是城乡社区建设的具体领导者、组织者、管理者和监督者，城乡社区建设能否取得进展和成果，离不开村（居）委会干部的辛勤劳动和努力。因此我们在不断提高他们的素质和能力，改善他们的工作、生活待遇的同时，要通过建立利益与效能挂钩的社区建设激励机制，来进一步调动村（居）委会干部的工作积极性和主动性，逐步变过去“政府要我干”为“我自己要干”。办法就是树立经营社区的理念，通过经营社区，大力发展社区经济，促进社区建设全面发展。然后在这个基础上建立社区建设目标考评制度，对那些工作成效明显，社区建设各项任务达标，包括经济指标达标的，制定奖励政策，年终允许拿出一定比例的收益奖励村（居）委会干部。奖励标准要和工作成效和经济效益挂钩，工作成效大、经济效益高的要重奖。奖得让人心跳，奖得让人羡慕，奖得让人觉得自己也要去把工作做好去争得重奖。只有这样，才能让村（居）委会干部的聪明才智和精力都用在城乡社区建设上。我们在讲物质鼓励的同时，也要加

强对村（居）委会干部的思想政治工作，教育他们热爱社区工作，树立全心全意为社区居民服务的思想，兢兢业业做好本职工作；树立民主意识，依靠社区居民搞好社区建设，实现“四个民主”，逐步建立和完善城乡居民自治机制，为建设社会主义政治文明努力作出自己的贡献。

（七）以文化活动为载体，指导社区成立群众性文体活动组织，积极开展丰富多彩的文体活动，以先进的文化教育人，不断提高社区居民素质

随着我国经济社会发展水平的不断提高，城乡居民的观念和意识发生了重大变化，价值观念和道德准则出现了多样化趋势，以红白喜事为核心的种种民间习俗和以赌博为主要内容的娱乐休闲方式依然在一定范围内占据城乡社区的公共空间，封建迷信、赌博休闲和农村宗族势力仍然以各种方式对城乡居民产生着影响。因此，重新认识城乡社区文化现状，分析传统文化、家族文化以及宗教信仰存在的根源和利弊，寻求破旧立新，不断探索建立社区和居民内在发展先进文化的形式和动力，是发展社会主义先进文化的客观要求。“以文化活动为载体”开展城乡社区建设，正是依靠城乡居民自身力量发展社会主义先进文化、实施自我教育、自我完善、自我服务的具体体现，对于重建社会秩序和促进社会协调发展具有重要的作用。推动社区群众文化活动广泛开展，要重视抓好群众性文体活动组织的建设，注意发现人才，充分依靠社区现有文体骨干，努力把社区文体活动开展起来。要注意发现和培养骨干艺术人才，并以他们为核心因地制宜地成立舞蹈队、合唱队、戏曲队、腰鼓队、秧歌队、晨练队、书画协会、棋牌社等文化活动队伍，引导和组织这些社区群众文化活动队伍活跃在社区的各个角落，为传播先进文化，宣传动员城乡居民参与社区建设发挥积极作用。并适时地组织楼栋、院落、村落、社区为单位的会演、竞赛活动，鼓励和表彰先进集体和个人，以推动群众性文体活动持久深入开展。还要积极开展评选清洁户、文明户、好媳妇、好婆婆、好孩子等活动，提倡社会主义新风尚、新道德，改变落后的观念和陋习，使城乡居民的思想道德素质不断提高，精神面貌明显变化，生活方式不断改进；通过创办阅览室、文化长廊、居民夜校、科技讲座等载体，使城乡居民及时获取各种致富信息，学习各种科技知识，增长勤劳致富的本领，提高城乡居民的生活水平和生活质量。

（八）以深入持久地开展城乡社区示范活动为手段，发挥先进典型的示范辐射作用，引导城乡社区建设深入发展

广泛开展社区建设示范活动，是全面推进社区建设的一条重要措施。其目的是摸索经验、研究问题、树立榜样、推进工作。当前和今后一个时期，社区建设仍然要继续开展社区建设示范活动，并且一定要认真抓好。要强化领导和指导，提高对示范活动的认识；要总结经验，充分发挥示范单位的引路、带头、辐射作用，让更多的社区成为社区建设的示范单位；要注重实效，创造性地开展工作。抓示范活动，不在数量而在质量。抓示范活动，要从村（居）委会抓起。抓示范活动要因地制宜，分类指导，要根据本地实际创造性地开展社区建设工作。要加强调查研究，提高指导工作的针对性。

（九）以城乡社区对接互动活动为新内容，认真落实科学发展观关于城乡协调发展的要求，积极探索城市支援农村、城乡社区建设同步发展的有效途径

要组织引导城乡社区一对一签订互动“协议书”，谋求共识，寻求共赢，追求共为，通过城市社区和农村社区“结对”开展社区管理、社区服务、社区文化、社区经济、社区救助等一系列交流合作，以城带乡，以乡促城，城乡社区建设在联谊互动活动中，达到优势互补，共同提高的效果。

（十）以建立完善基层群众自治制度为主要发展方向，努力把城乡社区建设引向新的高度

在党委政府的领导下，依靠党委政府和相关部门的积极支持，依靠广大城乡居民的广泛参与，从实际出发，采取有效途径，通过城乡社区建设这个平台，进一步完善城乡居民自治，为推进基层民主政治建设、创新社会管理体制，推动我国政治、经济、行政管理体制改革作出应有的贡献。

这里要纠正一个认识上的误区，即长期以来把城乡居民自治仅仅作为行政管理体制改革的组成部分来认识的问题。我国的体制改革包含五个方面内容：一是经济体制改革，二是政治体制改革，三是行政管理体制改革，四是文化体制改革，五是环境保护体制改革。

长期以来，受单位制和人民公社体制的影响，人们都把城乡居民自治仅仅作为行政管理体制改革的内容，赋予了居（村）委会太多的行政管理职能和服务功能，从而导致了居（村）委会建设的行政化倾向，背离了城

乡居民自治的本质要求。其实城乡居民自治，它们还是政治体制改革的重要组成部分。政治体制改革的主要目的是解决好党的执政基础和合法性、执政的主体力量和执政的方式等问题。建立完善基层群众自治制度，“坚持国家一切权力属于人民，从各个层次、各个领域扩大公民有序政治参与，最广泛地动员和组织人民依法管理国家事务和社会事务、管理经济和文化事业”，就是实现这个根本目的的重要途径。换言之，从政治体制改革的角度看，基层群众自治制度的核心是“人民当家做主”，在党的领导下依法行使当家做主的权利。而行政管理体制改革的核心则是“政府简政放权”，建立“小政府、大社会”，形成“政府、社会、群众”相结合的新型社会管理体制，为政治体制和经济体制改革创造条件和释放发展空间。

如果我们不能纠正这个认识误区，就很难让政府简政放权，基层群众自治制度建设也很难进一步向纵深推进和发展。这也告诉我们，深化城乡社区建设，推进社会主义民主政治建设，必须以深化政府行政管理体制改革为根本前提，政府简政放权才能为经济体制、政治体制和文化体制、环境保护体制改革创造条件和释放发展空间。

农民对新中国的十大贡献

在和一些乡村干部接触中，经常有些农村基层干部会对我说：现在国家对农民太好了！表现出疑惑和不大理解。我总会简要地向他们作些解释。主要从中国是一个农业大国，中国的问题主要是农民问题。农村、农业、农民问题解决得好坏，对中国的革命和建设影响是至关重要的。并讲农民对国家和社会作出的巨大牺牲和贡献，以及中国的改革开放走到现在，不统筹城乡发展，不改变农村、农业、农民的落后状态，不尽快缩小城乡差别、工农差别和地区差别、贫富差别，那么中国的工业化、城镇化、现代化就无法继续推进，社会就可能动荡。因此，国家对农民无论多么好都是不为过的。以及消费是拉动经济发展的重要途径，农村是一个巨大的市场，开辟农村市场也必须解决好“三农”问题的道理。讲的多了，我也就十分注意收集一些资料，丰富我讲话的内容。一些同志听后，感觉讲得很好，建议我整理成文章。我自己也有这种愿望，就抽时间把讲话的内容整理出来，取题就叫：农民对新中国的十大贡献。

一、对建立新中国所作的巨大牺牲和贡献

中国共产党1921年成立，带领中国人民经历了土地革命战争、抗日战争、解放战争28年的浴血奋斗，终于在1949年10月1日成立了中华人民共和国。回顾28年的战斗历程，农民对新中国的成立所作出的贡献和牺牲是巨大的。一是我们的红军、八路军、新四军和中国人民解放军主要是由农民组成的。在旧中国，农民遭受“三座大山”的残酷压榨，他们渴望有自己的土地，能过上“吃得饱、穿得暖，老婆孩子热炕头”的幸福生活。中国共产党提出的“打土豪分田地”的政治口号，使他们认定中国共产党是为穷人谋利益的党，只有跟着共产党闹革命，才能翻身得解放。因此中国农民在战争年代，源源不断地补充到中国共产党领导的革命队伍中来，前仆后继，不怕牺牲。在土地革命战争时期，仅江西兴国这个仅有20来万人的小县就有8万儿郎当红军，工农红军从江西苏区开始长征时是30万大军，到达陕北时仅余3万人，这中间途经各省时还有不少穷苦农民加入红军中，毫不夸张地说，长征途中牺牲的红军官兵在30万人以上。据有关资料显示，新中国成立后全国各级登记有姓名的革命烈士共有176万人，其中兴国县就有2.5万人，整个江西省则有25万多人。还有无数无姓名的革命先烈，这些先烈我认为至少有90%是农民，可以说没有千百万革命前辈和无数革命烈士的流血牺牲就没有新中国，是他们用鲜血和生命换来了新中国的成立。农民不仅是参军参战，而且积极拥军支前。陈毅元帅曾说过淮海战役胜利是山东农民用小车推出来的。山东沂蒙山区的红嫂用乳汁喂八路军伤员的故事早已家喻户晓。我这里讲一个解放战争时期发生在西北战场的令人落泪的真实故事：1947年3月18日晚8时，毛泽东主席率中共首脑机关主动撤离了延安。19日，国民党胡宗南部占领了延安。为了打击国民党反动派的嚣张气焰，保卫党中央和毛主席的安全，以彭德怀为首的西北野战军决定在沙家店伏击国民党军整编三十六师。为了保障战斗的胜利，陕北的贫苦农民倾其全力支援我军作战。民兵封锁道路、埋设地雷、组织担架队，老人、妇女和孩子们把家里能吃的南瓜土豆都拿了出来。担架队有个叫金有发的青年农民，父亲是陕北的老红军，1935年红军东征时战死在黄河边，弟弟刚刚参军，几天前攻击榆林时牺牲在了城墙下。金有发参加担架队上前线，他的妻子把家中藏在山里的十几斤谷子挖出来，连夜推碾子磨米。小米碾好的时候，发现背上的孩子已经饿死了。女人把孩子的尸体埋在草丛中，背着小米循着枪声找到了部队。彭德怀知道后热泪盈眶："没有老百姓，哪有中国革命？边区人民对我们恩重如山，咱们要惜民命，再也不能增加人民的负担了！哪怕是杀马杀骡子吃，也要坚决打好这一仗！"美国记者安娜·路易斯·斯特朗在《中国人征服中国》一书中写道："当我（在延安）问毛泽东对最后胜利是否有任何怀疑时，他的回答甚至连军队也没有提，只是说：'那就要看我们的土地改革工作完成的好不好，蒋介石肯定要失败，因为他反对农民的土地要求。如果我们能够解决土地问题，我们就一定会胜利。'"1947年7月17日，全国土地会议在西柏坡开幕，这次会议通过了《中国土地法大纲（草案）》。草案经毛泽东修订后，于同年10月10日颁布。在此后的一年多时间内，根据《土地法大纲》，各解放区的1亿多农民有了自己的土地，实现了中国农民千百年来"耕者有其田"的梦想。土改将农民的革命热情像火山爆发一样释放出来，当时解放区流行一段顺口溜：“最后一把米送去做军粮，最后一尺布送去做军装，最后一床被盖在担架上，最后的亲骨肉送到战场上。”这充分说明，决定战争胜负的关键是顺应了农民的利益和要求，从而得到了农民的拥护和支持，共产党才最终打败了国民党，建立了新中国。

二、对新中国工业化和城市化建设的巨大贡献

新中国成立初，我国工业基本上是一穷二白。为了迅速增强国力，使年轻的人民共和国能够站稳脚跟，我们党和政府向苏联学习，采取了工业化、城市化道路。农民在集体所有制下，一切只能依附于集体，依附于各级干部，失去了生产的主动权，也失去了经营的主动权。1958 年制定的城乡户籍制度，又进一步限制了农民的迁移权，逐步形成了我国城市和农村二元结构社会。国家在 20 世纪 50 年代中期，为了保证国家建设和城市供应，以及出口需要制定的统购统派制度，又使农民没有发展商品生产的空间。它是以损害农民利益、牺牲农民利益为前提的，它不仅剥夺了几亿农民的产品处置权，阻断了中国农业向产业化发展的道路，而且切断了农民与市场的联系，使我国农民没有一点发展商品生产的空间。特别是确定统购统派农副产品的数量和价格是强制性的，很少考虑农民和农村的需要，收购价往往低于成本，农民一年到头白辛苦不说，有的甚至不得不花高价买来产品再低价卖给国家去完成“派购”任务。截至 1984 年，国家向农民实行统购的有粮食、棉花、油料、木材 4 种，实行派购的农副产品、水产品和中药材达 132 种之多，基本包括了所有的农副土特产品。还有“合同定购”粮食制度，也是一种剥夺农民的制度。农民基本没有发言权，根本体现不出合同的公平协商与互惠性。国家定购粮价一般都低于市场价，而这个差价部分都被国家拿走了，被农民称为“暗税”。人民公社时期，农村的分配政策是：交够国家的、留够集体的，剩余才是社员的。到年终结算时，辛辛苦苦干一年，末了还欠集体的钱。我 1968 年到 1979 年期间在山东省的新泰县空军部队服役，有农民在山上打石头，到营房向我讨水喝，我问他一天能赚多少工分，他告诉我，一天能赚 10 个工分，但只值 8 分钱。他说：“我辛辛苦苦干一天，还赚不到一包勤俭烟！”勤俭牌的香烟是当时山东省最便宜的香烟，每包 9 分钱。在改革开放之前，农民种点自留地、养个猪、鸡等家庭副业，都要割资本主义尾巴。我这里有个数据，1990—2000 年，只有 10 年时间，我国从农民征收的各种税收总额就由

87. 9 亿元增加到 465. 3 亿元，增加了 4. 5 倍。农民人均税赋高达 146 元，而城镇居民人均税赋只有 37 元。在城镇居民实际收入已是农民实际收入的 6 倍情况下，农民缴纳的税反而是城镇居民的 4 倍。新中国成立后，虽然农民遭受了这么多的不公平待遇，但纯朴的中国农民仍然相信毛主席、相信共产党、相信人民政府。

由于国家的政策和制度安排，导致了城乡差距日益拉大，农村、农业的落后和农民的贫困化。2006 年，中央政策研究室副主任郑新立在《推进新农村建设是实现全面小康的重要途径》一文中指出，目前，差距最大的地方首先是农民收入。2004 年城乡居民收入差距是 3. 2 ∶ 1，据预测，如果这种城乡居民收入差距拉大的状况在“十一五”时期不能够加以遏制和改变的话，到 2010 年，城乡居民收入的差距可能要扩大到 4 ∶ 1，甚至更大(国际通常城乡居民收入的差距是 1. 5 ∶ 1)。其次是基础设施落后。现在城乡居民生活水平的差距，生活质量的差距，集中表现在基础设施方面。长期以来我们城镇的居民，在交通、供电、供水、教育、医疗等方面都是国家财政拿钱修的。而农村的基础设施，国家投入很少，很大程度上是靠农民自己积累，自己拿钱。我们现在一年 8 万亿元的投资，用于城市基础设施建设的投资至少有 2 万多亿元，而农村的基础设施投资有多少呢？一年也就是两三百亿元。最后是公共服务落后。主要是教育、医疗和社会保障方面落后。因此，我国在工业化、城市化的发展过程中，农民的贡献和牺牲是巨大的。

三、对新中国改革开放的巨大贡献

20 世纪 80 年代初发端于安徽省凤阳县小岗村的家庭承包经营集体土地的制度，揭开了我国农村改革的序幕。1978 年 11 月。一天晚上，小岗村 18 位村民秘密签下了分田到户、自主生产的“生死契约”。这在当时被认为是带有资本主义性质的举动，可能给他们带来很大的危险。所幸的是，这一改革模式后来得到中国改革开放事业“总设计师”邓小平的高度认可，随之获得中央政府的肯定，并被推向全国。小岗村也因此被誉为中国农村改革的发源地。

“分田到户”刺激了“大锅饭”时代农民被压抑的生产积极性，揭开了我国农村改革的序幕，保证国家的，留足集体的，剩下都是自己的，在保证国家税收和集体收入不减少的同时，使农民富裕了起来。小岗村的改革，推动了联产承包责任制在全国农村的推广，促使全国农民不断走上富裕的道路。随之而来的是80年代中国农村发展的黄金期，农民收入一度超过城市居民。更重要的是解决了长期困扰我国的粮食产量不足，需要依赖进口粮食的问题。粮食产量连年增产，基本满足了我国人民的生活和工业生产需要。

农村经济改革开放的成功经验，还带动了城市经济改革开放，从此，我国在改革开放的道路上阔步前进，发生了翻天覆地的巨大变化，取得了有目共睹的成就。正如邓小平同志所说的：我们的改革和开放是从经济方面开始的，首先是从农村开始的。农村改革的成功增加了我们的信心，我们把农村改革的经验运用到城市，进行了以城市为重点的全面经济体制改革。

四、对发展基层群众自治制度的巨大贡献

2007年，党的十七大政治报告指出："改革开放以来，我们积极稳妥推进政治体制改革，我国社会主义民主政治展现出更加旺盛的生命力。政治体制改革作为我国全面改革的重要组成部分，必须随着经济社会发展而不断深化，与人民政治参与积极性不断提高相适应。要坚持中国特色社会主义政治发展道路，坚持党的领导、人民当家做主、依法治国有机统一，坚持和完善人民代表大会制度、中国共产党领导的多党合作和政治协商制度、民族区域自治制度以及基层群众自治制度，不断推进社会主义政治制度自我完善和发展。"明确把基层群众自治制度列为我国的政治体制范畴，深刻论述了基层群众自治制度的性质、本质和核心、主要内容和要求。指出："扩大人民民主，保证人民当家做主。人民当家做主是社会主义民主政治的本质和核心。要健全民主制度，丰富民主形式，拓宽民主渠道，依法实行民主选举、民主决策、民主管理、民主监督，保障人民的知情权、参与权、表达权、监督权。发展基层民主，保障人民享有更多更切实的民主权利。人民依法直接行使民主权利，管理基层公共事务和公益事业，实行自我管理、自我服务、自我教育、自我监督，对干部实行民主监督，是人民当家做主最有效、最广泛的途径，必须作为发展社会主义民主政治的基础性工程重点推进。"

基层群众自治制度是亿万农民的创造。在20世纪80年代初期，家庭承包经营责任制使当时的农村工作进入了一个新的转折点。农民在获得土地承包经营的同时，也使束缚农村生产力发展的“政社合一”的以队为基础的人民公社体制成为无本之木，无法再继续存在下去了。为此，农民积极寻找符合他们利益需求和适合农村经济体制改革后的新的农村基层管理体制。中国农村的基层民主制度，就是这场发生在农村经济领域里的革命，迫使农民在新旧体制摩擦的夹缝中寻求新的制度安排的结果，成为党和政府在新形势下开展农村工作的新的方式。

这种基层民主制度就是果作村的6位生产队长和85户村民找到的村民自治制度。这种制度的核心是由村民自己管理自己的事情。通过民主选举，由农民选择自己信任的人主持，通过村民会议或村民代表会议，实现对村级经济、资源、村级事务、公益事业等，尤其是对村级收入的分配、使用和管理进行民主决策，对村委会工作及村委会干部进行民主监督。

1980年2月，广西壮族自治区宜山县（现为宜州市）三岔公社合寨大队（现为屏南乡合寨村委会）的果作村等6个生产队的85户农民，以无记名投票的方式选举产生了我国历史上第一个村民委员会——果作村村民委员会。当时的合寨大队下辖12个生产小队，由果作、果地等12个自然村组成。韦焕能当时任果作生产小队的队长，是他提出建立村民委员会动议的。他把邻近5位生产队长邀到一块，商议建立村委会的事情。他说：“土地承包到户后，生产队不存在了，大队的人连村里的那一片林子都忙得看守不过来，哪有空管咱们这里的事呢？为了防盗，老乡把牛拉进屋子同住一屋，总不是长久之计吧？春耕在即，伙着用的渠道总该理一理吧？人畜也不能每天蹚过村前这条小溪吧？这些事，没有人管只能自己管。但要管这些事总得有一个组织，有个名义，有人牵头去办。那么这个组织叫什么呢？大队叫管委会，我们就叫村委会，城里人叫居民，村里人不就是村民吗，村民委员会这个名字既符合村里的实际，又符合我们的身份。”韦焕能的这席话得到了其他5位队长的认同。余下的问题就是怎样产生这个组织，怎样确定管事的人。最后他们6人商定：生产队长是大队任命的，现在没人任命了，那就让村民来选。果作村村委会选举产生后，经过6个生产队125户中到会的85户农民讨论同意，按上手印或个人名戳，制定了“村规民约”和“封山公约”，实现了自我管理、自我教育；组织村民修了两座小桥，开辟了一条机耕路，实现了村民的自我服务。在这里已经显示出村委会是“自我管理、自我教育、自我服务、自我监督的基层群众性自治组织”，实行的也是“民主选举、民主管理、民主决策、民主监督”的原则。

五、对发展乡镇企业的巨大贡献

实行“分田到户”后，释放出了大量的农村劳动力，这些闲置劳动力往哪里去？这是关乎民生和农村社会稳定的大问题。又是农民在原来的社队企业基础上，使我国乡镇企业“异军突起”，迅猛发展，成为农村经济和县域经济的重要支撑力量，对促进国民经济增长和支持农业发展，对增加农民收入和吸纳农村剩余劳动力，对壮大农村集体经济实力和支持农村社会事业，维护农村社会稳定，逐步实现农村城镇化都发挥了不可替代的重要作用。

有关资料显示，2008 年全国乡镇企业增加值 84127 亿元，占国内生产总值的 27.98%；出口商品交货值 35092 亿元；实缴国家税金 8765 亿元，占当年财政收入的 14.29%，乡镇企业的发展大大提高了我国经济的总体实力。

乡镇企业的发展，使大量农业富余劳动力有了稳定的职业和收入，减小了农民涌入城市的压力，减弱了给整个经济发展和社会秩序带来的冲击，是保持农村社会稳定的重要因素。到 2008 年，乡镇企业支付劳动者报酬达 15830 亿元，农民人均从乡镇企业获得收入 1666 元，占农民人均纯收入的 34.99%，大大加快了农民致富奔小康的进程；到 2008 年，乡镇企业从业人员达 15451 万人，占农村劳动力总数的 29.34%，极大地缓解了就业压力，优化了农村劳动力结构，同时为农业适度规模经营、提高劳动生产率创造了条件。

此外，乡镇企业的发展，还带动了为工业生产和职工生活服务的第三产业的发展，带动了人口集聚，形成了小城镇。在很多地方，出现了许多同一行业的乡镇企业，依托专业市场和规模企业，集中建设乡镇企业园区，随着专业市场商品交易规模的不断扩大，从而进一步推动了小城镇建设。

乡镇企业的发展同时加快了农村精神文明建设。一方面，乡镇企业把工业文明导入农村，提高了职工的科学文化、技术技能和经营管理水平，造就了一代新型农民，涌现出一大批农民企业家，现代理念、市场观念正在形成。另一方面，乡镇企业在农村兴办了各种公共福利事业，并承担了一部分社会福利费用。乡镇企业还带动了乡村文化、体育事业的发展，丰富了农民的文化体育生活。

六、对地方经济发展和财政增收的巨大贡献

20世纪90年代开始，在邓小平南方谈话以后，我国的改革开放进入了一个新的发展阶段。为了推进经济发展和财政收入，在缺少资金和技术的情况下，各地一方面抓招商引资和引进技术来加快发展，同时，不少地方还采取了“经营城市”和“发展房地产”的方法来积累资金，加快发展。而“经营城市”和“发展房地产”的实质就是地方政府以发展经济为理由，将城郊农民集体所有的由农民承包经营的土地低价征收，然后高价卖给企业和开发商，其中差价部分就成了地方政府的巨额利润。据有关资料显示，出卖农民土地的收入已占2009年全国地方财政收入的21%。有的地方，如北京市的一些区已高达财政收入的40%—50%。这也是城市房地产价格居高难下的重要原因，因为地方政府与房地产开发商已经形成为利益共同体。

七、对打破城乡界限，实现城乡一体化的巨大贡献

乡镇企业有了发展，但也不能吸纳太多的农村富余的劳动力，特别是在中西部地区。中西部不发达地区乡镇企业发展缓慢，或没有发展起来。农村剩余的大量劳动力到哪里去？就剩下外出打工一条路了。从20世纪80年代的后期开始形成了“打工潮”，实质上是不发达地区农村富余劳动力没有了出路的反映。

中国农村劳动力资源开发研究会会长邓鸿勋说，在过去的20多年，中国农民有过三次伟大的创造。第一次创造是提出了在农村实行联产承包责任制，第二次创造是发展了乡镇企业，第三次创造就是大量的中国农民工主动进入城市。这三次创造，实际是中国农民自己解放自己。路是农民自己走出来的，不是国家叫他们去搞联产承包的，不是国家叫他们办乡镇企业的，也不是国家叫他们进城的。农民自己创造，自己解放自己。

农村富余劳动力进城打工，打破了工农界限，打破了城乡界限，对实现城乡一体化起到了巨大的作用，对历史有很大的推动。

千百万农村富余劳动力从四川、湖南、安徽、江西、湖北、山西、陕西、云南、贵州、广西等中西部贫困落后地区，乘火车、汽车像潮水一样涌向北京、上海和广东、福建、浙江、江苏等经济发达地区，据有关部门统计，约2亿农民工在城市和发达地区打工，已经成为我国经济和社会发展不可或缺的一支重要力量。他们在这些城市和地区打工，拿着几百元、最多千余元钱的工资，有时还不能按时足额发放，干的却是城里人不愿干的脏活、累活，他们为这些地方经济发展所作的贡献是巨大的，牺牲也是巨大的，如由于城里无法为他们提供必要的生存条件，他们很多人很难和妻儿团聚；对那些夫妻同时外出打工，留守子女的教育培养又成了一大问题；由于没有完备的社会保障，出了工伤事故他们求助无门；到人老体衰后，也只能返回农村苦熬余生。

打工潮引起了中央的重视，推动了城乡二元体制改革。顺应潮流，中央1992年提出发展劳动力市场，鼓励农村富余劳动力地区间的流动和有序转移。从2000年开始，中央又采取了一系列政策措施。党的十六届三中全会提出，建立有利于逐步改变城乡二元结构的体制，为农村劳动力转移有关的制度改革确定了方向。2002年，中央提出对进城的农民要公平对待，合理引导，完善管理，搞好服务。2003年，国务院办公厅发了一个关于做好农民进城就业务工管理的通知，通知取消了对农民进城的诸多限制，不应对农民进城歧视，保护就业，保护劳动收益，改善劳动条件，为进城农民提供公共服务。2003年9月，国务院又对农民工子女的教育发了文件，对农民的转移培训发了文件。2004年中央发了一号文件，明确指出，解决“三农”问题（农业、农村、农民）是重中之重，把解决“三农”问题提到了非常重要的议事日程。同时指出农民工是产业工人的重要组成部分，强调维护他们的合法权益，加强转移培训。2008年12月20日，国务院又发出国办发〔2008〕30号文件，要求切实做好当前农民工工作。

尽管中央大声疾呼，但直到现在，农民工仍然存在很多问题需要引起高度重视和认真加以解决。

八、对“中国制造”打入国际市场的巨大贡献

近来本田罢工和富士康“跳楼门”事件，引发了不少地方政府上调当地最低工资标准，2010年2月，江苏省率先执行了新的最低工资标准，4月1日，上海也将月工资最低960元上调至1120元，时薪也从原来的8元提高到9元，涨幅达到了16.7%。目前调整幅度最高的是湖北省，达到了28.9%，最低的是天津市，涨幅也有12.2%。2010年7月1日起江西省也上调了最低工资标准，最低工资标准分五个区域：一类区域 720 元/月、6.8 元/小时；二类区域 660 元/月、6.2 元/小时；三类区域 600 元/月、5.7 元/小时；四类区域 550 元/月、5.2 元/小时；五类区域 500 元/月、4.7 元/小时，一至五类区域最低工资标准和原来比较，分别增加了 140 元、140 元、120 元、100 元、80 元。涨幅为 23.6%。从这个新标准中，我们不难看出，长期以来国内，尤其是沿海制造业工人的工资，与其劳动生产率的提高及其创造的价值相比，明显偏低，这是不争的事实。

记得前几年有一位美国人写了一本书，说美国到处都是中国制造，给美国人生活带来了极大的方便，她曾试图在日常生活中不用中国制造的产品，结果感觉无法做到。由于中国制造的产品，价格都很便宜且实用，已经融入了美国人的生活中了。这本书告诉我们的是低廉的价格是中国制造走向世界的“通行证”。而中国制造产品低廉的价格，是中国工人，主要是农民工低廉的工资使其成本降低所带来的。

九、对维持中国社会稳定的巨大贡献

2008 年发生的金融危机使沿海经济发达地区许多外来加工企业和外贸出口企业大量停产关闭，据有关资料显示，由于这些企业的停产关闭，导致有 2000 多万农民工失业。2000 多万人，这是一个什么概念，这是欧洲几个国家的人口总和。这事要是发生在欧美国家，将是罢工、游行示威、社会动荡。而中国这 2000 多万农民工却默默承受着失业之痛，没有找政府找社会的麻烦，整理行装回乡务农或回乡创业，使我国在金融危机的冲击下没有出现社会动荡，为我国战胜金融危机创造了一个和谐稳定的发展环境。

十、对中国战胜世界金融危机的巨大贡献

2008 年美国的次贷危机引发的世界金融危机，迅速从局部发展到全球，从发达国家传导到新兴市场和发展中国家，从金融领域扩散到实体经济领域，冲击力之强、影响程度之深、涉及范围之广，史所罕见。这场世界金融危机对中国的经济发展也带来了巨大的影响和冲击。主要表现在外贸出口和国外投资。

改革开放以来，中国作为外向型经济体系，支撑了全球经济体系。中国成为全球制造业中心，为全球经济提供服务。1978 年，我国进出口总额只有 200 多亿美元，利用外资基本是空白。30 年来，我国对外开放的广度和深度不断拓展，对外经济呈现加速发展态势。改革开放头10年，我国进出口总额由1978年的206亿美元扩大到1988年的1028亿美元，此后速度不断加快，5年后的1993年发展到近2000亿美元，8年后的2001年增加到5097亿美元，2002年以来，进出口进入高速增长时期，连续6年实现了20%以上的增长，在2004年超过1万亿美元后，仅用3年时间就实现了从1万亿美元到2万亿美元的突破。2007年进出口总额21737亿美元，比1978年增长104.3倍，年均增长17.4%。其中，出口增长18.1%，进口增长16.7%。外贸对经济的贡献也不断提高。进出口贸易总额占国内生产总值的比重由1978年的9.7%提高到2007年的66.8%，提高57.1个百分点。进出口贸易总额居世界位次由1978年的第29位跃升到第3位，仅次于美国与德国，占世界贸易总额的比重也由0.8%提高到7.7%。我国成为一个名副其实的对外贸易大国。而世界金融危机后，美国和欧洲共同体等西方国家，为了保护本国经济的发展，对我国外贸产品实行贸易壁垒，大搞所谓的“反倾销”，使我国外贸出口受到了很大影响，对我国经济和社会发展带来了很大危害。

另外，受世界金融危机的影响，发达国家对华投资也出现大幅度下降。数据显示，日本对华投资下降了26.59%，美国对华投资下降了8.25%，德国对华投资下降了63.69%，荷兰对华投资下降了30.62%。

当前，拉动我国经济发展主要依靠三大因素：一是投资，二是外贸出口，三是消费。在投资和出口都受到一定条件限制的情况下，只有依靠内需、依靠消费来拉动我国经济发展。农村人口占全国总人口61%左右，农村是一个广大的市场。在城市居民消费相对处于饱和状态下，开辟农村市场，促进农民消费才能真正起到拉动我国经济发展的作用。可以说，没有农民参与消费，消费拉动发展就是一句空话。

而要农民积极参与消费，必须具备三个基本条件：一是农村基础设施建设要进一步加大投入，做到通路、通电、通自来水，使工业产品能运得进去，能有条件使用（这本身也在拉动消费）；二是农民口袋里要有钱，购买得起工业产品，甚至能进城购买住房；三是要建立基本的农村社会保障体系，使农民敢花钱。这不仅是实现社会公平正义的重要保障，构建社会主义和谐社会的重要内容，促进城乡统筹发展的重要任务，而且是扩大国内消费需求、加快转变经济发展方式的重要举措。必须大力推进农村社会保障体系建设，使广大农民的基本生活得到可靠有效的保障。只有这样才能建立起完备的农村市场，推动农民消费，促进经济和社会的发展。现在回顾近20年来，中央关注“三农”问题，加大对“三农”的投入所采取的一系列政策和措施，对完善这三个基本条件还是发挥了重大的作用。据测算，农民消费每人增加1000元，全国就能增加内需9000亿元，而增加“三农”投入，转化为消费的比例大约为40%。更为具体的测算数字尤其令人振奋：2009年国家投入农机具购置补贴100亿元，可增加农机工业销售产值约635亿元；从90亿元增加到150亿元的“家电下乡”补贴，可以拉动内需1000多亿元；在被称为“超市下乡”的“万村千乡市场工程”中，中央财政投入已带动地方财政和社会投资约180亿元，吸纳农村人口就业约110万人，增加农村市场消费近900亿元；从2008年到2010年，中央和地方各级政府要在3年内向农村投放1100亿元的偿债资金，这笔资金直接增加农村需求1000多亿元，考虑到产生的乘数效应，总共将拉动农村内需4000多亿元。所以国家推行“家电下乡”“农机下乡”等开辟农村市场的重大举措确实有了明显效果。据测算，连续4年在全国农村对彩电、冰箱、洗衣机、手机四类农民需求量大的产品实施“家电下乡”，可实现家电下乡产品销售近4.8亿台，累计可拉动消费9200亿元。我们看到2010年一季度经济增长率仍高达11.9%，这充分显示出农民加入消费是功不可没的。但是，我们也要看到，这高达11.9%的增长率，其中绝大多数是基础设施投资所带来的。有关资料显示，消费所创造的效益仅占整个效益的27%左右，比重是偏低的。要完善农村市场，促进农民消费还要继续加大对“三农”问题的投入，积极帮助农民增收和完善农村社会保障体系，加快农村的经济与社会发展，加快缩小城乡差距，只有这样才能进一步推动我国工业化、城镇化、现代化的进程。

从农民对新中国的十大贡献分析中，我们可以看到这样一条主线，即中国是个农业大国。中国的问题主要是农民问题，什么时候顺应了农民的利益，中国的革命和建设事业就发展、就前进；反之，就倒退或停滞不前，甚至要丧失政权。当前，我们尤其需要明白，现在的农民，已经不是过去守着一块土地，没有见过世面，没有多少文化，老实巴交害怕见官的农民。现在时代已经进入了信息化时代，随着农民受教育程度的提高，随着农民大量涌入城市，他们的眼光看见的世界已不再仅是脚下的土地，他们要求改变现状和要求与城里人一样平等地享有权利、尊严的生活的愿望越来越强烈，他们不再是过去那样容易满足、那样驯服顺从的“农民”了。我们必须顺应这个变化，坚持按科学发展观的要求，统筹城乡发展，努力缩小城乡差别，加快农村经济与社会发展。否则就会出乱子，这绝不是杞人忧天！

后 记

《农村社区建设亲历记》这本回忆录，让我重温了农村社区建设如何提出、如何发展这段历史。静下心来仔细一想，农村社区建设从江西省发端并走向全国的历程，它的发展轨迹告诉我们一个真理，即“质疑”和“争论”是一个新事物发展的重要推动力，也是新事物沿着正确方向健康发展的重要保证。

农村社区建设遇到的第一个质疑，是时任民政部基层政权和社区建设司副司长詹成付提出的：“江西搞农村社区建设是什么意思，是要否定村民自治还是要完善村民自治?”没有詹成付同志的这个质疑，我接任处长后还可能要在原有的“一级政府、两级管理、三个层次”的农村社区建设模式中继续运作和苦苦探索出路很长时间。这个质疑让我一下子就找到了工作的突破口，即弄清楚农村社区建设与村民自治之间的关系，寻找两者工作的结合点。这才有将江西省农村社区建设的工作重点放在自然村庄的转变和实践上。

农村社区建设遇到的第二个质疑，是来江西省参加全省农村社区建设理论研讨会暨现场经验交流会的中国社会科学院党国英教授提出的：“现代化、城镇化必将导致村落的衰败，现在你们花这么多人力、物力、财力来搞村落社区建设有长远意义吗?”这个质疑让我们认真研究了开展农村社区建设的必要性，并从理论和实践的高度作出了回答，使大家从全局的高度认识到开展农村社区建设和社会主义新农村建设的必要性和重要性，坚定了继续深入开展农村社区建设的信心和决心。

农村社区建设遇到的第一个争论是农村社区的定位之争。这其实是一个要不要真正动员村民自觉参与，发挥农民群众在农村基层社会建设和管理工作中的主体作用之争。为什么会出现这个问题的争论？我在书中作出了回答。2014 年的中央一号文件《中共中央、国务院印发〈关于全面深化农村改革加快推进农业现代化的若干意见〉》在健全基层民主制度中明确允许“探索不同情况下村民自治的有效实现形式，农村社区建设试点单位和集体土地所有权在村民小组的地方，可开展以社区、村民小组为基本单元的村民自治试点”。我个人认为这对解决这个争论具有重要的指导意义。

农村社区建设遇到的第二个争论是以国家财力支持为主还是以国家财力支持为辅、社会支持和农民出资出力为主之争。民政部强调的是国家和地方财政投入。江西省则依据抓村落社区的实践经验和韩国开展的新村建设经验，主张财政投入为辅、社会和农民出资出力为主。

农村社区建设遇到的第三个争论是农村社区服务包含政府的行政性服务、企业的商业服务、村民的自我服务三方面内容，民政部门的工作重点是三个服务一把抓还是规划引导政府的行政性服务和企业的商业性服务，主要着力抓好“村民的自我服务”的培育引导工作之争。

正是这些质疑和争论使我们对农村社区建设的地位、作用和发展途径的认识不断深化，推动着农村社区建设不断深入健康发展。

图书在版编目（CIP）数据

农村社区建设亲历记/蔡建武著.—北京：中国社会出版社，2016.4

ISBN 978-7-5087-5295-2

Ⅰ.①农…　Ⅱ.①蔡…　Ⅲ.①农村社区—社区建设—史料—江西省　Ⅳ.①D669.3

中国版本图书馆CIP数据核字（2016）第050073号

书　　名：农村社区建设亲历记

著　　者：蔡建武

出 版 人：浦善新

终 审 人：王　前

责任编辑：王晓燕　　　　**责任校对：**高建春

出版发行：中国社会出版社　邮政编码：100032

通联方法：北京市西城区二龙路甲33号

电　　话：编辑部：（010）58124812

邮购部：（010）58124848

销售部：（010）58124845

传　真：（010）58124856

网　　址：www.shcbs.com.cn

shcbs.mca.gov.cn

经　　销：各地新华书店

中国社会出版社天猫旗舰店

印刷装订：中国电影出版社印刷厂

开　　本：170mm×240mm　1/16

印　　张：16.25

字　　数：253千字

版　　次：2016年4月第1版

印　　次：2016年4月第1次印刷

定　　价：42.00元

中国社会出版社微信公众号